宋-清身分法の研究

高橋芳郎

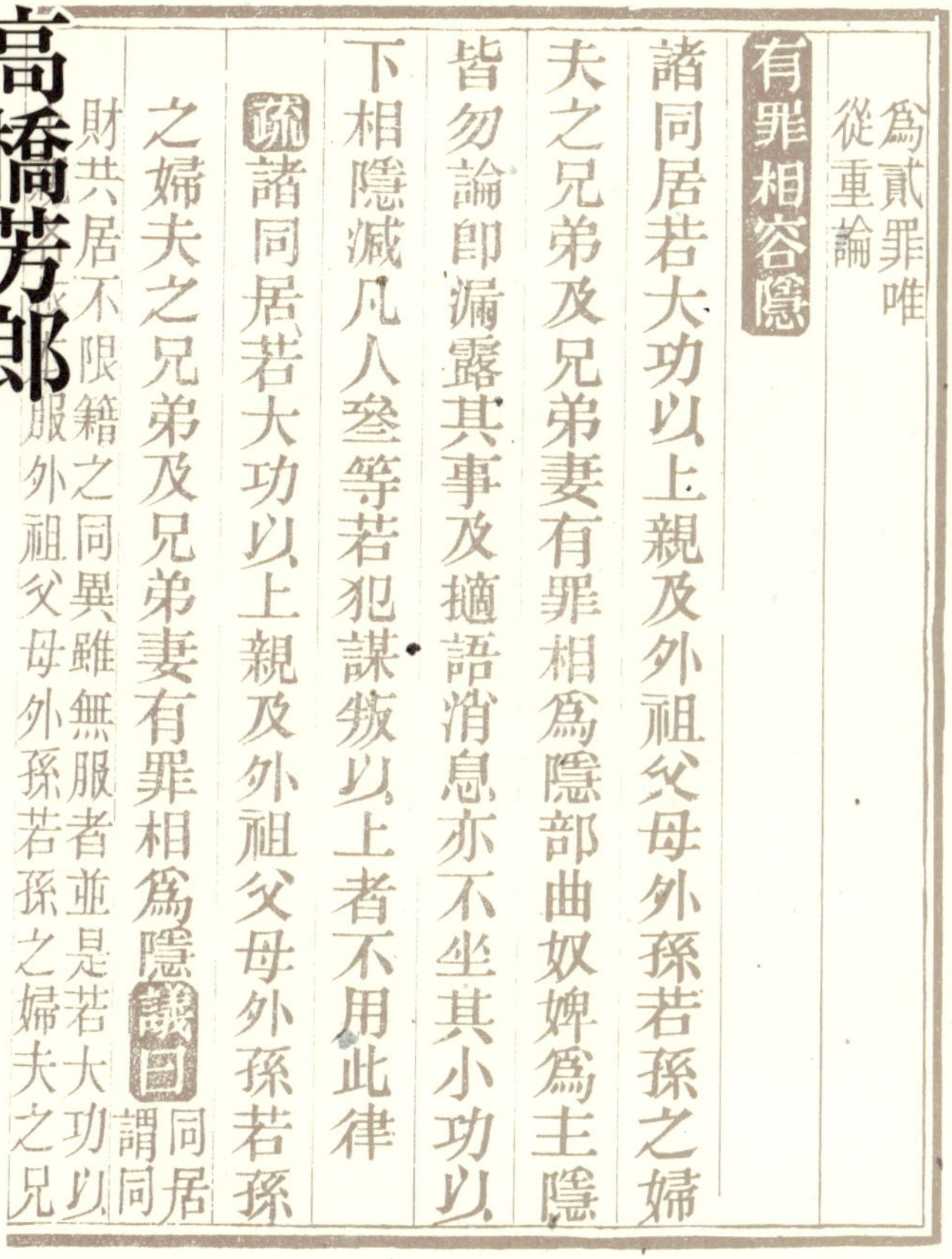
爲貳罪唯從重論
有罪相容隱
諸同居若大功以上親及外祖父母外孫若孫之婦夫之兄弟及兄弟妻有罪相爲隱部曲奴婢爲主隱皆勿論卽漏露其事及擿語消息亦不坐其小功以下相隱減凡人叅等若犯謀叛以上者不用此律
疏 諸同居若大功以上親及外祖父母外孫若孫之婦夫之兄弟及兄弟妻有罪相爲隱 議曰 同居謂同財共居不限籍之同異雖無服者並是若大功以……服外祖父母外孫若孫之婦夫之兄

北海道大学図書刊行会

はしがき

本書は、私が二五年来発表してきた論文の中から、宋-清代の身分法に関するものをまとめたものである。私が中国史の研究を開始した一九七〇年代は、五〇年代以来の宋代の地主佃戸関係に関する問題がまだ熱く論じられていた時期であった。この論争を眺めつつ身分法の視角からする研究の必要性を感じて発表したのが第一章のもととなった論文であるが、その当時はまだ将来にわたって身分法の研究を続けていこうとは考えていなかった。しかし、それ以降二五年の歳月の間に身分法に関する拙論も数の上ではいくつか揃ってきた。そこでそれらを集成して一書としたのが本書である。したがって、本書は全体として、書き下ろしの著作のような綿密な構成や一貫した論理に乏しく、また史料や叙述の重複も少なくはない。

ただ、現在の時点から顧みれば、本書で論じたことの基本点は、第一章のもととなった「宋元代の奴婢・雇傭人・佃僕について—法的身分の形成と特質—」を一九七八年に発表した時点ですでに形成されていたように思える。第二章以下は、雑人や士人に関する部分を除けば、右の論文で論じたことを敷衍し、部分修正し、あるいはやや詳細に論じたという位置を占めているにすぎない。ということは、一九七八年以来、身分法に関する私の研究は基本的に大きな進歩がなかったと言ってよいのかも知れない。

本書のもととなった論文の初出は以下の通りである。当初、個別論文を解体して全体を再構成しようと計画したが、そのためには極めて多くの時間と労力を必要とし、また現在身辺多忙なこともあって、この試みは断念した。本書をまとめるに際して、体裁を統一し、明確な誤りは正し、いくつかの史料を補充したが、第二章の第一節を除いて、論旨の基本点は維持されている。

第一章「宋元代の奴婢・雇傭人・佃僕について―法的身分の形成と特質―」『北海道大学文学部紀要』二六巻二号、一九七八年。

第二章「宋代佃戸の身分問題」『東洋史研究』三七巻三号、一九七八年。

第三章「中国史における恩と身分―宋代以降の主佃関係とも関連させて―」『史朋』二六号、一九九三年。

第四章「宋代の「良賤制」と雑人・雑戸」『史朋』二〇号、一九八六年。

第五章「宋代の士人身分について」『史林』六九巻三号、一九八六年。

第六章「部曲・客女から人力・女使へ―唐宋間身分編成原理の転換―」菊池英夫編『変革期アジアの法と経済』一九八六年、科学研究費報告書。

第七章「明代の奴婢・義子孫・雇工人―万暦十六年新題例の前提―」『柳田節子先生古稀記念　中国の伝統社会と家族』一九九三年、汲古書院。

第八章「明末清初期、奴婢・雇工人身分の再編と特質」『東洋史研究』四一巻三号、一九八二年。

付　論　第一章のもととなった旧稿の第二章第三節。

身分法という視角から中国社会を研究した場合、得られる成果は決して大きいものではないというのが私の率直な印象である。身分ないし身分法は中国社会を解き明かす基軸にはならない、という点にこそあるいは身分法の研究意義があるのかも知れない。西欧や日本の中世ないし近世社会を研究する場合、身分ないし身分法は大きなウエイトを占めるかに見える。しかし中国社会は閉じられた身分制社会ではなかった。ある一時期を横断すれば、そこには上下、貴賤の身分差が常に見出せるのではあるが、身分間の移動は常に頻繁に生じていた。最も上位に位置する皇帝の身分すら例外ではなかった。王朝の交代とは、新たな皇帝身分を持つ者の誕生にほかならない。制度としては固い枠組みが与えられていながら、人々はあたかも自由にその枠組みを通り抜けていたのである。いま試みに宋代以降の身分制度の概念図を簡略に示せば、以下のようになるであろう。

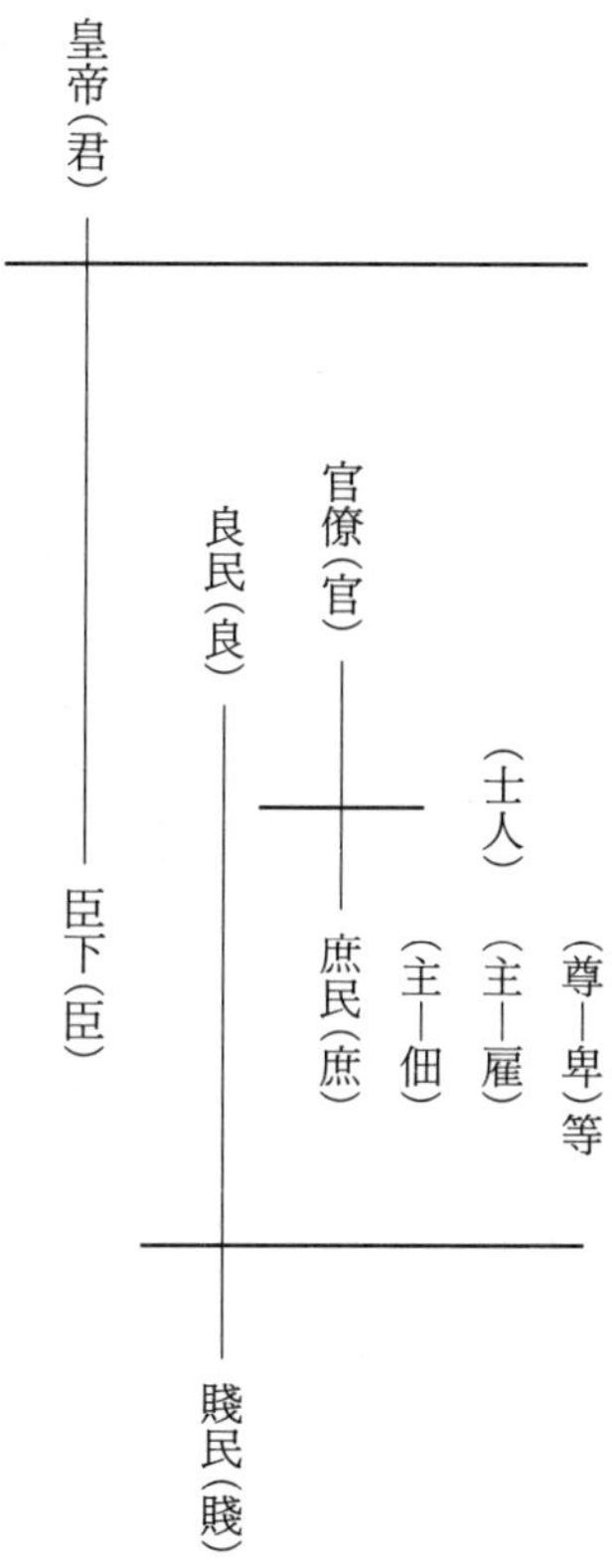

君臣関係、良賤関係、官庶の関係は国家の制度によって設けられた公的制度的身分である。本書が問題としたのは、良賤関係の一部を除けば、いずれも良民の中の階層分化によって生じた私的な社会関係＝身分差を、国家が法制の場にすくい上げた部分である。その実際がどうであり、なぜそうであったか、という単純な疑問が本書のテーマである。

第一章は、宋元代の奴婢、雇傭人、佃僕・地客の法身分とその階級的性格を論じたものである。これまでの研究では史料上の「奴婢」や「佃僕」等の語句に引きずられ、それぞれの身分的性格を曖昧にしたまま階級的性格が論じられてきたが、本章では宋代の良賤制に検討を加え、漢代以来の良賤制は宋代に至って消滅し、その結果新たに雇傭人法が成立したこと、この雇傭人法の対象となったのは長期的に主家に隷属し労働を行う服役労働者であり、史料上の「奴婢」や「佃僕」・「地客」などは身分的にはすべて雇傭人法が適用される存在であったことを論じた。

第二章は、宋元代の小作人である「佃客」(または「佃戸」)の身分的地位を論じたものである。宋元代の佃戸制は戦後の社会経済史研究の中心的な研究主題の一つであったが、本章では地主と佃客との刑法上の差別規定が北宋から南宋へ、さらに元代へとどう変化したかを検討し、従来の理解とは異なった変化を見出した。次に本章では、佃僕・地客と佃客の社会的人格的な隷属性を検討し、同じく小作形態をとりながらも佃僕には「主僕の分」があるとされ、佃客には「主佃の分」があるとされていたこと、この違いは隷属性の強弱のみならず、前者には雇傭人法が適用され後者には佃客法が適用されるという違いに基づくことを論じた。また宋代の佃客に移転の自由があったのかという論点に関しても私見を述べた。

第三章は、一、二章の検討を承けて、私的な社会関係の場に国家が法的身分的差別を設ける根拠は何か、という問題を扱ったものである。支配と隷属あるいは階級といった今日的な概念を持たなかった宋代の人々にとって、ある人間が他の人間と対等ではないという差別意識は何に根拠を置いていたのかという問題である。私的な社会関係の場にあって、それは「恩義」であったというのが本章の結論である。恩義あるいは恩義の深浅は、本来私的社会関係の原基である家族・親族関係における身分差の根拠とされていたものであるが、この観念がある種の私的な社会関係にまで拡大適用されて、佃客や雇傭人の身分が法的に形成されたのであった。ということは、当時の中国社会においては、私的な社会関係を法的な身分差と捉える論理として、恩義以外の基準を持たなかったということでもある。

第四章は、従来賤民と見なされてきた雑人、雑戸、雑類と呼ばれる人々の身分的性格を論じたものである。雑人・雑戸とは士・農・工・商以外の雑多な職業に従事する人々で、社会的に賤視されてはいたが、前述のように宋代には良賤制が消滅していたがゆえに、賤民ではなかった。良賤制の消滅は、賤業従事者の存在を社会の表面に浮かび上がらせ、彼らをあたかも賤民であるかのごとく時人に記述させたのである。

第五章は、宋代の士人についてその身分的性格を論じたものである。士人とは本来儒学の教養を持つ知識人を意味したが、科挙制度と学校制度の整備に伴い、宋代とりわけ北宋末から南宋時代には、同じく知識人でありながら官僚身分を持つ者は士大夫と呼ばれ、未だ官僚身分を持たない者は士人と呼ぶという区別が行われていた。これは以後明清時代へと継続してゆく区別である。本章では以上の確認を行った後、士人の社会的な地位、刑法上・役法上の特権について検討を加え、いずれの側面から見ても、士人は士大夫に次ぎ庶民の上に立つ階層であったことを論じた。

第六章は、唐宋変革期と呼ばれ、中国史の一大転換点であった唐から宋への社会変化を身分制の視点から論じたものである。漢唐の良賤制がどのような意味を持っていたか、宋代に何ゆえそれが消滅したのか、消滅の結果宋代にはどのような事態が生じたのかといった点に関して、第一章から第四章までの実証的研究を踏まえて理論的に総括したのが本章である。

第七章は、明代の奴婢と雇工人の身分的性格について論じたものである。宋代に消滅した良賤制は元代に復活し明代にも承け継がれたが、明代の良賤制は漢唐のそれとはいささか性格を異にしていた。また奴婢の保有に関しても厳しい制約が加えられていた。明朝がこうした奴婢制を何の目的で創設しどう維持しようとしたのか、また宋元以来の雇傭人法を承け継いだ雇工人律とはどのようなものであったのか、その運用の実態はどうであったのかといった問題を検討したのが本章である。この問題はこれまで未開拓の課題として残されてきたものである。

第八章は、明末から清初にかけての一連の雇工人、奴婢に関する条例の変化を検討し、清代にはそれまでの千数百年にわたる良賤制とは異なる奴婢規定が創設されたことを論じたものである。また明末以降の奴婢・雇工人規定の改修過程は、身分制の一定の解体過程あるいは身分的隷属性を持つ労働者の解放過程であったと評価されてきたのであるが、本章ではそうした評価を否定し、この改修過程は単なる技術的な変化にすぎなかったこと、さらにこの改修過程は何らかの質的変化を伴うものではなかったことから、身分法の歴史から見れば再編過程と呼ぶのが適当であることも論じた。

身分ないし身分制度の研究は、制度的法的な側面の理解、身分集団の実態解明のほかに、当時の人々の身分観や身分意識をも視野に入れてはじめて全面的な研究たりうると考えられるが、本書は前者の問題を中心に論じたもので、身分観や身分意識の問題には少しく論及しているにすぎない。その意味において、本書は書名通り「身分法の研究」であって「身分」の研究ではない。今後とも大方の御批正を得て身分と身分法の研究を深めたいと考えているが、同時に本書を捨て石として身分に関する中国史の研究が一層進展することをも願っている。

本書の出版に際し、日本学術振興会から平成一二年度科学研究費補助金(研究成果公開促進費)の交付を受けた。北海道大学図書刊行会、とりわけ前田次郎氏には本書の出版にあたり多くの御援助をいただいた。記して謝意を表したい。

二〇〇〇年七月一九日

高橋芳郎

宋-清身分法の研究——目　次

はしがき

凡　例

本書で使用する主な漢籍の略称と版本は以下の通りである。

『長編』　李燾『続資治通鑑長編』(一九七九年〜一九九五年中華書局排印本)
『宋会要』　徐松輯『宋会要輯稿』(民国二五年国立北平図書館景印本)
『元典章』　『大元聖政国朝典章』(民国六五年故宮博物院景印元刻本)
『清明集』　『名公書判清明集』(一九八七年中華書局排印本)
文集や筆記等は、基本的に『四部叢刊』所収のものは『四部叢刊』本に、その他は主に景印文淵閣『四庫全書』所収本や『叢書集成』所収本等に拠った。
『唐律疏議』および『宋刑統』は中華書局本(一九八三年、一九八四年)に、洪邁『夷堅志』は中文出版社が一九七五年に景印出版した涵芬楼蔵張元済新校輯活字本に、『慶元条法事類』は古典研究会が一九六八年に景印出版した静嘉堂文庫所蔵本に、章如愚『群書考索』は景印文淵閣『四庫全書』本に拠った。

引用史料は繁体字ではなく、多くは常用漢字を用いているが、必ずしも統一してはいない。
引用史料中の原割注は《 》で示す。
論文集など単行本に併録されている論文は、繁を避けるため原発表年のみを記し原掲載雑誌名等は省略した。

第一章　宋元代の奴婢・雇傭人・佃僕の身分

はじめに——問題の所在

本章の課題は、宋元代の諸史料に見える傭賃、人力、女使、傭工等のいわゆる雇傭人の法的身分と、その歴史的性格について考察することである。この作業の中には、当該期の雇傭人に対する私の理解に関連して、雇傭人と同じく法律上差別的地位に置かれていた奴婢、佃客に関する論及をも含むことになるであろう。

この問題については、周知のように仁井田陞氏の専論「中国社会の「封建」とフューダリズム」[1]、および「中国の農奴・雇傭人の法的身分の形成と変質―主僕の分について―」[2]があり、宋代より清代に至る間の佃客——氏は農奴に比定する——と雇傭人の法的身分の変遷が体系的に跡づけられている。

仁井田氏によれば、宋代の地主と佃戸、雇主と雇傭人の間には「主僕の分」があるとされ、佃戸・雇傭人の地主・雇主に対する犯罪は常人よりも重く罰する法規定が成立するなど、宋代法に至って佃戸・雇傭人の身分的隷属的地位が確立される。かかる佃戸・雇傭人の法的身分の形成は、一〇世紀前後を境とする生産関係の変化、すなわち農業および手工業部門における直接生産者が、それ以前の奴隷から農奴=佃戸、雇傭人に転化したことに対応するものである。この農奴・雇傭人の法的身分は、やがて一四世紀の中期以降、明清代に入ると変化が生じてくる。まず農奴は、明代に入ると「主僕の分」といった上下の従属関係から「長幼の序」という横の序列関係に切り替えられ、法律上にも地主の農奴に対する優越的地位は認められなくなり、さらに清代法では地主と農奴の間の「主僕の分」は明確に否定されるに至る。一方、清代における農奴の法的身分の上昇と関連して、雇傭人の法的身分も清代法に至って変化が生ずる。すなわち、雇傭人の中でも雇農や傭工といった生産部門の直接担当者は、雇傭人法を脱して常人の法が適用されるようになる。かかる農奴・雇傭人の法的身分の上昇は、当該期における彼らの社会的地位の上昇と自己解放を示すものにほかならない。

こうして、宋代における農奴・雇傭人の法的身分――「主僕の分」――の形成と明清代におけるその否定の歴史は、「法の目盛りは、力関係の一つの決算状態を示す」(3)という氏の法理論を立証する具体例となり、また宋代における農奴制の成立と明末清初期における第一次農奴解放という氏の中国史像を支える基本的指標の一つとなっているのである(4)。

以上の仁井田氏の研究は、宋代の佃戸制を農奴制と規定する大胆な提言とも相まって、その後の宋代史研究へ承け継がれてゆく過程で、主として地主に対する佃戸の身分的隷属性の評価や刑法上の不平等規定をめぐる議論が焦点となり(5)、本章で直接対象とする雇傭人身分をめぐる諸問題に関しては、わずかに、菊池英夫「唐宋時代を中心とする所謂「雇傭労働」に関する諸研究」(6)が、一九五〇年代までの中国側の研究を紹介しつつ仁井田氏に対する方法論的批判を提出し、重田徳「清律における雇工と佃戸―「主僕の分」をめぐる一考察―」(7)が、清律における雇傭人の地位上昇という仁井田氏の論点に批判・修正を加えているにすぎない、というのが現状である。

ところで、前述の仁井田氏の研究を踏まえたうえで、改めて雇傭人身分の歴史的性格を探ろうとする場合に、さしあたり問題となるのは雇傭ないし雇傭人とは何かという点でなければならない。なぜなら、菊池氏が前掲論文で指摘したように、「中国史上においては法範疇としても雇傭・賃貸・請負等は永らく未分化で、雇・傭・賃等の語は同義に通用されて」おり、「今日的法概念としては異質のものである人身の「質入」と人身の「賃貸」(雇傭)とが、経済的にはある段階における労働形態として全く同一形態を意味する」がゆえに、「人売・人質・雇傭・請負・贅婿等々は実質上も観念上(従って呼称上)も区別されなかった」[8]という事情が一面において確かに存するからである。その点は仁井田氏自身も説いてはいるが、[9]とするならば、人質や請負等と区別されるべき今日的な雇傭概念をもって当時の史料を分析するという方法は、その初発の段階からすでに大きな困難を抱え込まざるをえないことになるであろう。事実、この概念と史料＝実態の乖離という深刻な問題が、仁井田氏の研究の中で克服されているとは必ずしも言えないように思われる。氏は人身の質入や請負等と明確に区別して「雇傭＝人身の賃貸借」と規定し、この雇傭には、

継続的なものと非継続的なものとの区別があったが、それが傭であり賃であり、又、傭雇、傭賃であるということに至っては、共に同じであった。[10]

と説明しているが、すでにこの一文からも窺えるように、氏の分析方法は、一方で「雇傭＝人身の賃貸借」という概念を用いて史料を分析するかに見えながら、実際には史料上の傭・賃・傭雇等の語をもって雇傭労働の存在と等置し、それに氏の雇傭概念を付会したにすぎないものと考えられる。それゆえ氏の研究にあっては、多様な存在形態を示すいわゆる雇傭人と雇傭人身分との関連や、歴史的段階によって異なるであろう雇傭労働の性格に対する配慮は極めて稀薄である。

したがって、そうした分析方法によって導き出された雇傭人身分の形成という論点は再検討されねばならず、本章では、まず雇傭人身分がいかなる存在を対象として定立されていたかを検討し、それによって当該期の雇傭労働と雇傭人身分の歴史的性格を明らかにするという手続きをとることにしたい。かかる作業を通じて「継続

的」・「非継続的」な雇傭人と雇傭人法との関連、また何ゆえに雇傭人法が佃客法に先んじて形成されたかという仁井田氏にあっては不問に付されていた問題も、自ずと明らかになるであろう。

次に、以上の雇傭人身分の性格と関連して、宋代における雇傭労働、とりわけ地主直営地内における雇傭労働の問題がある。雇傭人身分の形成が、仁井田氏が想定したように奴隷が雇傭人(および農奴)に転化したことの反映かどうかは、第一に宋代の社会構成に直接関わる問題であり、第二に清代法において雇農の地位上昇が見られたとすれば、氏が構築した雇傭人の身分法体系の歴史的前提ともなる問題だからである。この点については、すでに周藤吉之[11]・丹喬二[12]両氏が、地主直営地内における労働力として奴隷とともに雇傭人の存在を指摘しており、その限りでは仁井田氏の想定は裏付けられていると言えよう。しかしながら、両氏の研究は仁井田氏と同じく史料上の傭・雇等の語からただちに雇傭労働の存在を導き出すという問題をはらんでおり、同時に、雇傭人は奴婢とも呼ばれていると指摘しながらも、史料上の奴婢が奴婢身分の者であるかあるいは単なる雇傭人の別称であるかを区別すべき判断基準については、何ら説明しないという弱点を持っている。こうした曖昧さは、史料上の奴・僕・奴婢等の語で表わされる存在をただちに奴婢身分の者と規定する周藤氏の方法とも関連する問題であり[13]、それゆえ、例えば宮崎市定氏が佃僕とは奴僕ではなく佃戸の雅称にすぎないと指摘し[14]、草野靖氏が奴・僕とは多く身を人の指使に供して労働に従う者という程度の呼称であり奴隷とか農奴に直結すべきではないと批判したような[15]、主として字義上よりする批判を招く結果となっているのである。したがって、ここでの問題は単に史料上の奴婢が奴婢身分の者か雇傭人かという点に止まらず、法的身分としての奴婢・雇傭人と階級的存在としての奴隷・雇傭人とをどのように区別し、また相即的に捉えるべきかに関わっていると言えよう。すなわち、奴婢身分の者が階級的に農奴であり、逆に雇傭人身分の者が階級的には奴隷であるといったことは、身分と階級とが必ずしも一致しないという点からすれば当然想定しうる事態だからである。

本章は、以上の問題点について私なりの解答を与えようと試みたものであり、また長期にわたって見解の対立が続いている宋代地主佃戸制の研究に向うための、私自身の予備的作業ともなるものである。

一　史料上の奴婢と奴婢身分

宋元代の諸史料に見える奴婢——以下「奴婢」と表記する——とは、一体いかなる存在を指称するのであろうか、その点の検討から始めよう。

『宋史』巻三〇〇「周湛伝」に、

①初江湖民、略良人、鬻嶺外為奴婢。湛至、設方略捜捕、又聴其自陳、得男女二千六百人、給飲食、還其家。

（当初、行商をする民は良人を拉致し、嶺南に売り払って奴婢としていた。周湛が着任し、計略を設けて捜索追捕し、また自陳を許し、男女二六〇〇人を見つけ出し、飲食を給して家へ帰らせた。）

とあり、良人が略売されて「奴婢」となっており、朱熹『晦庵先生朱文公集』別集巻九、公移「戒約上戸体認本軍寛恤小民」に、南康軍の旱傷に対する措置を述べて、

②上戸乗此旱傷細民闕食之際、強以些少銭作合子文字借貸、遂空頭年月価貫立契字、未及踰時、即行塡揺預先月日、経官投印、及有呑図婦女、顧充奴婢、致細民受苦不一。理合禁約。

（上戸はこの旱害で貧民が食を欠いている機会に乗じ、強いて些少の銭を貸して契約を立て、結局は年月・価格が空白の契約とし、期限前に月日を書き込み、官に届けて官印を受け、婦女を引き取って奴婢に充てており、貧民は苦しみを受けること数知れない。禁止すべきである。）

富人。

とあり、債務に准折されて「奴婢」化する例が見える。また葉適『水心別集』巻二、進巻「民事下」には、

③小民之無田者、仮田於富人。得田而無以為耕、借資於富人。歳時有急、求於富人。其甚者、庸作奴婢、帰於富人。

（小民の田のない者は、富人に田を借りる。田を得ても耕作できない者は、富人に資金を借りる。年間に火急の事があれば富人に援助を求める。はなはだしい場合には、庸われて奴婢となり、富人に帰属する者もある。）

とあって、庸われて「奴婢」となる者も存在した。かかる人身売買や債務による人質、また雇傭等によって「奴婢」化する例はほかにも多く検索しうるのであるが、特に③のように雇傭によって「奴婢」と称されるに至る者の存在は、史料上の奴婢の中には奴婢身分の者だけでなく雇傭人が含まれているとする説の論拠とされるものである。ところが、①から③のように「奴婢」の出自が明記されている史料例とは別に、出自の不明な「奴婢」もまた多く検出しうるのであって、例を挙げれば、洪邁『夷堅支志』丁巻四「朱四客」に、

④婺民朱四客、有女為呉居甫侍妾。毎歳必往視、常以一僕自随。

（婺州の民朱四客には、呉居甫の妾となった娘がいた。毎年必ず会いに行ったが、常に一人の奴僕が付き従っていた。）

とあり、汪藻『浮渓集』巻一九、記「為徳興汪氏種徳堂作記」に、

⑤迨宋興百年、無不安土楽生。于是、豪傑始相与出耕、而各長雄其地、以力田課僮僕、以詩書訓子弟。

（宋が興って百年、土地に定着し生活を楽しまない者はいない。そこで、豪傑がようやく土地経営に乗り出し、各々その地の有力者となり、僮僕に耕作を課し、子弟に学問を学ばせた。）

とある「一僕」・「僮僕」などがそれである。

ところで、従来説かれてきたように「奴婢」の中に奴婢身分の者と雇傭人とが含まれているとすれば、①から

⑤に見える「奴婢」のいずれが法的身分としての奴婢でありまた雇傭人の別称であるかが当面する問題となろう。この問題を解明するためには、さしあたり宋元代の法律上に規定される奴婢身分がいかなる存在を対象として定立されていたかが問われねばならないが、そのことは、すでに奴婢身分にある者を前提として定められた法令の分析によってではなく、いかなる法的手続きを要件として奴婢身分が成立するかを検討することによって果されるであろう。

奴婢身分の成立要件、というよりは発生原因として従来挙げられてきた主なものは、良民の売買、債務奴隷化(帰属質)、犯罪による没官、戦争時等の俘虜、投身・投靠等であるが、[16]このうち史料上に頻出するのは①②のような良民の売買と債務奴隷化の例である。この点について、明清代の奴婢の特質に関する田中正俊氏の指摘は、宋元代の奴婢身分成立をめぐる通説的見解と共通しており、また奴婢化の社会的原因や雇傭との関係についても示唆を含んでいるので、以下にその一部を引用しておこう。

商業＝高利貸資本の浸透、税・役ないしは佃租(小作料)収奪の強化の結果、小生産者の没落によって不断に産み出される人身売買あるいは人身質入の債務奴隷的関係についても、その内容には、かならずしも永代売買ないし永代的債務奴隷化(帰属質)――これらのばあいは奴隷身分に転化する――にかぎらず、むしろ、債務奴隷がより主体性をもつようになった買戻権付売買や労働消却債奴制的な一時的債奴など――それらはかならずしも奴隷身分に転化するとはかぎらない――が、少なからず存在したと推定され、したがって、奴隷身分に転化しない債務奴隷のばあい、債務奴隷とはいっても人身賃貸借的な「雇傭」関係(一定期間、人格そのものを賃貸借するのであって、たとい形式的には「賃銀」を取得しても、それはなお労働力のみを売り渡すものではない)と形式上異ならないものがみられたと考えられる点である。[17]（傍点田中氏）

田中氏によれば、明清代においては、人身の永代的売買と永代的債務奴隷化(帰属質)の場合は奴隷身分に転化し、買戻権付売買や一時的債奴の場合は必ずしも奴隷身分に転化しない——転化することもある——と述べているが、前者の場合はもとより、後者についても周藤吉之[18]・岡本敬二[19]両氏は、宋元代に典雇＝人身質入によって良民が一定期間奴婢身分に転落したと指摘しており、宋‐清代を通じてほぼ共通した現象が見られたと言ってよいであろう。こうした通説的見解に従えば、前掲の①に見える「奴婢」は明らかに奴婢身分に転化した者であり、②から⑤の中にも奴婢身分の者が含まれている可能性は大いにあることになろう。

しかしながら、確かに人身売買や債務奴隷化によって「奴婢」化する史料が多く存するとはいえ、一方において、宋元代の法律上に良民の売買と人身を債務に准折することが厳禁されていた点に注意を向けなければならない。宋元代に良民の売買が禁止されていたことは周知の事実であり、例証を挙げるまでもないが、債務への准折に関しては、『慶元条法事類』巻八〇、雑門、出挙債負、雑勅に、

諸以債負質当人口《虚立人力女使雇契同》、杖壱百。人放逐便、銭物不追。情重者奏裁。

（諸て債負のかたに人身を質入れした場合は《人力・女使に雇ったという架空の契約を立てた場合も同じ》、杖一百とする。人は解放して自由にさせ、銭物は追徴しない。情状の重い者は上奏して皇帝の判断を仰げ。）

とあり、『元典章』巻二七、戸部一三、銭債、私債「放債取利三分」に、

至元十九年四月二十七日、中書省聞奏、随路権豪勢要之家、出放銭債、逐急用度、添利息、毎両至於五分或一倍之上。若無銭帰還呵、除已納利息外、再行倒換文契、累算利銭、准折人口頭匹事産、実是於民不便。俺与衆老的毎商量来、今後若取借銭債、毎両出利、不過三分。這般奏呵、奉聖旨、那般者。欽此。

（至元一九年四月二七日、中書省が上奏するに、「各地の権勢ある家は、銭を貸し出し、急な出費に充てさせ、利息を加えること、一両ごとに五割から一倍以上になっています。もし銭を返せなければ、既納の利息は別にして、再度契約を書き換え、元利を合計して、人間や家畜・資産に引き充てており、まことに民にとっての不都合となっておりま

す。私が他の者達と相談し、今後は銭を貸借する場合は、一両につき利息は三割を超えないこととしたい」と。こう奏したところ、聖旨を奉じるに「そのようにせよ」とあった。これを欽しめ。）

とあるように、[20] 宋元代ともに良民を債務の弁済に替えて質入れすることは禁止されていた。[21] このように、法律上に良民の売買と債務への准折が禁止されていた以上、果してかかる原因による良民から奴婢への身分転化は可能であろうか。

かつて草野靖氏は、唐律上に良民の売買と質入が禁止されている以上、かかる原因によって良民が奴婢身分に転化する途は法的には完全に塞がれていたと述べ、奴婢身分成立の要件としては、犯罪や俘虜化によって没官され良民身分が剝奪されるという法的手続きが必要であったと指摘したが、[22] その点は宋元代においても全く同様であったと思われる。宋元代に繰り返し人身売買と債務奴隷化を禁止する法令が発布され、またかかる原因によって「奴婢」と呼ばれるに至った者は原状に回復すべく求められている——例えば①②を見よ——のは、現実に売買や債務奴隷化によって奴婢的境遇下に置かれた——それゆえ「奴婢」と史料面に現われる——者ですら、法的には奴婢身分の中へ繰り込まれるべきではなかったことを示すものであろう。そのことは奴婢の持つ法的身分の性格からも裏付けられると思われる。すなわち、奴婢の法的身分は、例えば購買された者か債務に准折された者かといった奴婢と奴婢保有者との具体的関係に基づいて成立するのではなく、まずもって国家ないし皇帝との関係において賤民(奴婢)たることが一義的に規定されることを通じて成立し、それを前提として奴婢と奴婢保有者との関係が律文上に規定されるという性格を持つものと考えられる。[23] ということは、国家ないし皇帝を直接媒介としない限り、別言すれば、良民身分の剝奪という法的手続きを要件としない限り奴婢の法的身分は成立しないということを意味するのであり、したがって、国法の禁止する良民の売買や債務への准折といった違法行為によっても奴婢身分が成立すると考えるならば、それは良民身分の剝奪を経ずとも奴婢身分は成立すると主張するに等しいものと言わなければならない。

従来、良民が売買や債務奴隷化によって奴婢身分に転化すると説かれてきたのは、第一に「奴婢」の多くがかかる径路を経たものとして史料上に現われてくること、第二に経済的範疇としての奴隷と法的身分としての奴婢とを混同ないし同一視すること、この二点によって導き出されたものと推測される。しかし、人身売買や人身の債務への准折を要件として法的に良民から奴婢への身分転化が可能か否かということと、かかる原因によって「奴婢」と呼ばれ奴隷的境遇下に置かれた者が存在するということとは、自ずから次元を異にする問題である。この点は、問題をやや大きく捉えて考えるならば、従来の唐宋変革期の理解とも関連する側面を有している。すなわち、前田直典氏[24]をはじめ周藤吉之[25]・仁井田陞氏[26]等は、唐宋の間の直接生産者の変化を奴隷から佃戸へと捉えたのであるが、そこで言う奴隷とは奴婢身分の者を指すものであった。したがって、奴隷から佃戸への上昇とは、単に階級的な存在形態上の上昇だけでなく奴婢から佃戸(良民)への身分的上昇をも意味するわけであるが、こうした主張が十分な説得力を得るためには、少なくとも、唐代においては階級的存在としての奴隷がほぼそのまま奴婢身分として政治的に編成されていたということが前もって立証されなければならないであろう。

それはともかく、以上の考察によって、宋元代の奴婢身分は良民の売買や債務への准折によっては成立せず、良民から奴婢への身分転化には良民身分の剝奪という法的手続きが要件となることがほぼ確認されたと思われる。ただし、以上の考察はあくまでも法的手続きに即したものであって、現実に売買等を経た良民が何らかの事情で——例えば詐称されて——奴婢身分の中へ混入する事態まで否定するものではもとよりなく、そうした場合とともに、王朝の交替期のような一定の政治的条件の下では、元来売買等によって私家に隷属していた者を新たに奴婢身分に編成するといった事態は当然起りえたであろう。しかし、いずれの場合にも、そこでは良民身分の剝奪という法的手続きが要件となることに注意しなければならない。

こうして、良民から奴婢への身分転化には良民身分の剝奪が要件となっていたが、宋元代において良民身分剝奪に該当するのは犯罪没官と俘虜が主なものであった。宋代における俘虜による奴婢化の例証は未だ検索しえていないが、犯罪没官による奴婢化の例証としては、『宋会要』刑法四―二六、配隷、熙寧四年（一〇七一）四月一二日条に、

詔、慶州叛軍、已就戮。其同居骨肉、配充奴婢。及年二十以上、刺配京西牢城者、令永興軍路安撫司勘会。

（詔す、「慶州の叛乱軍は既に平定した。その同居の血縁者は配して奴婢に充てる。年二〇以上で京西の牢城軍に入れ墨して配属する者は、永興軍路安撫司に審査させよ」と。）

とあり、叛軍の罪に縁坐した同居親の中に「配して奴婢に充つ」と処分された者が見える。また『宋会要』刑法四―四、配隷、大中祥符元年（一〇〇八）正月六日条に、

詔、……配流徒役人及奴婢鍼工、並放従便、黥面配隷者、具元犯取旨。以天書降也。

（詔す、「……配流徒役人および奴婢・鍼工はすべて解放して自由にし、顔に入れ墨して配隷された者は、もとの犯罪を書いて皇帝の意向を聞け」と。天書が降ったからである。）

とあり、この奴婢は官衙に繋属されていた者である。以上は北宋の例であるが、南宋では、『慶元条法事類』巻七五、刑獄門五、編配流役、断獄式に、各州より半年ごとに尚書省刑部に上申される編配人籍冊の書式を伝えており、そこには「開」（削除）・「収」（収係）・「見管」の各項の下に「配軍」・「編管」・「羈管」・「奴」・「婢」の各々が記されている。ここに「収」の項の一部を引用すると、

一、奴若干。

某人年若干、係某処某色目人。今犯某事、断配為奴。於某年月日到。

余人依此。

一、婢若干《依奴開》。

（一、奴は幾人。

某人は年幾歳、某処のどんな種類の人間である。今某事を犯し、配して奴とされた。何年何月何日に到った。

他の者は、この書式に従って書け。

一、婢は幾人《奴の項目に従って書け》。）

とあり、ここに見える「奴」・「婢」はいずれも犯罪によって没官された者であることが確認される。以上の例に見える「奴婢」こそは紛れもなく法的身分としての奴婢であるが、南宋の淳熙一四年（一一八七）頃に書かれた、羅願『鄂州小集』巻五、箚子「鄂州到任五事箚子」の第五事には、宋代の「奴婢」について次のように見える。

臣窃以、古称良賤、灼然不同。良者即是良民、賤者率皆罪隷。今世所云奴婢、一概本出良家、或迫饑寒、或遭誘略、因此終身為賤。

（臣が思いますに、古えに良賤と称するのには、明確な区別がありました。良と言うのはすなわち良民であり、賤と言うのはおおむね皆犯罪者でした。現今言うところの奴婢は、すべて良家から出ており、ある者は飢えや寒さに迫られ、ある者は誘拐拉致に遭い、それで生涯賤民となっているのです。）

羅願によれば、「古え」の賤民はおおむね罪隷であったが、現今のいわゆる「奴婢」とはすべて良民が饑寒や誘略によって終身賤となったものであると言う。羅願がかかる認識を上奏文の中で公然と表明していることからすれば、これは当時一般の認識でもあったと推定されるのであるが、ここで明らかに存在した犯罪没官の奴婢＝罪隷に言及せず、あたかも宋代に罪隷の奴婢が存在しなかったかのごとく記されているのはなぜであろうか。上引の『宋会要』によれば叛軍の罪に縁坐した者は「配して奴婢に充つ」とあって配流されているが、それらの奴婢は『慶元条法事類』に見えるように官衙に繋属されている。したがって、おそらく宋代における犯罪没官（ないし俘虜）による奴婢は、官衙に繋属されて民間に流出することがなかったと考えられるのであり、それが羅願のような認識を生む背景となっていたのであろう。なお、羅願の言う「今世所云奴婢」が奴婢身分の者を指すものでないことは後述するところによって明らかになるはずである。

一方、元代に入ると、犯罪没官の奴婢とともに俘虜による奴婢＝軀口の例が頻出するが、それらについてはすでに有高巌[27]・蒙思明[28]・岡本敬二[29]の各氏による挙例があるので、ここでは繁を避けたい。ただ、元代においても犯罪没官による奴婢は当時の人々に意識されていなかったらしく、例えば、徐元瑞『吏学指南』良賤孳産「軀口」の解説に、

謂被俘獲軀使之人。古者以罪没為奴婢、故有官私奴婢之分。

（捕虜となって使役に当る者を言う。古えは犯罪没官者を奴婢とした、それゆえに官私の奴婢という区別があった。）

と言い、犯罪没官の奴婢は「古え」のものと見なしており、陶宗儀『輟耕録』巻一七「奴婢」に、

今蒙古色目人之臧獲、男曰奴、女曰婢、総曰駆口。蓋国初平定諸国日、以俘到男女匹配為夫婦、而所生子孫、永為奴婢。又有曰紅契買到者、即其元主転売於人、立券投税者、是也。故買良為駆者、有禁。……按周礼、其奴、男子入于皁隷、女子入于舂藁。説文、奴婢皆古罪人。夫今之奴婢、其父祖初無罪悪、而世世不可逃、亦可痛已。

（今蒙古色目人の奴隷は、男は奴と言い、女は婢と言い、総じて駆口と言う。およそ国初に諸国を平定した時に、捕虜とした男女を娶せて夫婦とし、生れた子孫を永遠に奴婢としたのであろう。また紅契で買ったという者がいるが、それはもとの主人が人に転売し、契約を立て官に届けて契税を支払ったのがそれである。故意に良民を買って駆口とすることには禁令がある。……周礼によれば、「奴は、男は皁隷に入れ、女は舂藁に入れる」とある。説文には、「奴婢とは皆古えの罪人である」とある。現今の奴婢は、父祖に全く罪悪がないのに、代々この身分から逃れることがで

きないのは、痛ましいことである。）

とあり、俘獲奴婢の子孫が当時の奴婢のすべてであったかのごとく述べている。しかし、元代におけるかかる認識の基盤はおそらく宋代と同一ではないであろう。元代の犯罪没官の奴婢には功臣に給賜された者があり、(30)必ずしも官衙に繋属されていたわけではない。したがって、犯罪没官の奴婢は絶対量において多数を占める俘獲奴婢(31)の中へ混入し、それゆえ元人に意識されなかったのではないかと推測される。

さて、以上累説してきたように、宋元代の法的身分としての奴婢とは犯罪没官や俘虜化に由来するものであり、(32)良民の売買や債務への准折によって奴婢化する途が法的には完全に閉ざされていたとすれば、果して史料上の「奴婢」とはいかなる存在であるかが改めて問い直されなければならない。先に一部引用した『鄂州小集』巻五、箚子「鄂州到任五事箚子」の第五事は、この点をめぐって興味ある議論を展開しているので以下全文を掲げる。

(a)臣窃以、古称良賤、灼然不同。良者即是良民、賤者率皆罪隷。今世所云奴婢、一概本出良家、或迫饑寒、或遭誘略、因此終身為賤。誠可矜憐。(b)臣昨来被旨、権贛州日、捕治土人往広南盗牛者。其間往往併掠其小児以来。臣今仮守鄂州、又見民間所須僮奴、多藉江西販到。其小者或纔十歳左右、既離地頭、無復幾察。官吏不肖、或乃計口、収其税銭。歳時窃来、亹亹不已。臣嘗窮正其罪、選謹信人、給与路費、牒元来州県、送還其家。窃慮、諸処似此者多。謂宜使民間有遭誘略者、皆因都保、自言於官、官為籍記、立賞追捕、可使還歯平民、復見父母。(c)在法、雇人為婢、限止十年。其限内転雇者、年限価銭、各応通計。目今逓相循習、皆隠落元雇之由、径作牙家自売、別起年限、多取価銭、曠閉年深。豈無愁歎。謂宜自今転雇者、皆明書来歴於約、庶年限価銭可以通計。有不如令、牙人及買主坐之、価銭没官、受雇者逐便、庶使脱賤還良、稍有期日、及時婚嫁、不失人道。於以広上恩致和気、亦聖世所不宜忽也。

(a)臣が思いますに、古えに良賤と称するのには、明確な区別がありました。良と言うのはすなわち良民であり、賤と言うのはおおむね皆犯罪者でした。現今言うところの奴婢は、すべて良家から出ており、ある者は飢えや寒さに迫られ、ある者は誘拐拉致に遭い、それで生涯賤民となっているのです。まことに憐れむべきことです。(b)臣は先頃命令を受けて権知贛州を勤めた時、広南に行って牛を盗む当地の者を逮捕処分しました。その中には往々にして同時に小児を掠取して連れ帰る者がおりました。臣は今知鄂州となりましたが、また民間で用いる僮奴の多くが江西から買われてくることを目にしました。幼い者はわずかに一〇歳ほどで、すでに現地を離れていて検察しようがありません。官吏も不肖で、ある者は人数に応じて税金を取り立てています。毎年盗み連れてくる者は連綿として尽きることがありません。臣はかつてその罪を糺し、信頼できる者を選び、旅費を支給し、もとの州県に牒文を送り、その家に送還いたしました。思いますに、各地でこれに似た者は多いでしょう。どうか民間で誘拐拉致にあった者がいた場合は、皆都保を通じて自ら官に告げ、官は帳簿に記録し、賞金を付けて捜索し、平民に回復して、父母に再会できるようにしていただきたいと思います。(c)法律では、「人を雇って婢とするには、一〇年を限度とする。年限内に転雇する時には、年限と価銭とは各々通計しなければならない」とあります。目下互いに習慣に従い、皆もとの雇用状況を隠蔽し、仲買人が売ったことにし、別に年限を立てて、価銭を多く取り、長期にわたって解放しないでおります。愁い嘆きがないはずがありません。今後転雇する場合は、皆契約書に来歴を明記させましたら、年限・価銭を通計することができるようになろうと存じます。この法令に従わなければ、仲買人および買い主は罪に当て、価銭は没収し、被雇用者は自由の身にすることとすれば、賤を脱して良に戻るについては、期日の定めがあり、時に及んで結婚させれば、人道を失いません。こうして陛下の恩沢を広くし和気をもたらすことは、また聖世のおろそかにすべからざることであります。)

ここでは、(a)の部分で当時のいわゆる「奴婢」の出自を「饑寒」と「誘略」の二つに求め、以下(b)(c)の部分でその対策が示されるという構成をとる。まず(b)の部分では「誘略」されて「奴婢」となっている者はすべて原状に回復すべく要請されており、続いて(c)の部分では「婢」の転雇の法令を徹底強化すべく提案されている。とすれば、ここで言う「婢」とは雇傭人法の適用を受ける存在であり、そのことは(c)の後半部で「婢」を「受雇者」と表現していることによっても明らかである。そして「婢」が実は雇傭された者であるならば、当然「奴」もまた雇傭人であろう。(c)の部分でもっぱら「婢」のみが問題となって「奴」が現われないのは、宋代には男子の雇傭期限に関する法的規制が存在しなかったと推定されること(33)、また「婢」の場合は「及時婚嫁、不失人道」とあるように、長期にわたる雇傭によって「婢」の婚姻に支障を来さないようにすることが問題となっていたためであろうと思われる。さらに、「饑寒」による者だけでなく「誘略」による者も含めて「今世所云奴婢」のすべてが雇傭人として捉えられていたことは、次の記事によって明らかとなる。すなわち、『鄂州小集』所収の南宋末元初の人、曹涇の撰した「鄂州大守存斎先生羅公伝」に、

以昇鄂州、至郡上五事、……其五謂、民間所僱奴婢、只憑客人販到、半是誘略。宜令遭誘略者、自言於官、官為立賞追捕。

(鄂州の知州に昇った際に、州に着任して五事を上奏した。……その第五事に言うには、「民間で雇っている奴婢は、ただに行商人が売りに来るのに頼っていますが、その半ばは誘拐拉致された者であります。誘拐拉致された者に、自ら官に告げさせ、官は賞金を付けて捜索すべきであります」と。)

と前掲の記事を要約し、誘略による「奴婢」をも含めて「民間所僱奴婢」と表現しているのである。

このように、事実上「誘略」によって売買された者ですら雇傭人として捉えられていることは、良民は売買されても奴婢身分に転化しないという前述の論点を裏付けるものであるが、それと同時に、人身の売買が雇傭形式に仮託して行われていたからでもあろう。『宋会要』刑法一—三三、格令二、建炎三年(一一二九)四月八日条に、刑部侍郎商守拙が、闘殴と盗博は嘉祐勅に従い、その余は嘉祐勅と政和勅を参照して科罪の軽い方に従うよう提案して、

謂、如略和誘人為人力女使、嘉祐勅、依略和誘人為部曲律、減一等、政和勅、論如為部曲律。合従嘉祐、減一等之類。

（思いますに、例えば、人を拉致しあるいは和誘して人力・女使となした場合、嘉祐勅では人を拉致しあるいは和誘して部曲とした場合の律に従い、そこから一等を減ずることとし、政和勅では部曲とした場合の律と同じく論罪するとしております。こうした場合は嘉祐勅に従って、一等を減ずるといったケースです。）

という具体例を挙げているが、このように良民を拉致ないし和誘して人力・女使とすることを禁ずる法令が制定されているのは、良民売買の法禁を免れるために「誘略」した者を雇傭形式に仮託して売買することが行われていたことを示すものであろう。

従来、宋代の史料上の「奴婢」には雇傭人が含まれていると説かれてきたように、「奴婢」＝雇傭人であることを示す史料は多く存するが、羅願が「今世所云奴婢、一概本出良家」と指摘していたように、史料上の「奴婢」のほとんどすべてが雇傭人の別称であることを示すために、なお二、三の史料を掲げておこう。范仲淹『范文正公集』所収の范氏義荘、紹聖二年（一〇九五）二月八日の「修定規矩」に、

一、兄弟同居雖衆、其奴婢月米、通不得累過五人《謂如七人或八人同居、止共支奴婢米五人之類》。

一、未娶、不給奴婢米《雖未娶、而有女使生子、在家及十五年年五十歳以上者、自依規給米》。

（一、兄弟が同居することがどれだけ多くとも、その奴婢の月米は合計五人をすぎてはならない《例えば七人あるいは八人が同居していても、その奴婢米は五人分に止めるという意味である》。

一、未婚の男には奴婢米を支給しない《未婚ではあっても女使に産ませた子があり、家に一五年以上いて五〇歳以上の者は規則通り米を給す》。）

とあり、ここで言う「奴婢」の中の「婢」とは女使と同一の実体を指しており、袁采『袁氏世範』巻三、治家

「待奴僕当寛恕」に、

奴僕、小民就役於人者。……又性多佷、軽於応対、不識分守。所以雇主於使令之際、常多叱咄。

（奴僕は、小民の人に使役される者である。……また性格は多く悪賢く、応対を軽んじ、分を守ることを知らない。それゆえ雇主は命令する際に、常に叱咤することが多い。）

と見え、「奴僕」とは小民の人に就役する者と言い、その主人を「雇主」と呼んでいる。また、『長編』巻五四、咸平六年（一〇〇三）四月庚午条に、

旧制、士庶家僮僕有犯、或私黥其面。上以、今之僮使、本傭雇良民。癸酉詔、有盗主財者、五貫以上、杖脊黥面、配牢城、十貫以上、奏裁、而勿得私黥涅之。

（旧制では、士庶の家の僮僕に犯罪があれば、私的にその顔に入れ墨するということがあった。皇帝が思うには、「現今の僮使は本来良民を雇用したものである」と。癸酉に詔し、「主人の財を盗んだ者は、五貫以上は杖脊黥面とし、牢城軍に入れる、一〇貫以上は上奏して皇帝の判断を仰ぐこととし、勝手に入れ墨してはならない」とした。）

とあり、真宗自らが「現今の僮使とは本来良民を傭雇したものである」と述べている。この詔勅は、馬端臨『文献通考』巻一一、戸口考二、同書巻一六六、刑考五、および王栐『燕翼詒謀録』巻三「主家不得黥奴僕」にも引かれており、そこでは『長編』に言う「僮僕」・「僮使」を各々「傭僕」・「僮僕」・「奴僕」に作る。いずれにせよ、これによって「僮僕」・「奴僕」等々の奴婢身分を指すかに見える呼称は、宋代においては雇傭人の別称ないしは賤称であったことが確認されるのである。

以上考察したように、宋代の史料上の「奴婢」とは、ほとんどすべてが雇傭人を指称するものであった。それは、法的身分としての奴婢の発生径路が犯罪没官（ないし俘虜）という限定されたものであったとともに、奴婢が官衙に繋属されて民間に流出することがなかったためであろうと思われる。元代でも奴婢の発生径路は同様で

あったが、従来の研究が指摘しているように元代の奴婢数は多量であったと考えられ、それゆえ一概に史料上の「奴婢」・「駈口」がいかなる身分の者かを確定しえない面を持っている。しかし、元代においても売買や債務に准折された者はもとより、史料上の「奴婢」・「駈口」の多くは奴婢身分の者ではないであろう。例えば、『歴代名臣奏議』巻六七、治道、元成宗大徳七年鄭介夫上奏「厚俗」の一節に、

南北之風俗不同。北方以買来者、謂之駈口、南方以受役者、即為奴婢。

（南北の風俗は異なる。北方では買ってきた者を駈口と言い、南方では使役される者を奴婢としている。）

とあり、南方――淮水以南の旧南宋領を指すものであろう――では他人に服役する者を「奴婢」と呼んでいたことが指摘されているが、この「受役者」は前掲の『袁氏世範』の「待奴僕当寛恕」に見える「就役於人者」と同一であり、北方の購買された「駈口」と対比されていることからして雇われた者と推定される。[34]このように、宋代の史料上の「奴婢」のほとんどすべてと元代江南地方の「奴婢」の多くが雇傭人であったとすれば、[35]宋元代の雇傭人とは何かということが続いて問題となるであろう。これが次節の課題となる。

二　雇傭人身分とその特質

宋元代の雇傭人は人力・女使[36]・傭賃・受雇人・傭工等と呼ばれ、また前述のごとく「奴婢」とはほとんど雇傭人の別称にほかならないのであったが、それらは多様な存在形態を示しつつ史料上に現われてくる。そこで、本節では、雇傭人の多様な存在形態と法的身分との関係、および雇傭人身分に包括される存在の具体相について検討を加えることにしたい。

この問題を扱う場合に注意しなければならないのは、雇傭人身分は良民・賤民の身分とは明らかに異なった次元で問題とされるべき性格を持つという点である。前述したように良民・賤民の法的身分は国家ないし皇帝との関係において一義的に規定されていると考えられるのに対し、ここで問題とする雇傭人身分は、国家ないし皇帝を直接媒介とすることなく雇主雇傭人間の具体的関係において一義的に規定される身分であるという点に特徴がある。そのことは、例えば、奴婢に関する法規定が主人奴婢関係に止まらず奴婢と奴婢の主人以外の者との関係にも及ぶのに対して、雇傭人法はいずれも雇主‐雇傭人（ないし旧雇主‐旧雇傭人）関係においてのみ機能するという点に明瞭に示されており、それゆえ、雇傭人身分とは一種の職業身分ないし法律上の地位とでも称すべき性格を持っているのである。以上のような雇傭人身分の法律的性格は、多様な形態を示す雇主雇傭人関係のいかなる部分を基礎として雇傭人身分が定立されていたかという問題を、必然的にわれわれに提起するのである。

1　雇傭人身分の基礎

まず、雇傭人の存在形態をいくつかに類型化しておきたい。陳淳『北渓大全集』巻四四、箚「上荘大卿論鬻塩」に、

其余客戸、則全無立錐、惟藉傭雇、朝夕奔波、不能営三餐之飽。有鎮日只一飯、或達暮不粒食者。

（その余の客戸は、一片の土地すらなく、ただ雇われ仕事に頼って朝夕走り回り、三食もまともにとれません。一日にただ一食、あるいは夕刻になっても食事がとれない者もおります。）

とあり、『夷堅丙志』巻一一「銭為鼠鳴」に、

吾郷里、昔有小民。朴鈍無它技、唯与人傭力受直。族祖家、日以三十銭、顧之舂穀。凡歳余得銭十四千。

（わが郷里には昔小民がいた。朴鈍で何の技能もなく、ただ人に雇われて労賃を受けるだけであった。わが一族の家で、日に三〇銭でこれを雇って脱穀させていた。およそ一年で一四貫を得ていた。）

と見えているのは、もっぱら日傭ないし日傭単位の雇傭によって生計を営む者である。これを第Ⅰ類の雇傭人と呼ぼう。次に、『永楽大典』巻二二六三所引の『夷堅支』「西湖」（同じく『夷堅支志』癸巻五「神游西湖」）に、

楽平新進郷農民陳五、為翟氏田僕。毎以暇時、受他人庸雇、負担遠適。

（楽平新進郷の農民陳五は翟氏の田僕であった。いつも農作業が暇な折りには他人に雇われて、荷物を背負って遠くに運んでいた。）

とあり、王柏『魯斎集』巻七、書「社倉利害書」に、

古人有言、穀賤則傷農、穀貴則傷民。今之農与古之農異。秋成之時、百逋叢身、解償之余、儲積無幾。往往負販傭工、以謀朝夕之贏者、比比皆是也。

（古人がこう言っている、「穀物が安ければ農民を苦しめるし、穀物が高ければ民を苦しめる」と。今の農民と古えの農民とは異なっている。今は、収穫の秋に多くの借金があり、支払った後には蓄えがほとんどない。往々物売りや雇われ仕事をして朝夕の食事に充てており、皆こうした有様である。）

とあって、自己の生業を持ち、それを維持・補完するために雇傭労働に従事する者が見えている。これを第Ⅱ類の雇傭人と呼ぶが、この中には、『夷堅支志』景巻一「員一郎馬」に、

荊門軍長林県民蹇大、居郭北七八十里間。有一女、納同里鄒亜劉為贅壻。鄒愚陋不解事。薄有貲業、且常為人傭、跋渉遠道、在家之日少。蹇挹其屋、耕其田。

（荊門軍長林県の民蹇大は城郭の北七、八十里の所に住んでいた。一女があって、同じ里の鄒亜劉を婿に迎えていた。鄒は愚かで物事を理解できていなかった。わずかに田産があったが、常々人に雇われ、遠くに出かけてゆき、家にい

る日は少なかった。蹇はその家にいて、その田を耕していた。）

とあるような、些少の田産を持ちつつも収入のほとんどを雇傭に依存していたと推定される者から、『夷堅支志』丁巻四「呉廿九」に、

紹熙二年春、金渓民呉廿九、将種稲。従其母仮所著皁綈袍曰、明日挿秧、要典銭与雇夫工食費。母曰、我怕春寒、且明日未必成。

（紹熙二年の春、金渓県の民呉廿九は、稲を植えようとしていた。母から着ている皁綈袍を借りて、「明日田植えをしますが、これを質に入れて雇い人の労賃に充てたいと思います」と言った。母は、「私は寒さが心配だ。そのうえ明日に植える必要はないじゃないか」と言った。）

とあるような、農繁期にのみ人を雇う――逆に言えば雇われる――といった臨時の雇傭形態も含まれると考えられるが、そうした幅を持たせつつも、何らかの生業を持ちそれと雇傭労働とによって生計を営む者を第Ⅱ類に分類しておきたい。第Ⅲ類の雇傭人は、『夷堅支志』甲巻二「胡煌僕」に、

覇州文安県人胡煌、居莫金口。家稍豊、好義忘利。一僕曰厳安、執役二十八年、恭謹有信、未嘗輒受傭值。煌与之則云、姑儲於主家、須欲用乃取。愛惜主物、不妄費分毫。煌待之如弟、厳亦呼煌為兄、而謂其妻嫂。

（覇州文安県の人胡煌は莫金口に住んでいた。家はやや豊かで、義を好み利を忘れる性格であった。一人の奴僕は厳安と言い、二八年仕事をしており、恭しくまじめで信用があったが、未だかつて労賃を受けたことがなかった。煌は労賃を与えて言った、「しばらく我が家に蓄えておいて、必要な時に取りなさい」と。主人の物を愛惜し、少しも無駄には使わなかった。煌は彼に弟のように接し、厳もまた煌を兄と呼び、その妻を嫂と言っていた。）

とあり、『夷堅三志』壬巻一〇「顔邦直二郎」に、

弋陽丫頭巌農夫何一、自小受顧於漆公鎮作奴、伏事顔二郎名邦直者。凡三歳、辞帰父家。両処相去一程、彼

此声跡、不相知聞。

（弋陽県丫頭巌の農夫何一は、幼い頃から漆公鎮で雇われて奴となり、顔二郎名は邦直なる者に仕えていた。ほぼ三年経ち、辞めて父の家に帰ってきた。二つの場所は一程ほど離れていて、あちらとこちらの様子は、互いに知ることがなかった。）

と見えるような、長期にわたって雇傭され、雇傭期間中は主家内に居住しその経営内に包摂されて生活する者である。上引の二例に見える雇傭人は「僕」・「奴」と呼ばれているが、前節で述べたような史料上の「奴婢」＝雇傭人は、多くこの第Ⅲ類に含ませて考えることができよう。

以上はもとより概括的かつ便宜的な類型化であって、こうした類型に包括しえない雇傭形態も存したであろうし、各類型間に重なりあう例もなかったとは言えないであろう(37)。ただ各類型の特徴を雇傭人自身の経営の面から捉えれば、第Ⅰ類はもっぱら雇傭にのみ生計を依存し、雇主とは一応独立した経営を有するものの、その経営自体は極めて零細であったと考えられ、第Ⅱ類は、雇傭以外に自己の生業を営み、雇主の経営とは区別される自己の経営を有する者であり、第Ⅲ類は、もっぱら雇傭によって生計を営む点で第Ⅰ類と共通するものの、おおむね自己の経営を持たず主家の経営内に包摂されて生活するという点で第Ⅰ類とは区別されるのである。一方、これを雇傭期間の面から捉えれば、第Ⅰ・Ⅱ類が日傭から一年程度の短雇であるのに対して、第Ⅲ類は数年ないし数十年、時には終生に及ぶ長期の雇傭という対応関係を見出すことができよう(38)。

さて、以上のように類型化された雇傭人の存在形態と雇傭人身分とはいかなる関わりを持っていたであろうか。馬端臨『文献通考』巻一一、戸口考二「奴婢」の冒頭に、

周官大宰、以九職任万民。八曰臣妾。聚斂疏材。九曰間民。無常職、転移執事《臣妾、男女貧賤之称。転徙執事、若今傭賃也》。

（周官大宰には、「九職をもって万民に任じる。八に曰く、臣妾。菜蔬を集めるものである。九に曰く、間民。常職がなくあちこち移って仕事をする者である」とある。《臣妾とは、男女の貧困で賤しい者の呼称である。転徙執事とは今の傭賃のような者である》。）

とあり、馬端臨は『周礼』に見える間民、すなわち常職なく転移して執事する者を宋代の傭賃に比定しているが、馬端臨が参照したと思われる唐の賈公彦の疏には、

九曰間民。無常職、転移執事者。其人為性不営己業為間民、而好与人傭賃、非止一家、転移為人執事、以此為業者耳。

（九に曰く、間民。一定の職がなく、あちこち移って仕事をする者である。その人、生れつき自分の仕事を持たずに間民となり、好んで人に雇われ、一家に止まらず、あちこち移って人のために労働をし、これを生活の手段とする者である。）

とあって、間民とは、自己の生業を持たず他人に雇われて生活する者で、一家に止まらず転移して他人のための労役に服するをもって業となす者と解説している。とすれば、宋代の傭賃とはもっぱら雇傭にのみ生計を依存する者であったと考えられ、先の類型に従えば第Ⅰ類と第Ⅲ類の雇傭人がこれに該当するが、『文献通考』巻一一、戸口考二「奴婢」、天禧三年（一〇一九）条には、雇主と傭賃との闘訟法上の地位を次のように定めている。

大理寺言、按律、諸奴婢有罪、其主不請官司而殺者、杖一百。無罪而殺者、徒二年。又諸条、主殴部曲至死者、徒一年、故殺者、加一等。其有愆犯、決罰至死、及過失殺者、勿論。自今人家傭賃、当明設要契、及五年、主因過殴決至死者、欲望加部曲一等、但不以愆犯而殺者、減常人一等、如過失殺者、勿論。従之。

（大理寺が言う、「律には、「諸て奴婢に罪があり、主人が官司に請わずに殺した場合は、杖一百とし、罪がないのに殺した場合は、徒二年とする」とある。また別の条文には、「主人が部曲を殴って死亡させた場合は、徒一年とし、

故意に殺した場合は、一等を加える、落度があって懲戒して死亡させた場合、および過失で殺した場合は、無罪とする」とある。今後、人家の雇傭人は、明確に契約を立て五年経った後に、主人が雇傭人を過分に殴って死亡させた場合は、部曲に一等を加えることとし、落度がないのに殺した場合は、常人から一等を減じることとし、もし過失で殺した場合は無罪としたい」と。皇帝はこれを裁可した。）

この規定によれば、闘訟法上において雇主に対する傭賃の従属的地位が確定するのは、雇傭契約を結んでより五年を経て後であって、日傭や短雇の者はもとより、長期の雇傭人であっても雇傭期間が五年に満たない場合は常人と等しい法の適用を受けるわけである。とするならば、この天禧三年の規定は、もっぱら雇傭にのみ生計を依存する雇傭人の中でも、長期にわたって主人の経営内に包摂されて生活する第Ⅲ類の者を主たる対象とするものであったことが知られよう。そのことは、この規定が奴婢と部曲の法を勘案することによって制定されていることからも容易に推測されるのである。その後『長編』巻一七七、至和元年（一〇五四）一〇月壬辰条に、

　詔、士庶之家、嘗更傭雇之人、自今毋得与主之同居親為昏、違者離之。

　（詔す、「士庶の家で、かつて雇っていた者は、今後主人の同居の親族と婚姻をしてはならない、違反者は離婚させる」と。）

とあり、至和元年以降、旧雇主の同居親と旧雇傭人との通婚は禁止されるに至るが、この規定以降、南宋の『慶元条法事類』に見える人力・女使に対する規定や元代の雇傭人法には、先の闘訟法に見られたような雇傭年限によって法の適用が規制を受けるといった例は全く見出せなくなる。

　しかしながら南宋・元代の雇傭人法が日傭や短雇の者も含めてすべての雇傭関係にある者をその対象としていたとは考え難いであろう。果して、当該期の雇傭人法の中には、その対象とする雇傭人とはいかなる存在であったかを窺わせるものがある。例えば『宋会要』刑法二―一一九、禁約、淳熙五年（一一七八）六月二〇日の条に、

詔、湖北京西路沿辺州県、自今客人輒以耕牛幷戦馬負茶過北界者、並依軍法。……許諸色人告捕、賞銭二千貫、……其知情停蔵、同船同行稍工水手能告捕、及人力女使告首者、並与免罪、与依諸色人告捕支賞。

（詔す、「湖北・京西路縁辺の州県では、今後客商が耕牛と戦馬で茶を運んで北界を通過すれば、軍法で処罰する。……誰であっても告発逮捕することを許し、二千貫を賞金として与える、……事情を知りつつ匿った者や、同船同行の船頭や漕ぎ手が告発逮捕した場合、および〔客商の〕人力・女使が告発した場合は、皆罪を免じ、他の者が告発逮捕した場合と同じく賞金を与える」と。）

とあるが、ここで人力・女使が主人を告発しても免罪すると述べていることは、人力・女使は通常主人の犯罪は告発できなかったことを示すものにほかならない。『慶元条法事類』巻七六、当贖門、蔭贖、名例勅には、

諸捌品以上官子孫之婦犯罪、蔭如其夫。即官品得請者之女使、曾経有子者、聴用蔭如伍品妾《犯主情重者非》。

（諸て八品以上の官の子孫の婦人が罪を犯した場合、蔭はその夫と同じとする。もし官品によって請を得ることができる者の女使で、かつて男子を生んだ者は、蔭を用いること五品官の妾と同等にすることを許す《主人に対する犯罪で情状の重い者はこの限りではない》。）

と見え、官品で「請」を得ることができる者の女使でかつて〔主人の〕男子を生んだ者は、五品官の妾と同等の蔭贖が認められており、同書同巻、当贖門、蔭贖、名例勅には、さらに、

諸将校犯階級、及臨寇敵有犯、或監守内、姦盗略人受財入己、若放債者、不得以蔭論《御前忠佐准此》。即兵級刺面人犯罪、人力女使犯主《人力姦主同》……准此。

（諸て将校が階級を犯し、および敵に臨んで犯罪を行い、あるいは管轄内において姦淫、盗み、誘拐、収賄し、もしくは金貸しをした者は、蔭を用いることを許さない《御前忠佐もこれに準ずる》。もし兵士で顔に入れ墨された者が

犯罪を行い、人力・女使が主人を犯せば《人力の主人に対する姦淫罪も同じ》……これに準ずる。）

とあり、人力・女使の犯主の罪には主人の蔭贖を認めないと規定しているが、そのことは逆に言えば、犯主の罪以外であれば主蔭の認められる場合があったことを示していると思われる。

　以上のように、人力・女使の主人の罪の告発や、品官の子孫と同じく人力・女使の蔭贖が問題とされているのは、彼らが長期にわたって主家と同居し主家の擬制的家族員と見なされる存在であったことを物語るものと言えよう。

　元代の例としては、沈仲緯『刑統賦疏』第六韻「罪相為隠外止及於祖孫」に、

　至順元年四月二十四日、礼部呈、会同館提控案贖黄鑑唐令刑統律文、該、諸同居大功以上親及外祖父母外孫若孫之婦・夫之兄弟及兄弟之妻有罪、相為容隠、部曲奴婢為主隠、皆勿論。即漏露其事、及擿語消息、此皆不坐。受雇傭工之人既于主家同居、又且衣食俱各仰給。酌古准今、即与昔日部曲無異、理合相容隠。刑部議得、諸傭工受雇之人、雖与奴婢不同、衣食皆仰於主。除犯悪逆及損侵己身事理、聴従赴訴、其余事不干己、不許訐告。亦厚風俗之一端也。

（至順元年四月二四日、礼部の呈文に、会同館提控案贖黄某が唐令・刑統の律文を考察し、その要約文に、「諸て同居の大功以上の親族、および外祖父母外孫、もしくは孫の妻、夫の兄弟、および兄弟の妻は、罪があっても互いに隠し、部曲・奴婢が主人のために罪を隠匿しても、皆無罪とする。もし（官側の）情報を漏らしたり、消息を明るみにしても、これは皆無罪である。雇われて労働する人は、主家と同居しているだけでなく、衣食もともに主人に仰いでいる。古えの意図を酌んで今に適用すれば、昔日の部曲と変るところはない。道理からして当然主罪を隠すべきである」とある。刑部が議定した、「諸て雇われて労働する者は、奴婢と同じではないが、衣食は皆主人に仰いでいる。悪逆を犯した場合および自分が傷つけられた事態があれば訴えてもよいが、その他の自分に関係しない事柄は告発を許さない。

これまた世間の風潮を改善する一端である」と。）

とあり、「傭工受雇之人」とは主家と同居し衣食の支給を受ける者とされており、そのことをもって、主家の悪逆の罪と自己が損身を受けた場合を除いて主家を告訴することが禁じられている。また、『元典章』巻四九、刑部一一、諸盗一、免刺「受雇人盗主物免刺」には、次のような判例が残されている。

大徳七年三月、江西行省准中書省咨、来咨、江州路申、陳寅子状招、既自大徳四年正月十七日、憑黄仲三作保、与事主呉旺家受雇使喚。不合於大徳六年正月至三月、日数不等、偸盗訖雇主呉旺糯米谷一十九石七斗幷熟占米二斗、糶与在城不得名隅小王等、共得価鈔二定十六両、内劉万四分訖一十八両外、余鈔寅子入己罪犯、招伏是実。……刑部議得、陳寅子所招、因雇主呉旺、令本賊自行量谷剰米出糶、不曾拘管量数、節次偸搬訖雇主呉旺谷米糶売罪犯、若依常盗定論、刺断。却縁本賊与雇主宿食同居、擬合比依奴婢盗売本使財物、減等定論、不追倍贓、免刺、相応。都省准擬。

（大徳七年三月、江西行省が中書省の咨文を受けた。中書省に来た咨文に、「江州路が上申してきたところでは、陳寅子の供述書には、「大徳四年正月一七日、黄仲三を保証人として被害者呉旺の家に雇われ服役していました。けしからぬことに大徳六年正月から三月の間、日数はそれぞれ異なりますが、雇主呉旺の糯米穀一九石七斗ならびに熟占米二斗を盗み、街の地番名は分かりませんが小王等に売り、鈔で二定一六両を得、そのうち劉万四に一八両やり、残りは寅子が自分の懐に入れました」という事件で、自白は事実です」とあった。……刑部が議した、「陳寅子が自白したところでは、雇主呉旺は彼に自分で余った穀物を計って売り出させ、これまで雇主が数量を管理してこなかったので、何度か雇主呉旺の米穀を盗んで売ったという犯罪は、もし普通の盗みとして処断すれば、入れ墨になります。しかし犯人と雇主とは宿食同居であり、奴婢が主人の財物を盗み売った場合に準じて、罪を減じて論罪し、倍贓は追徴せず、入れ墨は免除したならば、適当な処分となりましょう」と。中書省は刑部の原案を裁可した。）

この事件は、大徳四年（一三〇〇）正月に黄仲三を牙保として呉旺に雇われた陳寅子が、呉旺の米穀を城市に運んで糶米する際にその一部を盗売したというものであるが、この記事でわれわれの注目を惹くのは、刑部が「奴婢盗売本使財物」の例に比附して倍贓と刺面を免じた理由に関する部分である。すなわち、陳寅子が呉旺の米穀を盗売したのは大徳六年正月より三月の間であり、雇傭契約を結んでより二年以内に発生した事件であるが、ここではそうした雇傭期間に対する配慮は全く見られず、もっぱら陳寅子と呉旺が「宿食同居」であるという理由によって常盗とは異なる刑が執行されているのである。『元史』巻一〇四、刑法三「盗賊」には、

諸盗雇主財者、免刺、不追倍贓。盗先雇主財者、同常盜論。

（諸て雇主の財物を盗んだ者は、入れ墨を免じ、倍贓を徴収しない。以前の雇主の財物を盗んだ者は、一般の盗みと同じく論罪する。）

とあって、陳寅子に対する判例は雇傭人一般の主財の盗罪に関する定例となっているが、この法が対象にする雇傭人が主家と同居し衣食の給養を受ける者であったことは、改めて言うまでもないであろう。

以上の宋元代の諸例から帰納すれば、当該期の雇傭人身分は主家と同居し衣食の給養を受ける者を中核的基礎として定立されていたと推定され、それゆえかかる雇傭人は主家の擬制的家族員として主罪告発の規制や主蔭の適用が計られたものと考えられる。とすれば、先に類型化した雇傭人の中でも、雇傭期間中は主家と同居し主家の経営内に包摂されて生活する第Ⅲ類の者こそが、最も雇傭人身分にふさわしい存在であったと言わなければならない。

ただし、以上はあくまで雇傭人身分定立の中核的基礎をなすものであって、雇傭人法適用の絶対的条件を意味するものではもとよりありえない。雇傭人身分が一つの法的身分である以上、そこに包括される雇傭人の存在形態が一定の多様性を持つのは当然であり、具体的な係争事件の際に上記の点に合致しない者でも雇傭人法の適用

を受ける場合はあったであろう。そうした例をわれわれは後に見るはずである。しかし、雇傭人身分のうちにそうした存在が含まれていたとしても、それは前述の雇傭人身分定立の基礎を揺がすものではなく、むしろ雇傭人身分は第Ⅲ類に属す者を中核的基礎として定立され、その周辺に位置する存在をも包摂すべく運用されていたと解すべきであろう。

2　雇傭人の具体相

続いて、宋元代の雇傭人身分が第Ⅲ類の雇傭人を中核的基礎として定立されていたとする前項の検討結果を承けて、その具体的な雇傭形態と階級的性格について検討しておきたい。

前節に引いた、『鄂州小集』巻五、箚子「鄂州到任五事箚子」の第五事に、「今世所云奴婢、一概本出良家。或迫饑寒、或遭誘略、因此終身為賤」と言い、「奴婢」の出自を「饑寒」と「誘略」の二つに求めていたが、「誘略」によって「奴婢」となる者が「終身賤と為る」理由は明白であろう。それは事実上の人身売買だからである。当時「誘略」した者を雇傭形式に仮託して売買していたことは前節で述べたが、こうした売買によって「奴婢」＝雇傭人となる者が少なくなかったことは多くの史料によって確認しうるのであり[39]、一例を挙げれば、袁采『袁氏世範』巻三、治家「買婢妾当詢来歴」に、

買婢妾、既已成契、不可不細詢其所自来。恐有良人子女、為人所誘略。果然則即告之官、不可以婢妾還与引来之人。慮残其性命也。

(婢妾を買う際、契約を結んだならば、その来歴を詳しく問いただされねばならない。おそらく良人の子女で人に誘拐拉致された者がいるからである。本当にそうであったら、ただちに官に告げて、婢妾を連れてきた人に返してはなら

ない。自殺して命を落とすことを案ずるからである。）

とあるごとくである。したがって、まず当時の雇傭人の中には事実上売買された者が含まれていたことが確認されよう。それでは「饑寒」によって「奴婢」となる者は、いかなる理由で「終身賤と為る」のであろうか。『鄂州小集』巻五、箚子「鄂州到任五事箚子」の第五事には、

在法、雇人為婢、限止十年。其限内転雇者、年限価銭、各応通計。

（法律では、「人を雇って婢とするには、一〇年を限度とする。期限内に転雇する時には、年限と価銭とは各々通計しなければならない」とある。）

という「婢妾」の雇傭に関する法令を引いているが、転雇の際に年限とともに価銭をも通計すべしという法令は、それ自体すでに雇傭契約の段階で雇価が前払いされていることを前提とするものであって、この法が予定する雇傭とは、人身の賃貸借と実質的には同一であるものの、雇価の前払いを受けて一定期間服役し、期限満了とともに解放される労働消却質を意味するものであったことが知られよう。『夷堅志』補巻八「鄭主簿」に、鄭主簿と衡州通判孫某とが呉知閤宅で転雇に出した三人の妾を買いに行った時のこととして、

其一少艾有楽芸、而価才八十千。其二差不及、而為銭皆四五十万。扣其故曰、少者受雇垂満、但可補半年、故価値不多。彼二人則在呉宅未久、当立三年券。今須評品議直耳。孫於是以六百千併買之。鄭以八十千不多、且又美色、姑欲如其説。候相処及期、別与為市。探嚢取楮幣付儈、而懐呉氏券与妾帰。孫以万銭為定、候明成約、竟得之。

（一人は若くて楽芸があったが、価格はわずか八〇貫であった。他の二人は劣っていたが、価格は皆四、五百貫であった。その訳を問うと、「若い方は雇傭期限が満期になろうとしており、あと半年残っているだけで、だから価格が多くない。あとの二人は呉宅に来て間がなく、三年の契約を立てている。さあ品評して値段を決めてくれ」と言う。

孫はそこで六百貫で併せて二人を買おうとした。鄭は八〇貫は高くなく、かつまた美人であることから、しばし相手の言う通りにしようとした。往き来しつつ時期が来るのを待ち、それぞれに取り引きした。懐から紙幣を取り出して仲買人に渡し、呉氏の契約書を懐に入れて妾とともに帰った。孫は多額の銭で取り決めをし、きちんと契約をするのを待って、ついにこれを手にした。）

とあり、若く楽芸のある妾は八〇貫、他の二人はそれより劣っていたにもかかわらず四、五百貫であったので訳を問うと、若い方の妾は雇傭の満期まで残り半年であったのに対し、他の二人は三年の契約で呉宅に入って間もなく転雇に出されたからであったと言う。とすれば、この逸話は、年限は定かではないが、一応価銭の通計が計られた転雇の形態を示すものである。しかし、ここでは元立の雇契に準拠して転雇がなされているわけではなく、三人の妾が牙儈を介して競売されていることに注目しなければならないであろう。「鄂州到任五事箚子」の第五事には、前掲の「婢妾」に関する法令を引いた後、

目今遞相循習、皆隠落元雇之由、径作牙家自売、別起年限、多取価銭、曠閉年深。

（目下互いに習慣に従い、皆もともと雇った際の事情を隠し、仲買人が売ったことにし、別に年限を立て、価銭を多く取り、長期にわたって解放しないでおります。）

とあって、多くは転雇の際に牙人を介して新たな年限と価銭が立定されていたことが報告されているが、このような雇価の前払いを受けて服役する雇傭形態＝労働消却質の場合に、法令を無視した転雇が繰り返されるとすれば、それは形式的には雇傭ではあっても実質的には人身の売買と同一の結果を招くことになるであろう。『清明集』巻九、戸婚門、雇賃「売過身子銭」は、そのことを具体例で示している。

阿陳之女、方於前年十一月、雇与鄭万七官者七年、止計旧会二百二十千。十二月便雇与信州牙人徐百二。徐百二随即雇与鉛山陳廿九。身子銭已増至七百貫矣。纔及六月、陳廿九又雇与漆公鎮客人周千二。曾日月之幾

何、而価已不啻三倍矣。

(阿陳の娘は、初めは前年の一一月に鄭万七官なる者に七年の期限で雇与され、旧会子二二〇貫であった。一二月には信州の仲買人徐百二に雇与した。徐百二はただちに鉛山の陳廿九に雇与した。身代金はすでに増して七百貫に達していた。わずかに六カ月で、陳廿九はまた漆公鎮の客人周千二に雇与した。これまでの日月がわずかであるのに、価格はすでに三倍に止まらない。)

この書判によれば、阿陳の女は、当初一一月に七年の期限と旧会二二〇貫の雇価で鄭万七官の下へ雇与されたのであった。もとよりこの雇価は阿陳が前領したものであろう。ところが阿陳は契約に違って一二月に牙人徐百二に女を雇与し、その後阿陳の女は六カ月に及ばぬ間に徐百二、陳廿九、周千二へと転雇され、陳廿九に転雇された段階で身子銭＝雇価は七百貫に達していたという。こうした転雇が繰り返されて新たな価銭が付加されていったとすれば、これは表題の示すような「売過」以外の何ものでもなく、転雇によって雇傭人の身体そのものが商品として転売されていたことを示すものにほかならないのである。

以上のように、元来公的形式的には労働消却質であった雇傭形態が、転雇の際の新たな年限と価銭の立定を通じて事実上売買に結果するものとともに、当時のいわゆる雇傭人の中に少なからず債務奴隷的存在が含まれていたことも指摘されなければならない。陳舜俞『都官集』巻二、策「厚生二」に、

農不勤則穀不富、本不厚則用不節。百畝之家雖有豊年、美衣鮮、食不幸。穀一不登、無余粟以食、無余布以衣、至有鬻妻子、而償称債。況求其為土著之恋耶。

(農民が勤労しなければ穀物は豊かにならず、農業が豊かでなければ支出は宜しきを得ない。百畝の土地を持つ家は豊年であっても、美衣は少なく、食は良くない。穀物が一度実らなければ、食べる粟はなく、着る着物もなく、妻子を売って借金を返すことにもなる。郷里に留まりたい気持ちはかなうはずもない。)

とあり、妻子を鬻いで債務を償うことが記されているが、後文には、

今夫聖賢、有為使流転傭賃之人、還于土著。

（今聖賢は、流転傭賃の人を、郷里に返している。）

とあって、これを「流転傭賃之人」と表現している。また、前節に引いた『晦庵先生朱文公集』別集巻九、公移「戒約上戸体認本軍寛恤小民」には、債務によって「顧充奴婢」される者が見えていたし、葉適『水心別集』巻二、進巻「民事下」に、

小民之無田者、仮田於富人。得田而無以為耕、借資於富人。歳時有急、求於富人。其甚者、庸作奴婢、帰於富人。

（小民の田のない者は、富人に田を借りる。田を得ても耕作できない者は、富人に資金を借りる。年間に火急の事があれば、富人に援助を求める。はなはだしい場合は、庸われて奴婢となり、富人に帰属する者もある。）

とあって、小民の田なき者は富人より田を借り、耕種や歳時の資用も富人に依存し、「その甚だしき者は庸われて奴婢と作り、富人に帰す」と言われている。元代においても、『元典章』巻二七、戸部一三、銭債、私債「放粟依郷原例」に、

至元二十九年十月、御史台咨、……議得、比年以来、水旱相仍、闕食之家、於豪富挙借餱糧、……有一石還至数倍、不能已者、致使貧民准折田宅・典雇児女備償。

（至元二九年一〇月、御史台の咨文に、「……議した結果、近年以来水害旱害が相次ぎ、食を欠く家は豪富の家に食料を借り、……一石で数倍を返すに至り、返還できない者は、貧民に借金のかたに田宅を充てさせ、子女を典雇して償わせる」とある。）

と見えるごとくである。前節でも述べたように、宋元代には債務の弁済に替えて人身を質入れすること（帰属質）

は禁止されていたのであるが、『慶元条法事類』巻八〇、雑門、出挙債負、雑勅に、

諸以債負質当人口《虚立人力女使雇契同》、杖一百。

（諸て債負のかたに人口を質入れした場合は《人力・女使に雇ったという架空の契約を立てた場合も同じ》、杖一百とする。）

とあるように、当時債務に人身を准折する場合には、人力・女使として雇傭したとする雇契を虚立して法禁を免れることが行われていたと考えられ、その結果「誘略」によって事実上売買された者とともに債務に准折されて永代的債務奴隷化（帰属質）した者もまた人力・女使の中に混在していたと推定されるのである。

ところで、宋元代の法律は債務に人身を准折することは禁じていたものの、一般に一定の期限を付して人身を質入れし、期限満了後に元本を返済して人質を贖回する利質形態までも禁止してはいなかった。(40) 両者の相違は、前者が債務の弁済に替えて人身を永代的に引き渡す帰属質であるのに対し、後者は一定の期限を付して人身を質入れし、その労務をもって利息に充当するとともに、期限満了時に元本の弁済によって人質が解放されるという点にあったと思われる。こうした利質形態が許されていた結果、宋元代の雇・傭等の語で表わされる関係には、公的承認を得たものだけでも、(1)一定の年月ごとに雇価の支払いを受ける人身の賃貸借、(2)経済的効果は(1)と同様であるものの、雇価の前払いを受けて服役し、期限満了時に解放される労働消却質、(3)雇価（元本）の前払いを受ける点では(2)と同一であるが、期限満了時に元本の返済が人質解放の条件となる利質、この三形態が含まれていたことになる。元代の史料に典雇と称するのは、多く(3)の形態を指している。そこで、以下に(3)の形態について検討しよう。

王珪『華陽集』巻五五、墓誌銘「寇平墓志銘」に、北宋中期の人、寇平が京東転運使であった時のこととして、

先是、流民以男女傭于富室者、遇歳豊、欲贖之不可得。公勅其部中、悉取以還其家。

（先に、流民が息子・娘を富室に雇い入れ、豊年にこれを請け出そうとしたができなかった。公は管轄内に命令して、ことごとく取り戻して家に帰させた。）

とあり、『長編』巻一一一、明道元年（一〇三二）二月己未条に、

上封者言、比詔、淮南民饑、有以男女雇人者、官為贖還之。今民間不敢雇傭人、而貧者或無以自存。望聴其便。従之。

（上奏する者が言う、「近頃詔があり、「淮南の民が饑饉となり、息子・娘を人に雇い入れた者は、官が代わって請け出して帰させよ」とありました。今民間ではあえて人を雇傭しようとせず、貧民には生活できない者があります。その便に従うよう願います」と。皇帝はこれを裁可した。）

とある例は、いずれも贖回を必要とする利質形態であり、それを傭・雇・雇傭の語で表わしている例証である。宋代にこの利質形態が公認されていたことは上引の『長編』の記事によっても知られるが、『元典章』巻五七、刑部一九、諸禁、禁典雇「典雇妻妾」に、

元貞元年二月、行御史台准御史台咨、……河南道按察司副使王朝列呈、体知、両浙良民、因値缺食、将親生男女得価、雖称過房乞養、実与貨売无異、将来腹裏、転売為駆使、父子離散。擬合禁治。送戸部議擬得、除呉越之風、典妻雇子、成俗久矣、前代未嘗禁止。況遇飢饉之年、骨肉安能相保。実与中原礼教不同。

（元貞元年二月、行御史台が御史台の咨文を受けた、……河南道按察司副使王朝列の呈文に、「実地に知ったことですが、両浙の良民は食料に事欠き、実の息子・娘を売って金に換え、養子に出したと称してはいますが、実際は売却に異ならず、腹裏に連れてきて、転売して奴隷とし、父子は離散してしまいます。禁止すべきです」とあった。戸部に送って議した結果、「呉越の慣習では妻子を典雇することが習俗となっており、宋代にはこれを禁止しておりませんでした。さらに飢饉の年ともなれば、家族がどうして皆生き延びてゆけましょうか。まことに中原とは礼教が異なり

ます」とあった。）

とあり、「呉越」すなわち両浙地方では典雇が盛んに行われており、宋代にはそれを禁止していなかったという報告によっても確認されよう。しかし、この典雇は往々贖回されずに帰属質化する傾向を示し、それゆえ元代ではいくつかの規制を加えるに至る。陳元靚『事林広記』(和刻本)壬集巻一、至元雑令「典雇身役」に、

諸良人典雇身、不得過五年。若限内重立文約、増加年月者、価銭不追、仍聴出離。或依元立年限、准剋已役月日、転典雇者聴。其典身限満、無可贖者、折庸出離。或典数口内、有身死者、除其死者一分之価。

（諸て良人が身を典雇するには、五年を過ぎてはならない。もし期限内に重ねて契約を立て、年月を増加させた場合は、価銭は主家に返還せず、なお主家を出てゆくのを許す。もと立てた年限から、すでに労働した年月を差し引き、残りの期間転典雇することは許す。典雇の期限が満期となって請け出しできない者は、満期日以降の労役に換算して、主家を離れるようにせよ。何人かを典雇して、死んだ者がいたならば、死者の分は控除せよ。）

とあり、①良民の典雇の最大期限は五年とすること、②期限内に重ねて期限延長の契約を立てた場合には、その典雇価は典雇主に返済する必要はなく、典雇者は解放されるべきこと、③転典雇の場合は、前典雇主の下で服役した年月と新典雇主の下での服役年月とを通算したものが、元立の年限——三年なら三年——と一致すべきこと、④典雇期限が満了しても贖回しえない者は労役をもって元典雇価を消却すべきこと、⑤同一の債務を負う典雇者複数のうちで死亡する者があれば、債務を典雇者数で等分して死亡した者の分は返済の必要がないこと、以上が規定されている。(41) しかしながら、こうした規定は遵守されず、多くの者は帰属質化していた。王惲『秋澗先生大全文集』巻八四、烏台筆補「為典雇身良人限満折庸事状」に、

切見、在都貧難小民、或因事故、往往於有力之家、典身為隷。如長春一宮、約三十余人、元約已満、無可償主、致有父子夫婦、出限数年、身執賤役、不能出離。又有親生男女、詭名典嫁、其実貨売。此又大傷風化、

其不可長。

（私の見るところ、都にいる貧しい小民は、何かの事情で往々にして有力者の家に身を典雇して奴隷となっています。例えば長春宮には約三〇人がおり、もとの契約はすでに満期になっているのに、元本を主人に返せず、父子夫婦が期限を数年過ぎても賤役に従事し、主人の下を離れられない状態となっています。また実の息子・娘がいれば、偽って典雇・出嫁と言っていますが、実は売却です。こうしたことはまた大いに風化を傷つけるもので、助長させるべきではありません。）

とあり、典雇した者が期限満了後も贖回しえずに帰属質化していることが記されており、続いて、

其典雇身人、如元限已満、無財可贖者、今後合無照依旧例、令限外為始、以日折庸、准算元銭、使之出離。其或典数口内有身故者、除其死者一分之価、至於願求衣食者聴外、拠典嫁不実者、乞厳行禁止。

（身を典雇した人で、もとの期限がすでに満期となっていて請け出しできない者は、今後旧例に照らして、期限外から数えて、日ごとの労役で元本に換算し、主家を出られるようにさせたい。典雇した何人かのうちに死亡者がいれば、その死者の分の価銭は控除し、衣食を求める者は典雇の継続を許すこととし、典嫁が不実である者は、厳しく禁止していただきたい。）

とあって、旧例＝至元雑令[42]を再度援用すべく要請されていることからも、典雇が現実には多く帰属質化していたことが窺われるのである。また、ここには「至於願求衣食者聴」とあって、自ら衣食を求めて帰属質化を望む者が存在したことが知られるが、『元史』巻一六三「張徳輝伝」に、

世祖即位、起徳輝為河東南北路宣撫使。……兵後孱民、多依庇豪右、及有以身傭藉衣食、歳久掩為家奴。悉遣還之為民。

（世祖が即位し、徳輝を河東南北路宣撫使とした。……戦争後の小民は多く豪右に依存し、身を預けて衣食にありつ

く者があり、長年のうちに家奴とされてしまっていた。徳輝はことごとくこれらを平民に戻してやった。）

と見えるような、「身傭を以て衣食を藉り」る者とは、自身典雇した者（＝投靠）であろう。[43]「歳久掩為家奴」とは、そうした者が帰属質化したことを示すものと思われる。

元代にはまた、原則として妻妾女子の典雇は禁止する方針がとられていた。『元史』巻一〇三、刑法二「戸婚」に、

諸以女子典雇於人、及典雇人之子女者、並禁止之。若已典雇、願以婚嫁之礼為妻妾者聴。諸受銭典雇妻妾者禁。其夫婦同雇、而不相離者聴。

（諸て娘を人に典雇し、および人の子女を典雇する者は、すべてこれを禁止する。もしすでに典雇していて、婚嫁の礼をもって妻妾となすことを願う者は許す。諸て銭を受領して妻妾を典雇することは禁止する。夫婦ともに典雇して離れないのであれば許す。）

とあるのがそれを示す。しかし、ここにはすでに典雇した者を「婚嫁之礼」をもって妻妾となす場合は禁止の限りではないとされているが、この例外規定が、過房・乞養とともに女子典雇の抜道となっていたのである。[44]前掲の『秋澗先生大全文集』に、「有親生男女、詭名典嫁、其実貨売」と見えるのはその一端を物語るものであるが、『歴代名臣奏議』巻六七、治道、元成宗大徳七年鄭介夫上奏「厚俗」に、

父子夫婦、乃三綱五常之大者、百世不能以損益也。今鬻子休妻、視同犬豕。賤売貴買、略無惻忍。雖有抑良買休之条例、而転売者、則易其名曰過房、実為軀口。受財者、則易其名曰聘礼、実為価銭。

（父子夫婦は三綱五常の大なるもので、永遠に変えることができないものである。今父が子を売り夫が妻を売り、犬や豚と同じように見なしている。賤しい者は身を売り位の高い者は買い、ほぼ惻隠の情がない。良人を賤人にし妻を売ってはならないという条例があるとはいえ、転売する者は、名目を偽って養子と言い、実は奴隷となすのである。

財を受けた者は名目を偽って聘礼と言い、実は身売りの銭である。）

とあり、同前「定律」に、

婚姻聘財、明有官庶高下折鈔之例(45)、而今之嫁女者、重要財錢、……与估売軀口無異。

（婚姻の聘財には明らかに官人・庶人の高下折鈔の規定があるが、今娘を嫁に出す時は、多く銭財を求め、……奴隷を売るのと異なるところがない。）

とあって、過房や「婚嫁之礼」に仮託して事実上の売買が行われていたことが知られる。ここには典雇の語が見えてはいないが、無期限ないし終身の典雇が人身の売買と同一であることは改めて言うまでもないであろう。なお、『元典章』巻五七、刑部一九、諸禁、禁典雇「典雇男女」には、

至元三十一年五月、行御史台准御史台咨、近拠監察御史呈、近蒙差遣江西、追問公事除外、切見、北方諸色目人等、或因仕宦、或作商賈、或軍人応役、久居江淮迤南地面、与新附人民、既相習熟。……亦有照依本俗典雇之例、聊与価錢、誘致収養、才到迤北。定是貨売作駆、是使無辜良民、永陥駆役、无所赴愬。……若論江淮之民、典雇男女、習以成俗。止就南方、自相典雇、終作良人。権令彼中貧民、従本俗法可也。……憲台准呈。

（至元三一年五月、行御史台が受けた御史台の咨文に、「近頃監察御史の呈文に、「最近江西に派遣され裁判を処理しましたが、そのほかに、見ますに、北方の諸色目人等は、仕官によって、あるいは商人として、あるいは軍人の任務として、長く江淮以南の地に居住し、新たに帰属した人民とすでに習熟しています。……また現地の典雇の例に照らして、いささか価銭を与え、誘致して収養し、ついには北方へ連れてゆきます。これは売買によって奴隷となすものにほかならず、無辜の良民を永遠に奴隷の労務に陥れ、訴えるところがないようにさせるものです。……江淮の民についで言えば、息子・娘を典雇することは、長い間の習俗となっております。ただ南方では自ら典雇しても、最終的

には良人となります。暫時南方の貧民を本俗法に従わせればよろしいでしょう」とあった」。……御史台は呈議を裁可した。）

とあり、江淮地方——旧南宋領のすべてを指すものであろう——の男女の典雇は「本俗法」に従って公認されていたのであって、『元史』刑法志に見える女子典雇の禁令が全国一律に施行されたのではない点にも注意しなければならない。

さて、以上累説したところから、宋元代の第Ⅲ類に属す者の雇傭形態を総括すれば、およそ次のように言えるであろう。当該期の雇傭形態には、公的承認を得たものだけでも、人身の賃貸借、労働消却質、利質の三形態が含まれており、それらはいずれも雇・傭等の語で表現され、特に利質形態は元代では多く典雇と称されていた。そして、残存する史料による限り、当該期の雇傭形態は労働消却質と利質が大勢を占めており、南宋・元代には利質形態が盛行していたと推定される。しかし、公的形式的には前述のような雇傭ではあっても、現実のいわゆる雇傭人の中には誘略によりまた違法な転雇によって事実上売買された者が少なからず存在し、さらに債務に准折されて債務奴隷化した者や利質形態で贖回されないまま永代的債務奴隷化（帰属化）した者も多かったと考えられる。したがって、かかる存在を史料の示す雇・傭等の語によって雇傭人（＝人身の賃貸借）とのみ一律に規定することには、多大の躊躇を感ぜざるをえないのである。それでは、かかる雇傭人身分の者には、いかなる歴史的性格が与えられるべきであろうか。

前項で述べたように、第Ⅲ類の雇傭人は主家と同居して衣食の給養を受ける者を典型例とし、それゆえに主家の擬制的家族員と見なされる存在であった。彼らが擬制的家族員とされていたということは、当然のことに雇主の家父長的支配下に置かれていたことを意味するのであるが、その内実がいかなるものであったかは、『新編事文類要啓箚青銭』外集巻一一、公私必用「雇小廝契式」によってある程度窺うことができる。この雇契の雛形は、

およそ南宋末・元初の形式を伝えているものと思われる。(46)

厶郷某里姓　某

右某有親生男子名某、年幾歳。今因時年荒歉、不能供贍、情願投得某人保委、将本男雇与厶里厶人宅、充為小廝三年。当三面言、議断毎年得工雇鈔若干貫文。其鈔当已預先借訖幾貫、所有余鈔、候在年月満日、結算請領。自男某計工之後、須用小心伏事、听候使令、不敢違慢伉対无礼、及与外人通同、搬盗本宅財貨什物、将身閃走等事。如有此色、且保人並自知当、甘伏陪還不詞。或男某在宅、向後恐有一切不虞、並是天之命也、且某則无他説。今恐仁理難憑、故立此為用。謹契。

年　月　日父　姓　厶　号　契

保人姓　某　号

(厶郷某里姓　某

右某に実の息子名某、年幾歳の者がおります。今饑饉にあたり養うことができないので、自ら願って某人を保証人とし、この息子を厶里厶人宅に雇与し、三年使用人とします。三人で面と向って話し合い、毎年の労賃は鈔若干貫と取り決めました。その鈔は前もって幾貫を借り受け、残りの鈔は期限が明けた日に精算して受け取ります。息子某は奉公に出た後、用心して仕事をし、命令に従い、命令に違ったりいい加減なことをして対抗したり無礼を働いたり、外の人間とぐるになって本宅の財貨や家具を盗んだり、逃亡したりはいたしません。もしこうしたことがあれば保証人がすべて責任を負い、甘んじて弁償することに異存はありません。息子某がお宅にいる時に、将来一切の不慮のことがあっても、すべては天命で、私某には何の言い分もありません。今仁理は信憑し難いので、特にこれを立てて根拠とします。謹んで契約します。

年　月　日父　姓　厶　号　契

保証人姓　某　号　）

この雇契は、男某を三年間小廝として雇与するという想定の下に書かれているが、かかる書式が「公私必用」と題して日用百科全書の中に収録されている以上は、当時における典型的な雇傭（ここでは人身の賃貸借ないし労働消却質）の契約書式であったと考えられる。ここには雇価の支払い方法を除いて、すべて雇傭人側の片務的な義務が強調されていることがまず注目される。すなわち、雇与された男某は「小心を用って事に伏し、使令に听候し、敢えて違慢伉対して礼なからず」として雇主に対する服役義務が記され、最後には「向後恐らくは一切の不虞有るも、並て是れ天の命なり、且つ某則ち他説なし」として雇傭人の生命の保障すら放棄させられているのである。この点に関連して、『袁氏世範』巻三、治家「待奴僕当寛恕」に、

奴僕、小人就役於人者。……又性多忘、嘱之以事、全不記憶。又性多執、所見不是、自以為是。又性多佷、軽於応対、不識分守。所以雇主於使令之際、常多叱咄。其為不改、其言愈弁、雇主愈不能平。於是箠楚加之、或失手而至於死亡者有矣。

（奴僕は、小人の人に服役するものである。……また性格が多く忘れっぽく、あることを頼んでも全く記憶していない。また性格が多くしつこく、これではないものを見てもこれだと言う。また性格が多くずる賢く、応対を軽んじ分を守ることを知らない。それゆえ雇主は使令の際に常に多くは叱咤する。改めずに言葉をいよいよ弁ずれば、雇主はいよいよ平静ではいられず、そこでこれを鞭打ち、あるいは誤って死亡する者が出ることになる。）

とあるのは、前掲の契約書式の中で何ゆえに雇傭人の生命の保障すら放棄せしめられていたかの一端を物語るものであろう。袁采はここで、当時の「奴僕」が雇主の使令通りに服役せず箠楚を受けて死亡する場合のあったことを報告しているのである。(47) またここで「奴僕」の中に雇主への応対を軽んじ「分守」を識らない者があると言われているが、これが「主僕の分」であろう。『清明集』巻四、戸婚門、争業類「繆漸三戸訴祖産業」には、次

のような一節が見えている。

発挙之家、雖許用幹人、然互争田産、不齎分関簿書、却難以幹人推托。游邦係是繆康仲幹人、与詞首繆友皐、自有同関主僕之分。不応在庭不遜抗対其主。若不懲治、押下地頭、必致強横生事、無由絶詞。游邦先勘杖六十。

（科挙に合格した家は幹人を訴訟の代理に用いることが許されているとはいえ、しかし田産を争っている時に家産分割の帳簿を持ってこないことには、幹人に委託することはできない。游邦は繆康仲の幹人で、訴状の筆頭人繆友皐とは自ずと財産を同じくする主人と奴僕との身分差がある。訴訟の場で不遜にもその主人に抗弁すべきではない。もし懲罰せずに、持ち場に帰してやれば、必ずや横車を押して問題を起し、訴訟沙汰を終らせることができないであろう。游邦はまず杖六十とする。）

この事件の背景は、繆昭の三子漸、煥、洪が父の祖業を長子漸の名義で登録していたが、兄弟三人が死亡した後に、七戸に分析した子孫の間に租税負担と田産分割をめぐって争いが生じ、それが法廷に持ち込まれたというものである。この記事によれば、繆康仲の幹人游邦は主人の代理として出廷した際に、詞首繆友皐――康仲の従兄弟――との間に「主僕の分」があるにもかかわらず「不遜にも抗対」したという理由で、杖六十に処せられている。(48) 宋代の幹人のほとんどは雇傭人身分の者であるが、(49) ここでは主家と幹人との間には「主僕の分」があると明言されており、また、その「主僕の分」とは、当然のことに、主家に対する応接の仕方にまで及ぶ内容を持っていたのである。さらに、ここで「主僕の分」の侵犯が法的な科罰対象とされていることが示すように、「主僕の分」という主家と奴僕間の社会的ないし身分的秩序が公権力による権力的強制をも伴うものであった点に注目しなければならない。同様のことは、陳著『本堂集』巻五四、状「申両浙転運司、乞牒紹興府幷牒全府、復回受魏彭献嵊県已没入県学養士田産、幷根究魏彭状」にも見えている。父子二代にわたって張県尉の幹人であった魏彭は自己の田産を主家に詭寄して税役を避免し、また張県尉に妻として与えられた「婢」を離別する等の行為によって張県尉の幹人蔣升に訴えられたのであるが、この事件を審理した陳著は次のように述べている。

魏彭自有不可逃之罪者三。僕犯主怒、惟有静守。今則輙先般動、以啓主疑、是為背主。僕受主訴、惟当和解。今則買使旁譟、以撓正事、是為抗主。此一可罪也。小人得妻、不啻足矣。主家以婢妻之、当相守以老。衣食稍充、眼空便別、遂為阿蔣反目、至曖昧奸情。此二可罪也。

（魏彭には逃れられない罪が三つある。奴僕が主人の怒りを買ったら、ただ静かに自重するのみである。今先に動き回り主人に疑いをかけられているのは、主人に背くことである。奴僕が主人の告訴を受ければ、ただ和解があるだけである。今賄賂を使って人に騒ぎ立てさせ、正しいことを撓めているのは、主人に対抗することである。これが罪すべきことの一である。小人が妻を得ることはそれだけで十分なのである。主家が婢を妻に与えたなら、老いるまで夫婦でいるべきである。衣食がやや盈るや、傲慢にも離別し、ついには阿蔣と反目し、奸情を曖昧にするに至った。これが罪すべき第二である。）

ここでは、魏彭が主人の怒りを買って訴えられた際に逆に抗対したこと、および衣食が豊かになると主人に与えられた妻と離別したことが逃るべからざる罪として科罰対象とされているが、かかる行為もまた「主僕の分」の侵犯となっていたのである。そのことは陳著がこの事件を審理するにあたって、別の箇所で「某書注主之訴僕、名分為先、財物為末」と述べていることからも窺えよう。

以上のように、第Ⅲ類の雇傭人身分の者は、主人に対する日常的な応接の面に至るまで強度の家父長的支配下に置かれ、両者の間には「主僕の分」があるものとされていた。しかも、「主僕の分」の侵犯は単に主人による私刑だけでなく、公権力による法的な科罰対象ともなっていたのである。こうした家父長的な支配とともに、第Ⅲ類の雇傭人の多くが事実上の売買や債務奴隷化によって服役した者であり、また主人によって転売されるがごとき存在であったことを考えあわせれば、かかる存在の階級的な性格は家父長制的家内奴隷の範疇で考えられるべきものであろうと思われる。(50) そして第Ⅲ類の雇傭人身分にある者の多くが家父長的支配下に置かれた家内奴隷であったとすれば仁井田氏が想定されたような奴隷労働から雇傭労働への変化が雇傭人身分の形成をもたらしたとは言えず、また宋代の地主直営地内の労働力も、奴隷労働と雇傭労働の併存としてではなく、そのほとんどが奴隷労働によって占められていたと考えねばならないであろう。さらに、『鄂州小集』巻五、箚子「鄂州到任五事箚子」の第五事に見たように、現実に売買されて服役した者ですら雇傭人身分の者として把握されていたことからすれば、『長編』巻五四、咸平六年四月庚午条で、宋の三代皇帝真宗が「今之僮使、本傭雇良民」と述べているのは、「僮使」という奴隷的存在は事実関係において「本来良民を傭雇したもの」であると言うよりは、むしろ「本来良民を傭雇したもの」でなければならず、国家権力の側では「本来良民を傭雇したもの」として把握するという権力側の志向を表明したものと考えられるのである。

したがって、宋代において雇傭人身分が形成されてくるのは、現実に良民相互間の階層分化によって析出された奴隷的な私的隷属民の存在を、宋朝権力が体制的に容認したものにほかならず、かかる存在を国家権力がその支配秩序の中に「雇傭された良民」として位置づけた結果であると言えよう。すなわち、一定の構成的比重を占めて存在する良民の中の奴隷的存在こそが、宋初より形成された雇傭人身分の基盤となっていたと考えられるのである。

三　佃僕・地客と佃戸

前節で述べたように、いわゆる雇傭人の中でも主家と同居し衣食の給養を受ける者は、法律的にも実態面でも主家に対する強度の身分的隷属下に置かれ、それゆえ「奴婢」・「奴僕」等の賤称をもって史料上に現われてくるのであったが、ここでは、同じく「僕」と呼ばれつつも佃戸的形態を示す佃僕ないし田僕と地客について検討を加えておきたい。また、佃僕・地客との関連で佃戸についても若干の私見を述べることにする。

佃僕・地客については、周藤吉之氏が「宋代では一般農民の佃戸になるものがあると共に、奴隷が佃僕となり佃僕が佃戸へと移り、或は奴隷が地客に移って行くこともあった」と指摘したのに対し、宮崎市定氏は佃僕は佃戸の雅称であって佃僕と佃戸とは同一であると批判を加えている。同様の批判は草野靖氏からも提出されており、氏は「奴」・「僕」等の語は他人の使役に従う者という程度の呼称であって奴隷・農奴に比定すべきではないと述べている。その後、丹喬二氏は「夷堅志などでは田僕は「僕」とも呼ばれ佃戸と厳密に区別されており、それ独自の内容をもつと考えられるので、やはり田僕は「奴僕」（奴婢ないし雇傭人――引用者）であり、彼等のある者が事実上の佃戸に成長していったものであろう」として、周藤氏に近い見解を示している。以上の研究史から見て、宮崎・草野両氏が「奴」・「僕」等の用語は必ずしも奴隷を意味しないとして周藤氏を批判した点は、確かに周藤氏の一面的理解――氏は史料上の「奴」・「僕」を奴僕身分に等置する――を突いたものと評価されよう。前述のように、宋代の史料上の「奴婢」のほとんどは奴婢身分を意味しないからである。しかしながら、宮崎・草野両氏の批判は主として「奴」・「僕」等の字義用法の面からなされたもので、佃僕の法的身分や具体的存在形態に即したものではなく、その点説得力に乏しいように思われる。また、丹氏の佃僕とは「奴僕」身分の者が佃戸へ成長してゆく過程にあるものとする説についても、周藤氏と同じくその「成長」の過程が十分論証されているわけではなく、佃僕および地客についてはなお検討すべき課題が残されていると言えよう。

なお、周藤氏は佃僕と地客を近似した存在と推定しているが、おそらく両者は同一実体の異称ではないかと思われる。というのは、洪邁『夷堅志』・『容斎三筆』、袁采『袁氏世範』等には佃僕・田僕が多く見えるものの地客がわずか一例しか現われず[55]、一方、地客に言及する朱熹『晦庵先生朱文公集』、黄榦『勉斎集』、および『清明集』の中の范応鈴の書判等には佃僕が見あたらないというように、同一個人の手になる著作には佃僕と地客とがほとんど併出しないという関係が見られるからである。したがって、佃僕と地客とはほぼ同一の実体を地方的慣習によって別個に呼び慣らわしていたものと推定される。

1 佃僕・地客の出自

まず、佃僕・地客がどのようにして佃戸的形態に移行するかを検討しよう。

すでに数例を引用したように、南宋の人、袁采の『袁氏世範』巻三、治家には「婢僕」に関する多くの項目が立てられており、当時の官僚・地主層の経営内における「婢僕」労働の比重が決して小さくなかったことを推測せしめるのであるが、その中に「婢僕当令飽暖」と題して次のように見えている。

士大夫有云、蓄婢不厭多、教之紡績、則足以衣其身。蓄僕不厭多、教之耕種、則足以飽其腹。大抵小民、有力足以辦衣食、而力無所施、則不能以自活、故求就役於人。為富家者、能推惻隠之心、蓄養婢僕、乃以其力還養其身、其徳至大矣。

（士大夫にこう言っている人がいる、「婢をたくさん蓄えるのを厭わない、これに紡績を教えればその身に着るものが足りる。奴僕をたくさん蓄えるのを厭わない、これに耕種を教えれば、その腹を飽かすに足りる」と。たいていの小民は衣食を自弁できる力量があるが、力を使う場所がなければ自活できず、ゆえに求めて人に服役するのである。富家たる者が憐憫の心をもって婢僕を蓄えれば、その力でその身を養わせることになり、その徳は至って大きいのである。）

袁采はここで、「……蓄僕は多きを厭わず、これをして耕種せしむれば則ち以て其の腹を飽かすに足る」という当時の士大夫の言を引き、自活しえない小民を「婢僕」として蓄養することが富家の役割であり「徳」であると論じているが、ここで「婢僕」の蓄養が積極的に奨励されていることからも窺えるように、当時少なからぬ「奴僕」が農業労働に従事していた。そのことは、すでに周藤・丹両氏によって明らかにされているが[56]、そこで注目されるのは、丹氏によって、農業面における「奴僕」労働の場はほぼ一、二頃を上限とする地主直営地内に限定され、それ以外の地主所有地は佃作に出されていたという指摘がなされている点である。すなわち、宋代の地主直営地が一、二頃という比較的小規模のものであったとすれば、多量に蓄養されかつ農業労働に従事する「奴僕」の中でも、地主直営地を耕作する「奴僕」は一定数に制限されざるをえないことになろう。とするならば、ここに、直営地以外の出租地を耕作する「奴僕」、すなわち佃戸的形態をとる「奴僕」の存在が想定されなければならないのであるが、果してこうした想定は史料的裏付けを持ちうるであろうか。

同じく『袁氏世範』巻三、治家「婢僕得土人最善」に、

蓄奴婢、惟本土人最善。蓋或有病患、則可責其親属、為之扶持、或有非理自残、既有親属明其事、因公私又有質證。或有婢妾無夫子兄弟可依、僕隷無家可帰、念其有労、不可不養者、当令預経鄰保自言、併陳於官、或預為之抧其配、婢使之嫁、僕使之娶、皆可絶他日意外之患也。

（奴婢を蓄えるには、ただに当地の人が最善である。というのは、病気になった場合にはその親族に任せて療養させればよく、正当な理由もなく自殺したとしても、親族がそのことを証明してくれるし、公私にわたってまた証拠があることになるからである。婢妾で夫子、兄弟の頼るべき人がおらず、僕隷で帰るべき家のない者は、その働いてくれたことを思って、養わないわけにはゆかないから、あらかじめ隣保を通じて自ら言わせ、併せて官に届け、あるいは

あらかじめこれに配偶者を選び、婢は嫁にやり、僕は娶らせれば、皆将来の意外な災難を断つことができよう。）とあり、「婢妾」の依るべき夫子兄弟のない者と「僕隷」の帰すべき家のない者で、給養せざるをえない者については、その旨を隣保・官司に自陳せしめ、あるいは「婢妾」・「僕隷」の婚姻を行うべきことを述べているが、当時主家による「婢」・「僕」の婚配が広汎に執り行われていたであろうことは、同書巻三、治家「雇女使年満当送還」に、次のように報告されていることによって明らかとなる。

以人之妻為婢、年満而送還其夫。以人之女為婢、年満而送還其父母。以他郷之人為婢、年満而送帰其郷。此風俗最近厚者、浙東士大夫多行之。有不還其夫、而擅嫁他人、有不還其父母、而擅与嫁人、皆興訟之端。況有不恤其離親戚去郷土、役之終身、無夫無子、死為無依之鬼。豈不甚可憐哉。

（人の妻を婢となせば、年季明けにその夫に返す。人の娘を婢となせば、年季明けにその父母に返す。他郷の人を婢となせば、年季明けにその郷里に返す。これは風俗の最も良い部分である。浙東の士大夫は多くこれを行っている。その夫に返さずに勝手に他人に嫁がせたり、その父母に返さずに勝手に人に嫁がせることがあれば、皆訴訟のもとである。ましてや彼らが親戚を離れ郷里を去っているのを憐れまず、終身労役させて夫がなく子がなく、死んで寄る辺ない幽霊にしてしまうのは、はなはだかわいそうなことではないか。）

すなわち、浙東ではまま他人の妻女や他郷の人を「婢」＝女使としながら、雇傭期限が満ちても放還せず意のままに他人に嫁がせる者が見られた。袁采はそうした行為を戒めつつも、より戒むべきこととして女使を終身役使して「無夫無子」の状態にしている点を挙げており、身寄りのない「婢僕」の婚配は主家の当為としても要請されていたことが知られよう。しかも、袁采自身が前掲の「婢僕当令飽暖」において「婢僕」の供給源が自活しえない小民であったことを明示しており、前節の検討結果に照らしても、「夫子兄弟の依るべき無く」・「家の帰すべき無し」とされる「婢僕」が少なくなかったであろうことは容易に推測されるのである。また、前節所引の陳著『本堂集』巻五四、状「申両浙転運司、乞牒紹興府并牒全府、復回受魏彭献嵊県已没入県学養士田産、并根究魏彭状」には、幹人魏彭がその主人たる張県尉によって「婢」を妻帯せしめられたことが見えていたが、これも主家によって「奴僕」の婚姻が執り行われたことの例証となるものである。

こうして、主家によって妻帯せしめられた「奴僕」こそは、先に想定したところの地主の出租地を耕作する佃戸的「奴僕」であったと考えられる。『袁氏世範』巻三、治家「佃僕不宜私仮借」に、

佃僕婦女等、有於人家婦女小児処、称莫令家長知、而欲重息以生借銭穀、及欲借質物、以済急者。皆是有心脱漏、必無還意。

（佃僕の婦女等に、人家の婦女や小児のところで、家長には内緒にしてほしいと言って利息を多くして銭穀を借りたり、質物を借用したりして急場をしのぐ者がいる。皆これは心の中に誠意がなく、必ず返すつもりがないのである。）

とあって佃僕が見えているが、この佃僕が単なる佃戸の雅称でないことは、この記事の直前に「存恤佃客」と題する一項が設けられており、佃僕と佃客とが区別して記録されていることによって明らかである。そして、この佃僕は「佃僕の婦女等」とあるように自己の家族を有しており、また主家と貸借関係を結んでいることが示すように主家とは区別された自己の経営を持つ者であって、この佃僕が主家によって妻帯せしめられ、田土を与えられて自立せしめられた佃戸的「奴僕」であることはほぼ疑いないと思われる。(57)

以上は、南宋浙東地方の事例をもっぱら袁采『袁氏世範』に依拠して検討したのであるが、(58)なお注意しなければならないのは、史料上の佃僕・田僕が必ずしもすべて佃戸的形態をとる者を指すとは限らないという点である。そのことはすでに周藤・丹氏の指摘があるが、(59)特に丹氏が「野菜畑を耕す「奴僕」は、特に園僕・圃僕・圃老・園夫・園丁・畦丁・圃人・灌園之僕・園官・畦僕などとも呼ばれていた」と述べていることからして、元来、佃僕・田僕とは「奴僕」の労働の場が田土であったことに由来する呼称であろう。とはいえ、佃戸的形態を示す佃

僕・田僕のいずれもが家族を有するという点で共通した側面を見せていることも注意されなければならない。例えば、『夷堅支志』庚巻一「黄解元田僕」に、

蘄春県大同郷人黄元功、富室也。佃僕張甲、受田於七十里外査梨山下。紹熙初、無疾而死。体未全冷、妻已治棺。三日不忍斂、但泣守其側。

(蘄春県大同郷の人黄元功は金持ちであった。佃僕の張甲は七〇里離れた査梨山の麓に田を与えられていた。紹熙の初め、病気でもないのに死んでしまった。身体がまだ冷たくならない時に、妻はすでに棺桶に入れてしまった。三日間埋葬するに忍びず、ただ泣いて棺桶の傍らにいた。)

とあり、主家より七〇里離れた査梨山の下に田を受けた佃僕張甲は妻帯しており、主家への距離からして佃戸的形態をとっていたものと思われる。なお、「受田」という表現は、元来黄元功の「奴僕」であった張甲が田土を与えられて自立せしめられたものであったことを示唆するように思われる。また、洪邁『容斎三筆』巻一六「多赦長悪」に、

婺州富人盧助教、以刻核起家。因至田僕之居、為僕父子四人所執、投置杵臼内、擣砕其軀為肉泥。既鞫治成獄、而遇己酉赦恩獲免。至復登盧氏之門、笑侮之曰、助教何不下荘収穀。

(婺州の富人盧助教は、酷薄なことを積み重ねて金持ちとなった。田僕の家に行ったことから、僕の父子四人に捕えられ、臼の中に入れられて、その身を砕いて肉団子にされてしまった。すでに取り調べて裁判が終ったが、たまたま己酉の恩赦が下り、免じられて無罪となった。再び盧氏の門に至るや、これをあざ笑って、「助教はどうして田圃にやってきて収穀しないのかね」と言った。)

とあり、この田僕もまた自己の家族を有していた。

もとよりこうした佃戸的形態を示す佃僕・田僕のすべてが主家によって家族を構成されたものではなく、その

点は後述するが、ここで指摘しておきたいのは、「奴僕」は主家によって妻帯せしめられることを契機として田土を与えられ、佃戸的形態に移行したのではないかという点である。『清明集』巻八、戸婚門、別宅子「無證拠」は、この点に関して興味ある事例を提供している。

饒操無子、養応申以為子。儻果有庶出之親子、不自撫育、併母逐去、以嫁其僕李三、非人情也。今李三之子李五謂、其母懐孕而出、以嫁李三、自陳帰宗、何所拠而然也。準法、諸別宅之子、其父死而無證拠者、官司不許受理。李五生於李三之家、年踰二十。父未嘗以為子、其無證拠也矣。李三饒操之僕也。二十年間往来饒操家、不知其幾必厳主僕之分。欲為子者、果如是乎。拠李五所供、謂、是生母之出、母実逐之。理固有此。第母死十年之後、饒操身故。十年之久、非一朝夕。饒操胡為一併棄逐。初母死而不持母之喪、今父死而欲分父之業。夫豈可行。越年二十、明居李三之家、而陰為饒操之子。天下豈有無父之国哉。……李五勘杖一百、編管鄰州。李三本是饒操地客、押出県界。有詞決配。

（饒操に息子はなく、応申を養子とした。もし本当に妾腹の実の子がいるのに、自分で養育せず、母親と一緒に追い出して奴僕の李三に嫁がしたとあれば、人情に適うことではない。今李三の子李五は、「自分の母親は妊娠して主人の家を出、李三に嫁しました」と言って、饒の家に戻りたいと述べているが、どこにそんな根拠があるというのか。法によれば、「諸て別宅の子は、その父が死んで証拠がない場合は、官司は訴えを受理してはならない」とある。李五は李三の家に生れ、年は二〇を超えている。父が未だかつて子としなかったのは、証拠がないということである。李三は饒操の僕である。二〇年間饒操の家に往来していたのであって、主僕の分を厳格に守らねばならないことをとくと考えてみよ。子となそうとする者は、果してこのようでよいのか。李五の供述によれば、「生母が主家を出たのは、実は主母が追い出したのです」と言うが、理屈ではこういうことはある。ただ主母が死んで一〇年後、饒操が死亡した。一〇年の長きは一朝一夕ではない。饒操はなぜ一緒に棄てて追い出すことがあろうか。初めに主母が死んでも主母の葬式を行わず、今父が死んで父の財産を分かち取ろうとしている。そんなことができようか。年二〇を超え、明らかに李三の家に居住していながら、陰で饒操の子となろうとしている。天下にどうして父のいない国があろうか。……李五は杖一百とし、隣州に編管する。李三はもともと饒操の地客であり、県界から強制退去させる。訴えを起せば配軍とする。）

この書判は南宋中期の人、范応鈴の判に係るものであり、范応鈴が撫州崇仁県の知県の時のものと思われる。(60) この事件は、饒操死亡の後に饒操の地客である李三の子李五が、自分の生母は饒操の子（李五）を懐妊して李三に嫁いだのであるから、自分は饒操の庶出の親子であり帰宗して饒操の家業を分受すべき者であると訴え出たことに端を発したものであるが、ここで注目されるのは、第一に李五が饒操の庶出の親子であるか否かが問題となっているように、また李五が、生母は母（饒操の妻）が追い出したと供述しているように、李五の生母は元来饒操の「婢妾」であって、主家によってその「僕」李三に嫁がしめられたものであったこと、第二に、李三は「二十年間饒操の家に往来す」と言われているように饒操の地客となって二〇年を経ているが、李五もまた「年二十を踰ゆ」と言われており、したがって、饒操の「僕」李三は饒操の「婢妾」との婚姻成立時前後に地客へと移行したものであったこと、この二点である。以上の二点からすれば、饒操の「僕」李三は主家によってその「婢妾」と婚配せしめられたことを契機として田土を与えられ自立せしめられたものと考えられよう。とするならば、先に『袁氏世範』によって推定したような、主家によって妻帯せしめられた「奴僕」が佃僕へと上昇するというケースは、ここで具体例をもって明示されたことになる。

以上によって、地主の下に蓄養せられた「奴僕」のうち、主家によって家族を構成された者が佃僕・地客として佃戸的形態へ上昇したことがほぼ確認されたと思われる。このように「奴僕」の婚姻が主家によって行われるのは、前節で述べたように、「奴僕」＝雇傭人が擬制的家族員として主家の家父長的支配下に置かれていたことによるものと言えよう。

ところで、佃僕・地客の出自は、必ずしも主家によって家族を構成せられた「奴僕」にのみ求められるべきものではない。『宋会要』食貨六九—六八、逃移、開禧元年（一二〇五）六月二五日条の夔州路運判范孫の上言の一節に、

凡借銭物者、止憑文約交還、不許抑勒以為地客。

（およそ銭物を借りた場合は、ただ契約書に依拠して清算し、強制して地客としてはならない。）

とあり、銭物を借りた場合には文約に従って銭物は銭物で交還し、銭主が債主を強制的に地客にしてはならないと要請されているが、これは債務に准折されて地客となる者が存したことを示している。前述のように、宋元代の雇傭人の中には債務に准折された者が少なからず存在していたのであるが、その中にはこの記事が示すように地客とされた者もあったのであろう。また、『宋史』巻三三三「朱寿隆伝」に、

歳悪、民移。寿隆諭大姓富室、畜為田僕、挙貸立息、官為置籍索之。貧富交利。

（不作の年で、民が流移した。寿隆は大姓富室に諭して、畜えて田僕とさせ、資金を貸して利息を取り、官司は籍を置いて取り立てを行うようにさせた。貧しい者富める者はともにこれをよい措置とした。）

とあり、流民が大姓富室に収養されて田僕となっている。この田僕が単なる「奴僕」でなかったことは、彼らが大姓富室と貸借関係を結んでおり、官司が籍を置いてその債務の徴収を保証していることから明らかであって、この田僕は流民が家族ぐるみ収養されて佃戸的形態をとったものと思われる。『永楽大典』巻二二六三所引の洪邁『夷堅支』「西湖」に、

楽平新進郷農民陳五、為翟氏田僕。毎以暇時、受他人庸雇、負担遠適。紹興四年春、在家病疫死。胸臆尚暖、家未忍瘞。越三昼夜、奮而起説、初死時、覚魂魄従脳門出、見本身臥床上。妻児叫哭、作声相呼、更無応者。

(楽平県新進郷の農民陳五は翟氏の田僕となり、暇な時には常に他人の傭雇を受けて遠くに物を運んでいた。紹興四年の春、家で病気で死んだ。胸がまだ暖かく、家族は棺桶に入れるに忍びなかった。三昼夜を過ぎて、起きあがって話し始めた。「最初死んだ時に、魂魄が脳門から出てゆくのを感じ、自分の身体がベッドの上に横たわっているのを見た。妻や子供が泣き叫ぶので、声を出して呼んでみたが誰も応答しなかった」と。)

と見えるのは、農民――自作農か――が田僕となる例である。陳五はもとより自己の家屋と妻子を持っており、暇時に他人の傭雇を受けて荷物の運送をしていたとあるので、おそらく佃戸的形態をとっていたものと思われる。また、この田僕が佃戸の雅称でないことは、丹氏が指摘されたように『夷堅志』の中で田僕・佃僕と佃戸が区別されていることから明らかである。

このように、小農民等が没落して地客・田僕となる際には、債務による地客化の場合は言うまでもなく、まずもって人身の雇契ないし典契等が立てられていたと思われる。石介『徂徠集』巻八、雑文「録微者言」に、

郷墅有不占田之民、借人之牛、受人之土、傭而耕者、謂之客戸。

(農村部には土地を持たない民がおり、人の牛を借り、人の土地を借り受け、雇われて耕作する者を客戸という。)

とあるが、この客戸は佃戸的形態をとっていたと推定され、それを「傭われて耕す者」と表現しているのは前述の点を示すものであろう。また、『夷堅乙志』巻二〇「徐三為冥卒」に、

湖州烏程県潯渓村民徐三者、紹興十五年七月中暴死、四日而蘇。……後七年、至秀州魏塘、為方氏傭耕。又七年、以負租穀不能償、泛舟遁帰其郷、過太湖、全家溺死。

(湖州烏程県潯渓村の民徐三なる者は、紹興一五年七月中に突然死んだが、四日経って生き返った。……後七年、秀州魏塘に至って、方氏の傭耕となった。また七年して、小作料を支払えず、船に乗って郷里に逃れ帰ったが、太湖を過ぎる時、一家全員溺れ死んだ。)

とあり、方氏の傭耕となった徐三は租穀を滞納しているが、徐三が単なる雇傭人となったのであればこうした事態は生じないはずであって、徐三は雇契ないし典契によって方氏に服役し佃戸的形態をとっていたものと解すべきであろう。そして「過太湖、全家溺死」とあるように、徐三が家族を有していた点も注目される。

以上は小農民等が佃僕・地客へと下降するケースであるが、こうした小農民等は佃僕・地客として佃戸的形態をとる以前にすでに自らの家族を有する者であったと推定され、それゆえに何らかの原因によって地主の下に収養された場合にも、地主の側ではただちに田土を与えて定着せしめえたものであろう。この点は、「奴僕」が主家によって家族を構成せられることを契機として佃僕・地客へと上昇するケースと軌を一にしているのである。

2　佃僕・地客の法的身分

続いて、佃僕・地客の法的身分について検討を加えておきたい。

宋元代には、人力・女使等のいわゆる雇傭人法とともに佃客に関する法が制定されており、両者はともに対主家との関係において常人よりは従属的地位に置かれてはいたものの、例えば『慶元条法事類』巻八〇、雑門、諸色犯姦、雑勅に、

諸人力姦主、品官之家絞、未成、配阡里、強者斬、未成、配広南。民庶之家、加凡人参等、配伍伯(陌)里、未成、配鄰州、強者絞、未成、配参阡里。

諸旧人力姦主者、品官之家、加凡姦弐等、……即佃客姦主、各加弐等。

(諸て人力が主人を姦淫すれば、品官の家なら、絞罪とし、未遂ならば千里外に配軍とし、強姦した者は斬罪とし、未遂ならば広南に配軍とする。民庶の家なら、凡人に三等を加え、五百里外に配軍とし、未遂ならば隣州に配軍し、

強姦した者は絞罪とし、未遂ならば三千里外に配軍する。諸て旧人力が主人を姦淫した場合は、品官の家なら、凡姦に二等を加える、……もし佃客が主人を姦淫すれば、各々二等を加える。)

と規定されているように、同一犯罪についてみれば佃客は人力よりも法的に上位に置かれていたのである。ところで、前節の検討結果によれば、雇傭人身分定立の基礎は、契約によって主家に服役し主家の経営内に包摂されて衣食の給養を受けるという点に求められたのであったが、佃僕・地客は元来雇契ないし典契によって服役した者とはいえ、自己の家族と経営を有しかつ主家に租課を納めるという点で雇傭人身分定立の基礎とは大きくかけ離れた存在であり、むしろその存在形態からすれば佃客と同一の性格を示しているのである。[61] したがって、ここで改めて佃僕・地客の法的身分が問われねばならないが、この問題は、換言すれば、雇傭人法と佃客法の適用は、基本的に対象となる者の存在形態に基づくものかあるいは主家との契約形式――雇契・典契か租契か――によって区別されるものかという点に関わると言えよう。[62]

さて、『晦庵先生朱文公集』別集巻九、公移「取会管下都分富家及闕食之家」に、糶米・糴米数を調査するための状式が掲げられているが、その一節に、

一、富家有米可糶者幾家、除逐家口食支用・供贍地客外、有米幾石可糶《郷例糶数、即依郷例》、開客(各)戸姓名米数《併佃客地客姓名》。

一、富家無余米可糶者計幾家、而僅能自給、其地客佃客不闕、仍各開戸姓(名)《并佃客地客姓名》。

一、中産僅能自足、而未能尽贍其佃客地客者計幾家《開戸名、取見佃客地客姓名・所闕之数》。

(一、富家で売り出すべき米がある者幾家、家族の食用と地客に与える分を除いて、売り出せる米は何石《郷里での定まった買い出し数があればその例に依れ》、各戸の姓名と米数を書け《ならびに佃客・地客の姓名》。

一、富家で売り出すべき余分の米がない者幾家、何とか自給でき、地客・佃客も欠食しない家は、なお戸の姓名を書け《ならびに佃客・地客の姓名》。
一、中産の家で何とか自給できるが、佃客・地客を養うに足りない者幾家《戸名を書き、佃客・地客の姓名と欠いている数量》。）

と見えるように、佃客と地客は区別して記されている。このように両者を異なる存在として区別する認識は、いかなる点に根拠を持つのであろうか。『勉斎集』巻三四、雑著「禁約頑民誣頼榜文」には、

至於佃戸地客、少欠租課、主家不可不需索。人家奴僕、或有小過、主家不可不懲戒。

（佃戸・地客がわずかでも小作料を欠くに至れば、主家は取り求めないわけにはゆかない。人家の奴僕に小さな過ちがあれば、主家は懲戒しないわけにはゆかない。）

と見えて、佃戸と地客はともに租課を納める者として並記され、両者は「人家の奴僕」とは区別されている。しかしながら、同じく租課を納めるという点で同一の存在形態を示す佃戸と地客をあえて並記＝区別するのは、租佃するという点以外の面で両者が異なるとする認識が、当時存在していたことを示すものでなければならない。この点について『清明集』巻四、戸婚門、争業上「陳五訴鄧楫白奪南原田、不還銭」（范応鈴の判）は興味ある素材を提供していると考えられるので、長文ではあるが以下に掲げておこう。

陳世栄、紹興年間、将住屋出売与鄧念二名志明。志明生四子。其地係第四子鄧謀受分。鄧謀於淳熙十一年、復将売与長位鄧演。明載有火客陳五居住。陳五乃陳世栄之孫。鄧演諸子又各分析、離為三四。多係陳五贖回。但内鄧楫一分、未曾退贖。見得、陳五猶是鄧楫地客、且当元陳世栄既作売契。倘非業主情願、無可強令収贖之理。去冬、方燧出売土名唱歌堆晩田四畝。田在陳五門前。其主鄧楫託陳五、作新婦呉二姑収買、往往欲為寄税之計。其後陳五、自以田在本人之門、便於耕作、託曾小三致懇、憑鄧四六写契、就以本人南原祖業田、

両相貿易。陳五立契、正行出売。鄧楫亦立約付陳五、俾照方燧田為業。陳五与曾小三鄧四六、送獄供対、各已招伏分明。今陳五不以方燧田自鄧楫戸入己為業、却以南原田入鄧楫戸。為無価銭貿易田産、於法雖不許、然彼此各立売契、互有価銭、憑此投印、亦可行使。陳五与鄧楫、自有主僕之分。往往久欲併贖鄧楫一分住居、而鄧楫不従。因此交易遽昏頼。可見姦横。李洪与陳五、即無相干。初状到官、乃作李洪名字、故入勾加、教唆詞訟、尤為無頼。李洪陳五、各勘杖一百。其田照元立契管業。余人並放。

（陳世栄は紹興年間に住宅を鄧念二、名を志明なる者に出売した。志明には四人の息子がいた。その土地は第四子の鄧謀が相続した。鄧謀は淳熙一一年また長兄の鄧演に売った。契約書には「火客陳五が居住している」と明記してある。陳五は陳世栄の孫である。鄧演の諸子がまた家産分割し、家産は分かれて三、四となったが、多くは陳五が贖回した。ただそのうち、鄧楫の相続分はこれまで退贖していなかった。当面次のように判明した。陳五は依然として鄧楫の地客であり、かつ当初に陳世栄はすでに売契を作っていた。もし業主の願いに依るのでなければ強いて回贖させるという道理はない。昨冬、方燧は土名を唱歌堆という晩田四畝を出売した。田は陳五の門前にある。主人の鄧楫は陳五に託して、新婦呉二姑の名義で買い取ったが、往々他人名義の税としようと計った。その後陳五は田が自分の門前にあり耕作に便利であることから、曾小三に頼んで鄧楫と昵懇になり、鄧四六によって契約を書き、本人の南原の先祖伝来の土地と互いに交換した。陳五は契約を立て、正式に出売した。鄧楫もまた契約を立てて陳五に渡し、方燧の田に照らして業とさせた。陳五と曾小三・鄧四六が留置所で供述したところでは、各々自白ははっきりしている。今陳五は方燧の田を鄧楫の戸から自分の戸に入れて業とせず、かえって南原の田を鄧楫の戸に入れている。価銭なくして田産を売り買いすることは法で許してはいないが、しかし彼此各々売契を立て、互いに値段をつけ、これによって官印を受けており、この取引は行うことができる。陳五と鄧楫は自ずと主僕の分がある。往々久しく鄧楫の相続分の住居を回贖しようと望んでいたが、鄧楫は従わなかった。これによって取引はにわかに誤魔化しが生じた。悪賢さを見るべきである。李洪と陳五は関わりがない。最初の訴状が官に至った時、そこでは李洪の名前を使い、故意に仲間内に入れ、訴訟を教唆したことは、最も無頼である。李洪・陳五は各々杖一百とする。その田は各々もと立てた契約通り管業させる。他の者は釈放せよ。）

この事件の概要は、陳五が、自己の所有する南原の田と鄧楫が方燧より購入した田とを各々契約を立てて取り引きした際に、南原の田は鄧楫の家に過割（登記替え）しながら鄧楫の田は自分の戸へ過割せず、李洪を教唆し、李洪の名でもって鄧楫は南原の田を買ったにもかかわらず価銭を支払わないと訴え出たというものであるが、ここでの問題は、この事件を審理した范応鈴が、「陳五猶是鄧楫地客」と述べ、陳五と鄧楫とは「自有主僕之分」と断定した根拠はどこに求められるかという点にある。

そこで、この事件に至る背景を探ると、第一に、陳世栄が鄧志明に出売したのは住屋だけでなく屋基やそれに付随する土地をも含んでいた可能性が指摘できるであろう。そのことは鄧志明の四子に家産分割が行われた際に、「其地第四子鄧謀受分」と記されており、それが鄧謀から鄧演へと承け継がれ、やがて鄧演の諸子が分析した段階で、多くは陳五によって贖回され、贖回されずに残っているのは鄧楫一分の住居だけであると言われていることによって確認される。そして、陳世栄があたかも住屋だけを出売したかのごとく記録されているのは、「（陳五）往々欠しく鄧楫一分の住居を併贖せんと欲するも、而るに鄧楫従わず」とあるように、住居の贖回をめぐる陳五と鄧楫の確執がこの事件を惹起した主因であったためと推定される。第二に注目されるのは、淳熙一一年に鄧謀が自己の受分を鄧演に出売した際の売契に、火客陳五がその住屋に居住していることが明記されていたという点である。陳世栄が住居を出売した「紹興年間」を最後の紹興三二年（一一六二）と仮定しても、淳熙一一年（一一八四）まで二二年、この事件の発生時は嘉定年間（一二〇八〜一二二四）の後半期と推定されるので[63]、淳熙一一年より教えておよそ三〇年を経過しているのであるが、少なくとも淳熙一一年の時点では陳五は鄧家の火客＝地客であったことがここで判明する[64]。陳世栄が住屋までも出売した背景にはよほどの困窮があったものと推測され、おそらく陳五は「紹興年間」より淳熙一一年の間に祖父陳世栄ないし陳五の父親によって鄧家の地客として服役せしめられたものであろう。それがやがて「南原祖業田」等を元手に経営を拡大し、この時点で陳世栄が売却した住屋等のうち贖回されずに残っているのは鄧楫所有の住屋だけという状態まで回復していたものと思われる。注目すべき第三点は、この時点で陳五が鄧楫の地客としてその田土の耕作に従事しているという客観的事実がないということである。そのことは、范応鈴が審理の過程で導き出した二つの結論、すなわち陳五が依然として鄧楫の地客であることと、陳世栄は住屋を売契で出売したこととが、いずれも三〇〜六〇年以前の証拠文書(売契)の調査によって得られたものであることによって示されている。そのことはまた、調査の結果として「見得、陳五猶是鄧楫地客」と表現されていることによっても裏付けられよう。[65]

以上の三点からすれば、范応鈴が陳五は依然として鄧楫の地客であり両者には「主僕の分」があると断定した根拠は、淳熙一一年に、鄧謀より鄧演に渡された売契に「火客陳五の居住」が記されており、その売契がこの時点で鄧楫の手元に保存されていたという点に求めるよりほかないであろう。とするならば、地客の法的身分はその存在形態によって定められるべき性格のものではなく、存在形態のいかんにかかわらず確定されているものでなければならない。もしも陳五がかつて鄧家の佃客であったと仮定した場合、逃亡等の例は別として、すでに佃客としての実体も租契も失われていたとすれば、陳五は依然として鄧家の佃客であるといった裁定が下されえたとは考え難いであろう。なぜなら、『慶元条法事類』等の法律上に現われる雇傭人身分の者の呼称は、「人力」・「女使」というように直接その存在形態を示さないのに対して、佃客身分の者は「佃客」として存在形態に密着した呼称で現われるからであり、主家の田土を租佃しない佃客というものを法的に措定することは不可能だからである。したがって、現実の存在形態のいかんを問わず「火客陳五」という売契上の語句によって鄧楫と陳五の身分関係が確定されていることからすれば、地客の法的身分が人力・女使等と同じく雇傭人身分であったことは疑いないと思われるのである。そのことは、鄧楫と地客陳五との間に「主僕の分」ありと言われることによっても裏付けられると思われる。なぜなら、宋代の地主と租契によって結ばれる佃戸との間には、従来説かれてきたような「主僕の分」はなかったと考えられるからである。この点は次項で述べよう。また、ここには陳五の雇契ないし典契が見あたらず、それが当初より存在しなかったかあるいは遺失されたものか不明であるが、陳五の場合すでに雇傭人身分を脱したとする事実(=贖身)も具体的証拠文書も存せず陳五自身それを十分承知していたゆえに李洪を教唆して訶首たらしめたのであろう。というのは、前節で見たように、元代の雇傭人身分の者は主罪告発が規制されており、宋代でも成文法が制定されていたか否かは不明ではあるものの、その可能性は極めて高く、また幹人(=雇傭人身分)が主家に抗対することすら「主僕の分」の侵犯として科罰対象とされていたからである。(66)

以上の検討を通じて、佃僕・地客の法的身分はいわゆる雇傭人身分であり、雇傭人身分を脱却したことを示す具体的証拠――直接的には雇契ないし典契の破棄・無効化――を獲得しない限り、その存在形態のいかんにかかわらず法的には雇傭人身分が継続されるものであったことが確認されたと思われる。とすれば、先に見たように朱熹や黄榦がほぼ同一の存在形態を示す佃客・佃戸と地客を並記=区別しているのは、彼らが佃客・佃戸と地客とでは主家に対する身分的関係が異なるという認識を抱いていたことを示すものであろうし、そのことは同時に、雇傭人法と佃客法との適用の相違は、当事者の存在形態によってではなく主家との契約形式によって直接的に基礎づけられていたのであろうことをも示唆するのである。

3　「主僕の分」と佃戸

前項で検討したように、宋代の佃僕・地客の法的身分はいわゆる雇傭人身分であり、それゆえ主家との間には「主僕の分」があるとされていたのであったが、従来の研究によれば、こうした雇傭人身分の者だけでなく、宋代の地主佃戸間にもまた「主僕の分」があると言われている。そして、それをどのように評価するかは別として、地主佃戸間に「主僕の分」があるということ自体は一般に承認されているように思われる。

しかしながら、管見の限りでは、宋代史料の中で「主僕の分」を記録するのは『清明集』に見えるわずか三例にすぎず、それらはすでに本書に引用してあるが、引用順に言えば「繆漸三戸訴祖産業」は主家と幹人間に関わり、「無證拠」、「陳五訴鄧楫白奪南原田、不還銭」はともに主家と地客に関わるものであって、幹人・地客のいずれも雇傭人身分の者である以上、地主と租契によって結ばれる佃戸との間に「主僕の分」ありとする史料は一例も存しないのである。ただ、「主僕の分」とほぼ同一の内実を示すと思われる「上下の分」・「奴主の分」を語る史料がある。そこで、以下それらについて検討する。

紹興二七年(一一五七)より同三〇年頃に書かれた、胡宏『五峯集』巻二、書「与劉信叔書」の第五首に、

荊湘之間、有主戸不知愛養客戸。客戸力微、無所赴訴者。往年鄂守荘公綽言於朝、請、買売土田、不得載客戸於契書、聴其自便。朝廷頒行其説。湘人群起、而窃議莫不咎荘公之請、争客戸之訟、有至十年不決者。……夫客戸依主戸以生、当供其役使、従其約束者也。而客戸或稟性狼悖、不知上下之分。或習学末作、不力耕桑之業。或肆飲博而盗窃、而不聴検束。或無妻之戸、誘人妻女而逃。或丁口蕃多、衣食有余、稍能買田宅三五畝、出立戸名、便欲脱離主戸而去。凡此五者、主戸訟于官、当為之痛治、不可聴其従便也。

（荊湘の間には、客戸を愛養することを知らない主戸がいる。客戸は力量がなく、困苦を訴えるところがない者である。往年鄂州知州の荘公綽が朝廷に言って次のように請うた、「田土を売買する時は客戸を契約書に載せてはならず、その自由に任せるように」と。朝廷はその説を頒布した。湘人は群をなして立ち上がり、荘公の要請を密かに議論して咎めない者はなく、客戸を争う訴訟は一〇年経っても決着しないものがあった。……客戸は主戸に依存して生きている者で、その使役に供し、その拘束に従うべき者である。しかるに客戸には性格が凶悪で、上下の分をわきまえない者がいる。ある者は商売を学び、農業に努めない。ある者は飲酒博打をして盗みを働き、身持ちが悪い。ある者は妻のない戸が人の妻女を誘って逃亡する。ある者は男子が増え衣食に余裕ができると、田宅三畝五畝を買って主戸としての戸名を立て、主戸から脱離して去ってゆこうとする。およそこの五者は主戸が官に訴え、当然手ひどく処罰すべきで、その自由に任せておけないことである。）

とあり、主戸客戸間の「上下の分」を説いている。しかし第一に「主僕の分」が主人と「奴僕」とに特定される身分差であるのに対し、「上下の分」は主僕関係ないしここに言う主客関係に特定されないより一般的かつ広義の身分差を表わすという点に留意されねばならない。そして第二に、ここに見える客戸とは農耕に従事する者を対象としていると考えられるが、そのすべてが租契によって地主＝主戸と結ばれている佃戸とは必ずしも言えず、むしろこの客戸の中には少なからぬ佃僕・地客的存在が含まれていると思われる。この書簡が対象とする地域は「荊湘之間」すなわち湖北・湖南方面であり、また田土を売買する際に客戸を契書に載せてともに売買することが記されているが、『元典章』巻五七、刑部一九、諸禁、禁典雇「禁主戸典売佃戸老小」には次のように見えている。

至元十九年十二月、御史台拠山南湖北道按察司申、准副使楊少中牒、切見、江南富戸、止靠田土、因買田土、方有地客。所謂地客、即係良民。主家科派、其害甚於官司差発。若地客生男、便供奴役、若有女子、便為婢使、或為妻妾。今後合無将前項地客戸計、取勘実数、禁治主家科派、使令地客与無税民戸一体当役、実為官民両便。又准分司僉事劉承務牒、峡州路判官史択善呈、本路管下民戸、輒敢将佃客計其口数立契、或典或売、不立年分、与買売駆口无異。間有略畏公法者、将些小荒遠田地、夾帯佃戸典売、称是随田佃客、公行立契外、另行私立文約。……又有佃客男女婚姻、主戸常行欄当、需求鈔貫布帛礼数、方許成親。其貧寒之人、力有不及、以致男女怨曠失時、淫奔傷俗。卑司参詳、江南主戸佃客極多、此係為例事理。申乞定奪。得此。憲台相度、前項事理、即係亡宋弊政、至今未能改革。南北王民、豈有主戸将佃戸看同奴隷、役使典売。一切差役、皆出佃戸之家。至如男女婚嫁、有不由父母、唯聴主戸可否。腹裏並無如此体例。蓋是牧民之官、不為禁約、以致如此。牒宣慰司、具呈行省、詳照禁約施行。

(至元一九年一二月、御史台が受領した山南湖北道按察司の上申中に、副使楊少中の牒文があり、そこには、「見るに、江南の富戸はただ田土に依存しており、田土を買うとはじめて地客を持つことになります。いわゆる地客は良民です。しかし主家の科派は官司の徭役よりもはなはだしいものがあります。もし地客が男子を生めば、奴役に供し、もし女子がいれば、婢使となし、あるいは妻妾とします。今後前項の地客の家については、実数を調べ、主家の科派を禁じ、地客を無税の民戸と一緒に徭役に充てれば、まことに官民ともに便利ではないでしょうか」とある。また、分司僉事劉承務の牒文中に、峡州路判官史択善の呈文があり、そこには、「本路管轄下の民戸は佃客の人数を計って契約を立て、あるいは典しあるいは売し、年限を立てず、駆口を売買するのと異なるところがありません。間々公法を恐れる者は、些小の荒れた遠くの土地を佃戸と一緒に売って、これは土地とともに移った佃客ですと称し、表向き土地売買の契約を行うほかに、別に佃客を売る契約を立てます。……また佃客の息子・娘の婚姻があると、主戸は常に妨害を行い、金銭や布帛の礼物を求め、それではじめて結婚できます。貧乏な人は力量がなく、息子・娘を未婚のままにしておき、淫奔して風紀を乱しています。私の調査では、江南の主戸は佃客が極めて多く、これは典型的な事例です。上申して裁定を請います」とあった。これらの上申を得た。憲台が相談し、「前項の事態は亡宋の誤った政治によって出来したものであり、今になってもまだ改められていないことである。南も北も王民である。どうして主戸が佃戸を奴隷と同じように見なし、役使し典売してよいことがあろうか。一切の徭役は皆佃戸の家から出るのである。男女の婚姻のごときに至っては、父母によって行われず、ただ主戸に可否を聴いている。腹裏にはこうした事例はない。おそらく地方官が禁令を行わず、それでこうした事態になったのだ。宣慰司に牒文を出し、行省に具呈し、禁約にしっかりと準じて施行させる」とした。）

ここに記されている事態は(67)「係亡宋弊政」と言われるように南宋代より継続して見られたものであり、地域も胡宏の書簡とほぼ同じ湖北方面のことである。まずこの記事で注目されるのは、山南湖北道按察副使楊少中が「地客」と言い、峡州路判官史択善が「佃客」・「佃戸」と述べ、両者の上申を受けて御史台が「佃戸」と一括して表現している点である。すなわち、地客・佃客・佃戸がここでは通用されているのであって、湖北地方の佃客・佃戸と地客とは同一の実体、あるいは明確に区別できない存在であったことが知られるのである。そして、この佃戸＝地客の実体とは、「因買田土、方有地客」とか「輒敢将佃客計其口数立契、或典或売」とあるように典当・売買されている存在であり、かかる存在の宋代における法的身分は地客すなわち雇傭人身分であったと考えられる。それゆえ胡宏の書簡で「上下の分」が強調されている客戸を一律に佃客身分の者と等値することはできず、田土とともに契書に載せて売買されるがごとき客戸は、多く雇傭人身分として法的に捉えられていた存在であろうと推定されるのである。

次に、呂祖謙『東萊文集』巻一〇、墓誌銘「薛常州墓誌銘」に、薛季宣が乾道八年（一一七二）知湖州の時のこととして、

土俗、小民悍強、甚者数十人為朋、私為約、無得輸主戸租。前為政者、或縦臾之。公嘆曰、郡国幸無事、而鼠輩頡頏已爾。緩急之際、将何若。取其首悪、黥竄遠方、民始知有奴主之分。

（当地の習俗は、小民が荒々しく、はなはだしい者は数十人がぐるになり、密かに約束して主戸に小作料を納めない。前に官についていた者には、これを野放しにしていた者があった。公は嘆いて言った、「州には幸いにして問題がなく、ネズミのような輩が悪賢いだけだ。危急の時にはどうなるというのか」と。首謀者を捕まえ、遠方に入れ墨のうえ流罪としたところ、民ははじめて奴主の分あるを知った。）

と見え、「奴主の分」が記録されている。この記事に見える小民の悍強なる者は集団で抗租を行っており、佃客身分の者と考えてよいであろう。その限りでは、これは地主佃戸間の「奴主の分」を記録する唯一の例証である。とはいえ、薛季宣が抗租の首謀者を厳罰に処して後「民始めて奴主の分有るを知れり」とあるように、湖州における主佃間の「奴主の分」は、すでに身分的規制力を喪失し、また社会通念上も現実的基盤を失っていた点に注目すべきであろう。と同時に、極めて修辞性の高い墓誌銘の中で言われている「奴主の分」をもって、ただちに現実の地主佃戸間の身分規制が主奴関係として律せられていたとするのには多大の躊躇を感ぜざるをえないのである。(68)

以上検討したように、従来地主佃戸間の「主僕の分」・「上下の分」・「奴主の分」として取り扱われてきた史料は、必ずしも地主佃戸間にそうした主人と奴僕身分の者とにアナロジーされる関係があったことを立証する具体的明証たりえないものであった。それでは、地主佃戸の関係はいかなるものとして捉えられていたであろうか。『清明集』巻九、戸婚門、墳墓「盗葬」に、佃客謝五乙兄弟が主家の山地を侵占した事件を記すが、その一節に、

（謝五乙兄弟）亦不復顧主佃名分、輒敢計謀百出、必欲争占以為己物。

（謝五乙兄弟は主佃の名分を顧みず、あれこれ計略をめぐらし、きっと争って手に入れ己が物にしようとした。）

とあり、また、

切縁、謝五乙兄弟、見耕段氏之田、一主一佃、名分暁然。

（切に思うに、謝五乙兄弟は現に段氏の田を耕しており、主と佃の名分ははっきりしている。）

とあって、地主と佃客との関係は「主佃の名分」として捉えられていたのである。従来この「主佃の名分」は「主僕の分」と同一内容のものと考えられてきたのであるが[69]、地主佃戸間の「主僕の分」が否定されていた清代においてすら、例えば、『大清律例按語』巻五八、刑律、闘殴「威力制縛人」の乾隆五年条例の按文に、

佃戸雖与奴婢不同、而既有主佃之分、亦与平人有間。

（佃戸は奴婢と同じではないとはいえ、主佃の分があるからには、また平人とは差異がある。）

とあるように[70]、地主佃戸間の「主佃の分」なる身分差が措定されている以上、両者を同一の身分規制と見なすことは許されないであろう。また、『晦庵先生朱文公集』巻一四、奏箚「戊申延和奏箚一」には、

臣伏見、近年以来、或以妻殺夫、或以族子殺族父、或以地客殺地主、而有司議刑、卒従流宥之法。夫殺人者不死、傷人者不刑、雖二帝三王、不能以此為治於天下。……凡有獄訟、必先論其尊卑上下長幼親疎之分、而後聴其曲直之辞。凡以下犯上、以卑凌尊者、雖直不右、其不直者、罪加凡人之坐。其有不幸至於殺傷者、雖有疑慮可憫、而至於奏讞、亦不許輒用擬貸之例。

（臣が見ますに、近年以来、妻が夫を殺し、族子が族父を殺し、地客が地主を殺すも、有司の刑罰はにわかに死罪を赦して流罪にする法に従っています。殺人した者は死なず、人を傷つけた者は刑を受けず、これでは二帝三王といえども天下を治めることはできません。……およそ裁判があれば、必ずまず尊卑、上下、長幼、親疎の分を論じ、その後その曲直の訴えを聞くべきです。およそ下が上を犯し、卑が尊を凌げば、直であっても助けず、不直な者は凡人の罪よりも加重するべきです。不幸にして殺傷に至った者があれば、情状に憐れむべきことがあっても、上奏して陛下の意向を聴く段になったら、たやすく減罪の例を用いることを許さないことにいたしたい。）

とあり、妻・族子の夫・族父殺しとともに地客の地主殺害の例を挙げて、そうした上下・尊卑に関わる犯罪の場

合は直といえども助けず、不直の者は凡人の罪より重くし、殺傷の場合は情状酌量すべきではないと激越な議論を展開しているが、ここには佃戸が現われていない。前項で見たように、朱熹は佃客と地客を区別して記録する一人であったが、同書巻一〇〇、公移の紹熙三年(一一九二)二月の「勧農文」には、その佃客と田主の関係を次のように述べている。

佃戸既頼田主給佃生借、以養活家口、田主亦藉佃客耕田納租、以供贍家計。二者相須、方能存立。今仰人戸遍相告戒、佃戸不可侵犯田主、田主不可撓虐佃戸。

(佃戸はもとより田主が土地を貸し金銭を貸すのに頼って家族を養っており、田主もまた佃客が土地を耕作し小作料を納めるのによって家計を賄っている。二者は相互に依存し、はじめて生活ができるのである。今人戸に仰せて互いに戒告し、佃戸は田主を侵犯してはならず、田主は佃戸を虐待してはならない。)

ここでは、田主と佃戸とは「二者相須ちて方めて能く存立す」る関係にあるものとされており、勧農文という史料的性格にもよるであろうが、先の地主と地客とを上下・尊卑の分あるものと捉える議論とは対蹠的な認識が示されているのである。

以上のように、佃僕・地客は別として、宋代の地主と佃戸間に「主僕の分」・「上下の分」があったとする具体的明証は見出せず、租契によって結ばれる地主と佃戸の間に「主佃の名分」はあるものの「主僕の分」はなかったと考えられる。本章の冒頭でも述べたように、仁井田陞氏が佃戸の法的身分の変遷を説いて、それを宋代における「主僕の分」から明代の「長幼の序」へと定式化したことは周知の事実であるが、本節の以上の考察が認められるとすれば、そうした定式化は再検討されなければならないであろう。

ただし、「主僕の分」のない佃戸とは、本節でも、地主と「租契によって結ばれる佃戸」と表現してきたように、法的身分としては佃客法の対象となる佃戸を指すものであって、地主の土地を耕作して租課を納入するという存在形態に即して言えば、佃僕・地客をも「佃戸」と捉えることは決して誤りとは言えないであろう。むしろ、宋代史料に現われる「佃戸」の中には、先に『元典章』巻五七「禁主戸典売佃戸老小」で「地客」と「佃戸」が通用されていたように、少なからぬ佃僕・地客的存在が含まれていると推定されるのであり、したがって、雇傭人身分・佃客身分といった法的身分との関連においてかかる「佃戸」を階級的存在として捉えれば、宋代の「佃戸」は「主僕の分」ある佃戸と「主佃の分」ある佃戸とに二大別されることになるであろう。そして、われわれが従来地主佃戸関係として設定してきたところの佃戸を、法的身分との関連で前述のように捉えることが許されるとするならば、宋代の佃戸をすべて「主僕の分」ある存在と考えることは一面的理解であると言わねばならず、一方、仁井田氏の定式において再検討が必要となるのは、果して宋代の「主僕の分」ある佃戸が、明代に至って法的身分のうえでも存在形態の面でも「主佃の分」ある佃戸へと上昇したのか否かという点でなければならない。それと同時に、宋代において「主僕の分」ある佃戸と「主佃の分」ある佃戸とがどのような具体的存在形態と比率を示していたのか、また両者はいかなる地域性と発展方向を持つ存在として位置づけられるべきかという問題、さらには「主佃の分」ある佃戸の主家に対する刑法上の不平等規定をどのように理解すべきかという問題も新たに提起されてくるであろう。こうした問題に答えるためには新たな視角と史料が準備されねばならないが、前述のように、良民相互の階層分化によって析出された私的隷属民を、宋朝権力が体制的に容認し、その支配秩序の中に位置づけることによって雇傭人身分が形成されたこと、また「主僕の分」ある佃戸＝佃僕・地客的存在が依然として雇傭人身分の枠内で把握されていたこと、この二点を前提にして、雇傭人身分の形成から約一世紀遅れた一一世紀中期以降に至って佃客身分が形成されたことを考えるならば、地主との身分的関係が佃僕・地客とは明らかに異なる存在としての「主佃の分」ある佃戸が、宋朝権力によって明確に意識されてくるのはこの時期ではなかったかという推測が可能である。また、主佃間の刑法上の不平等規定について言えば、宋元代のごとき規定が明清代の法律中に見出せないことをもってただちに佃戸の社会的地位の上昇を意味すると考えることには少しく疑問がある。宋元代の主佃間の不平等規定は、「主佃の分」の法律面の現われと考えられるのであるが、清代においてすら「主佃の分」が問題とされていたとすれば、おそらく明代の主佃関係の中にも「主佃の分」は認めうるはずであって、それが刑法上に顕現化してこないのは、第一に、明代と宋代には支配理念上の相違があったこと、第二に、明律が唐律を範として制定されたこと、第三に、明代の裁判機構が宋代とは異なっていたことの三点にその原因を求めうるのではないかと思われる。周知のように、明初の民間における十悪・強盗・殺人以外の戸婚・田土・銭債等の訴訟案件は、国家によってその裁判権を委譲された里老人によって剖決される定めとなっていた(71)。この里老人制が具体的にどのように機能していたかについては未確定の問題を含んでいるが、里甲内における裁判権行使の主体が地主層によって占められていたことはほぼ疑いないのであって、とするならば、成文法として地主の佃戸に対する優位性が規定されていなかったとしても、現実の主佃間の係争事件に際して、地主の法律的地位の優位性はより露骨な形で発揮される可能性すらあったと推測されるのである。しかしながら、以上の二点は未だ推測に止まっているのであって、こうした推測が中国における地主佃戸関係の形成と発展の論理の中でどのように具体化されるべきかは、今後の検討に委ねられなければならない。

結　論

以上において、宋元代のいわゆる雇傭人の法的身分とその階級的性格、およびそれと関連して奴婢や佃僕・地客ならびに佃戸について若干の検討を行ってきた。費やした頁数に比して明らかにしえた部分は極めてわずかであるが、以下に論旨を要約して結びに代えておきたい。

一、宋代の史料上の「奴婢」のほとんどすべては、奴婢身分の者ではなく雇傭人として捉えられるべきものである。それは、宋代の奴婢身分が、犯罪没官(ないしは俘虜化)という限定された径路によってのみ成立可能であったこと、加えて奴婢は官衙に繋属されて民間に流出することがなかったことに基づいている。元代においても奴婢身分の発生径路は犯罪没官と俘虜が主要なものであったが、当該期における俘獲奴婢＝驅口は多量であったと推定され、それゆえ一概に史料上の「奴婢」・「驅口」の法的身分を確定しえない面を持っている。しかし、元代の史料上の「奴婢」・「驅口」のすべてが奴婢身分を指称するものでないことは言うまでもなく、特に宋元代を通じて良民の売買や債務奴隷化によっては奴婢身分は成立せず、かかる原因によって「奴婢」と称されるに至った者は、奴婢的境遇下に置かれたがゆえに「奴婢」と史料面に現われてくるのであって、身分的には雇傭人身分として国家に把握されていたのである。

二、宋元代における雇傭人の法的身分は、主家と同居し衣食の給養を受ける存在を中核的基礎として定立されており、日傭や短雇の者および自己の生業を有しその維持・補完のために雇傭労働をも兼ねる者は、雇傭人身分の枠外に置かれていたと推定される。雇傭人身分の者は大率主家の経営内に包摂されて生活する存在であったから主家の擬制的家族員とされ、その家父長的支配下に置かれていた。

三、雇傭人身分の中に包括される存在の雇傭形態は、公的形式的には人身の賃貸借、労働消却質、利質の三形態に要約されるが、宋元代の雇傭形態は労働消却質と利質が大勢を占めており、南宋・元代には利質形態が盛行していたと推定される。しかし、雇傭人身分の者は、公的形式的には雇傭人ではあっても、実態的には人身の売買や債務奴隷化によって服役した者がほとんどであり、またかかる存在は主家との間に「主僕の分」ありとして強度の家父長的な身分的隷属を強いられていたのであって、その階級的性格は家父長制的家内奴隷として捉えられるべきものと思われる。

したがって、宋代における雇傭人身分の形成は、唐宋の間の奴隷労働から雇傭労働への転化によって基礎づけられていたのではなく、良民相互間の階層分化によって析出された奴隷的な私的隷属民の存在を、宋朝権力が体制的に容認し、「雇傭された良民」としてその支配秩序の中に位置づけた結果もたらされたのである。

四、宋代の佃僕・地客の出自には、地主の下に蓄養された「奴僕」が主家によって妻帯せしめられることを契機として佃戸的形態へ上昇するケースと、小農民等が没落して佃僕・地客へと下降するケースが認められるが、いずれの場合にも家族を有するということが、地主によって田土を与えられ佃戸的形態をとるに至る一つの条件になっていたと考えられる。

五、佃僕・地客のある者は、自己の経営と家族を持ち、主家に租課を納入するという点で佃戸と同一の存在形態を示しているが、その法的身分は雇傭人身分であり、それゆえ主家との間には「主僕の分」があるとされていた。

六、佃僕・地客とともに従来宋代の佃戸にも主家＝地主との間には「主僕の分」があると説かれてきたが、そうした関係を立証する具体的明証は見出せず、地主と租契によって結ばれる佃戸との間に「主佃の分」はあるものの「主僕の分」はなかったと考えられる。ただし、佃僕・地客をもその存在形態に従って「佃戸」と捉えることは可能であり、また宋代の史料上の「佃戸」には少なからぬ佃僕・地客的存在が含まれていると推定されるが、かかる「佃戸」を法的身分との関連において階級的存在として捉えれば、宋代の「佃戸」は「主僕の分」ある佃戸と「主佃の分」ある佃戸とに二大別されることになる。

（1）仁井田陞「中国社会の「封建」とフューダリズム」（一九五一年原載、同氏『中国法制史研究―奴隷農奴法・家族村落法―』一九六二年、東京大学出版会、所収）。
（2）同氏「中国の農奴・雇傭人の法的身分の形成と変質―主僕の分について―」（一九五六年原載、同右著書、所収）。
（3）注（2）前掲論文一四七頁、一八〇頁、参照。

（4）仁井田氏の構想した中国史像は注(1)(2)前掲論文のほか随所に示されているが、「中国社会の農奴解放の段階」(一九六一年原載、注(1)前掲著書、所収)が明快である。
（5）こうした論点をめぐる研究は多くあるが、仁井田氏の提起した問題が現在どのような研究史上の位置を占めているかについてはさしあたり、草野靖「大土地所有と佃戸制の展開」(『岩波講座世界歴史』第九巻、一九七〇年、岩波書店、所収)の「はじめに」、参照。また近年この問題を整理したものとして、谷川道雄編著『戦後日本の中国史論争』(一九九三年、河合文化教育研究所)の第五章、宮沢知之「宋代農村社会史研究の展開」がある。
（6）菊池英夫「唐宋時代を中心とする所謂「雇傭労働」に関する諸研究」(『東洋学報』四三―三、一九六一年)。
（7）重田徳「清律における雇工と佃戸―「主僕の分」をめぐる一考察―」(一九七一年原載、同氏『清代社会経済史研究』一九七五年、岩波書店、所収)。
（8）以上の引用箇所は、菊池氏注(6)前掲論文五九頁による。
（9）仁井田氏自身この点について随所で指摘しているが、さしあたり『中国法制史』(一九五二年、岩波書店)第一五章第六節「賃約 - 賃貸借と雇傭と請負」、参照。
（10）仁井田氏注(2)前掲論文一五二頁、参照。
（11）周藤吉之「宋代の佃戸制―奴隷耕作との関聯に於いて―」(一九四八年原載、同氏『中国土地制度史研究』一九五四年、東京大学出版会、所収)、同氏「宋代の佃戸・佃僕・傭人制―特に「宋代の佃戸制」の補正を中心として―」(一九五三年原載、同右著書、所収)。
（12）丹喬二「宋代の地主「奴僕」関係」(『東洋学報』五三―三・四、一九七一年)。
（13）例えば、周藤氏注(11)前掲論文、参照。
（14）宮崎市定「宋代以後の土地所有形体」(一九五二年原載、同氏『宮崎市定全集』第一一巻、一九九二年、岩波書店、所収)。
（15）草野靖「宋代民田の佃作形態」(日本女子大学『史艸』一〇、一九六九年)五五頁以下。
（16）仁井田陞『支那身分法史』(一九四二年、東方文化学院)第八章第二節第二款、および同氏注(1)前掲著書第一部第一章には、良民の掠取・売買・犯罪・外国系奴隷の輸入・俘虜が挙げられ、有高巌「元代奴隷考」(『小川博士還暦記念史学地理学論叢』一九三〇年、弘文堂書房、所収)には、犯罪・俘獲・拘略・鬻売・輸入・家生・投靠・献賜が挙げられ、蒙思明『元代社会階級制度』(一九三八年自序、哈佛燕京学社)第四章Cには、家生・籍没・俘虜・抑掠・拘収・自売(投靠・債務奴隷化)が挙げられている。なお、宋元代に関わらないものは省略した。

(17) 田中正俊「民変・抗租奴変」(『世界の歴史』第一一巻、一九六一年、筑摩書房)六四頁。

(18) 周藤氏注(11)前掲論文後者。

(19) 岡本敬二「元代の奴隷制について—研究序説—」(東京教育大学『史学研究』六六、一九六八年)。なお、蒙思明氏も注(16)前掲著書第四章C「由奴隷与佃戸中分南北所組成之下層階級」の中で、自売による奴婢化を説明して「亦有自雇其身以為定期奴婢者」と言及している。

(20) この記事は『大元通制条格』巻二八、雑令「違例取息」にも見える。なお、同書同巻、「違例取息」の至元三年二月の聖旨には、

債負、止還一本一利。雖有倒換文契、並不准使、并不得将欠債人等強行杻拽頭疋・准折財産。如違治罪。

とある。

(21) ただし、以上の例は債務不履行の場合に良民を債務の弁済に替えて債権者に引き渡す帰属質を禁止したものであって、一般に良民が一定期間を限って人身を質入れし、期限満了時に元本を返済することによって人質が解放される利質形態は禁止の限りではなかった。元代ではこの利質形態を多く典雇と称しているが、その点は次節で述べる。

(22) 草野靖「唐律にみえる私賤民奴婢・部曲に就いての一考察」(『重松先生古稀記念九州大学東洋史論叢』一九五七年、九州大学文学部東洋史研究室、所収)。なお、氏の言う質入の禁止とは、『唐律疏議』巻二六、雑律上「以良人為奴婢質債」に、

諸妄以良人為奴婢、用質債者、各減自相売罪三等。知情而取者、又減一等。仍計庸以当債直。

とあるものを指すが、これは注(21)で述べた帰属質を禁じたものであろう。

(23) 以上のような奴婢身分の性格については、西嶋定生「中国古代奴婢制の再考察—その階級的性格と身分的性格—」(一九六三年原載、同氏『中国古代国家と東アジア世界』一九八三年、東京大学出版会、所収)、参照。

(24) 前田直典「東アジヤに於ける古代の終末」(一九四八年原載、同氏『元朝史の研究』一九七三年、東京大学出版会、所収)。

(25) 周藤吉之『中国土地制度史研究』(一九五四年、東京大学出版会)所収の一連の論文。

(26) 仁井田氏注(1)前掲著書第一部所収の一連の論文。

(27) 有高氏注(16)前掲論文。

(28) 蒙氏注(16)前掲著書、第四章C「由奴隷与佃戸中分南北所組成之下層階級」。

(29) 岡本氏注(19)前掲論文。
(30) 蒙氏注(16)前掲著書の注一二五八、参照。
(31) 元代に俘獲奴婢が相当な数に上っていたことは、注(16)前掲の各氏の論考によって指摘されている。
(32) この点は続く明代でも同様であったと思われる。王圻『続文献通考』巻二〇、戸口考「奴婢」に、
　国朝、軍中俘獲子女、及犯罪抄没人口、多分給功臣家為奴婢。
とある。
(33) 管見の限りでは、男子の雇傭期限に対する法規制は見あたらず、例えば次節所掲の洪邁『夷堅支志』甲巻二「胡煌僕」には二八年間雇傭された例がある。なお、周藤氏は注(11)前掲論文後者の七〇九〜七一〇頁で「人を雇って奴婢となす年限は十年であった」と言っているが、これは「人を雇って婢となす」と改められなければならない。
(34) 陳元靚『事林広記』(和刻本)庚集巻五には、南宋の袁采『袁氏世範』巻三、治家より「婢僕」に関する多くの項目が転引されており、元代においても雇傭人が「婢僕」等の賤称をもって呼ばれていたことが知られる。
(35) 明清代においても雇傭人は「奴婢」・「奴僕」等と呼ばれていた。小山正明「明末清初の大土地所有—とくに江南デルタ地帯を中心に—」(一九五七・五八年原載、同氏『明清社会経済史研究』一九九二年、東京大学出版会、所収)、参照。
(36) 人力という語は、仁井田陞『中国法制史研究—土地法・取引法—』(一九六〇年、東京大学出版会)六五七頁以下、七三六頁以下所掲のペリオ、スタイン両文献中に見えるが、そこでは「労働力」とでも言うべき意味に用いられている。こうした用例は宋代史料にも見えるが、それがやがて雇傭人身分の者を指称する用語にも転用されるようになったのであろう。また、女使とは「僮使」を女性名詞化したものであろう。なお、元初にも、陳元靚『事林広記』(和刻本)壬集巻一「権豪違碍」に人力が見えている。
(37) 『新編事文類要啓劄青銭』外集巻一一、公私必用「雇脚夫契式」・「雇船隻契式」、および『新編事文類聚啓劄青銭』巻一〇、雑題門、公私必用「雇脚夫契式」・「雇船脚契式」、また陳元靚『事林広記』(和刻本)庚集巻二「雇夫」には、荷物の運送に従事する請負業者が見えているが、かかる存在も一種の雇傭人に違いはない。しかし、本章では請負形態は分析の対象から除外した。
(38) 仁井田氏注(36)前掲著書の取引法第三部第一〇章第五節「雇傭文書」は、スタイン、ペリオ両敦煌文献中の雇傭文書を分析・総括して、

敦煌文書で知るかぎりでは雇傭期間は一年をこえるものはない。給料（雇傭）には麦粟、その他、春衣などが支払われるが、麦粟の給与は月ごとであるのが原則である。労務懈怠罰（罰穀）に見るように、雇傭人は厳しい条件の下で隷属労働に従うこととなる。農具が雇主から与えられているところを見ると、その労働は農耕労働が主であったであろう。

と述べている。この形態は本章で言う第Ⅲ類に近いが、宋代史料の中から第Ⅲ類で一年以内の雇傭を見出すのははなはだ稀である。また後述するように、第Ⅲ類の雇傭人は多く雇価の前払いを受けていた。

(39) 草野靖「宋代奴僕婢妾問題の一斑」（『青山博士古稀紀念宋代史論叢』一九七四年、省心書房、所収）に豊富な事例が引かれている。

(40) 仁井田陞『唐宋法律文書の研究』（一九三七年、東方文化学院東京研究所）第二篇第四章第一〇節「人質文書」では、唐宋時代に良民の質入が禁止されていたと述べており、そうした主張は氏の著作の随処に見られるが、そこで示された論拠はいずれも債務に人身を准折する帰属質を禁じたものばかりである。氏は同書の中で人身の担保＝人質を元利消却質、利質、帰属質に分類したうえでなお「唐宋時代……良人を担保の目的物とすることを禁じていた」（三七六頁）と述べているが、とするならば、雇価の前払いを受けて服役する宋代の雇傭＝元利消却質も禁じられていたことになろう。ここには明らかに論理的な混乱があるように思われる。

なお、宋代に利質形態が公認されていたことは後述するところによって明らかになるはずであるが、韋驤『銭塘韋先生文集』巻一七、伝「阮女伝」には、「阮女、余杭人也。家素貧賤、粥質為趙氏之婢」とあって鬻質された阮女が自分の股肉を割いて主母に供し、主母の病を治したことを載せた後、

惜夫茲事不聞於朝廷、不得束帛斛粟為之奨以堅阮女之志、且便天下之為僕妾者、知亦可以為善人也。然而不有得於彼、而有得於此者。余為之作伝。

と記して阮女を推奨している。仮に阮女が違法に粥質された者であれば、「惜夫茲事不聞於朝廷」といったことはありえないと思われる。

(41) 仁井田氏注(36)前掲著書の取引法第七章第五節「人質」では、この至元雑令を逐条的に解説しているが、本章とは二、三の点で解釈が異なる。特に、氏は元代では良人は自身典雇しえたのみであると言うが、それは誤解である。そのことは本文の⑤の解説および次掲の『秋澗先生大全文集』によって明らかであり、また『新編事文類聚啓箚青銭』巻一〇、雑題門に「公私必用」と題して「典雇男子書式」が収録されていることによっても裏付けられよう。

(42)『元典章』の至元八年(一二七一)以前の日付を持つ安牘に「旧例」とあるものが金の泰和律を指すことは、安部健夫「元史刑法志と「元律」との関係に就いて」(一九三一年原載、同氏『元代史の研究』一九七二年、創文社、所収)の注(11)に指摘がある。この点は泰和令＝至元雑令についても同様であろう。ちなみに、『元史』巻一六七「王惲伝」および『秋澗先生大全文集』からして、前掲の上奏がなされたのは至元五年から同九年の間であったと推定される。

なお、仁井田氏は注(36)前掲著書六二六〜六二八頁において、『新編事文類聚啓箚青銭』巻一〇、雑題門、公私必用「典雇男子書式」に典雇期限が記されない点をいかに解釈するか苦慮しているが、本書式は元末明初期のものであり、至元雑令は至元八年一一月に循用が禁止されていることからして、至元雑令の典雇期限五年という規定は、至元八年一一月以降撤廃されたのではなかろうか。本書が「公私必用」と題して「典雇男子書式」を掲げている以上は、当時の合法的形式を備えていたと考えられる。

(43) 尹洙『河南先生集』巻二「原刑」に、

夫南畝之民、儲一歳之備者、十鮮一二。其次搉銭富屋、出倍称之息。其次質産入租、交為人傭、下乃転従他郡。

とあり、『夷堅支志』丁巻一〇「江友掃廟」に、「鄱陽市人江友、以庸力自給、一生不娶妻。老而強健、負担不衰。淳熙十六年、正年八十、始捨去故業、捐身為中堂奴」と見え、また『夷堅支志』戊巻一「万寿寺門子」に、「福州万寿寺、紹興初、有一獠子自鬻充守門之役」とあり、さらに『永楽大典』巻一九七八一「義済局」所収の『武陵続志』に、至元癸巳(一二九三)の常徳路総管府推官薛友諒の上言として、

湖右郡県、地瘠民繁。貧窶之人、率多就傭富室、甘任廝役之責者、饑寒使之而然也。宜令所属司県富実主戸、遇各家佃戸闕食、随即借貸、無令饑餓。

とある例もまた、売身ないし投靠によって服役した者であろう。なお、草野靖「宋代民田の佃作形態」(日本女子大学『史艸』一〇、一九六九年)五五頁に最後の例を引いて、「富室に就傭し、甘んじて廝役の責に任ずる者」を佃戸と解しているが、これは饑寒によって「富室に就傭」することにならないよう地主は佃戸に借貸せよという意味の文章である。

(44)『新編事文類要啓箚青銭』外集巻一一、公私必用「典雇女子書式」、『新編事文類聚啓箚青銭』巻一〇、雑題門、公私必用「典雇女子書式」のいずれもが「婚嫁之礼」をもって女子を妾とする形式を伝えているのは、前掲の禁令のためであろう。

(45)「官庶高下折鈔之例」とは、『元典章』巻一八、戸部四、婚姻、婚礼「嫁娶聘財体例」に、至元八年(一二七一)の聖旨として、

品官、一品二品五百貫、三品四百貫、四品五品三百貫、六品七品二百貫、八品九品一百二十貫。庶人、上戸一百貫、中戸五十貫、下戸二十貫。

とあるものを指す。

(46) 周藤吉之「『新編事文類要啓箚青銭』の成立年代とその中の契約證書との関係」(同氏『唐宋社会経済史研究』一九六五年、東京大学出版会、所収)、参照。

(47) ここではなお、婢僕の自殺という場合も考慮せねばならないであろう。袁采『袁氏世範』巻三、治家「教治婢僕有時」に、

婢僕有過、既已鞭撻、而呼喚使令、辞色如常、則無他事。蓋小人受杖、方内懐怨、而主人怒不之釈、恐有軽生而自残者。

とあり、同書同巻「婢僕横逆宜詳審」に「婢僕、有無故而自経者」とあり、また同書同巻「婢僕得土人最善」に、「蓄奴婢、惟本土人最善、……或有非理自残、既有親属明其事、因公私又有質證」と見えるごとくである。さらに、黄榦『勉斎集』巻三四、雑著「禁約頑民誣頼榜文」には、

本府諸県公事、多有頑民自縊自刎、以誣頼人者。……至於佃戸地客、少欠租課、主家不可不需索、人家奴僕、或有小過、主家不可不懲戒、亦輙行誣頼。此風豈可長哉。

とあって、自殺によって主家に殺人の罪を着せる者も見られた。

(48) 『慶元条法事類』巻八〇、雑門、諸色犯姦、旁照法、名例勅に、

諸於人力女使佃客称主者、謂同居応有財分者。称女使者、乳母同《所乳之子孫及其婦、不用此例》。

とあるように、人力・女使や佃客から主と称するのは同居同財者すべてを指す。

(49) 袁采『袁氏世範』巻三、治家「淳謹幹人可付託」に、

幹人有管庫者、須常謹其簿書、審其見存。幹人有管穀米者、須厳其簿書、謹其管籥。……蓋中産之家、日費之計、猶難支吾。況受傭於人。其饑寒之計、豈能周足。中人之性、目見可欲、其心必乱、況下愚之人。見酒食声色之美、安得不動其心。

とあり、孟元老『東京夢華録』巻三「雇覓人力」に、

凡雇覓人力幹当人酒食作匠之類、各有行老供雇。覓女使、即有引至牙人。

とあるように、幹人は雇傭された者である。なお、周藤吉之「宋代荘園の管理—特に幹人を中心として—」(一九四八年原載、同氏注(11)前掲著書、所収)、参照。

(50) かかる存在の家内労働や農業労働また生活の具体相については、丹氏注(12)前掲論文によって明らかにされている。

(51)　周藤氏注(11)前掲論文。
(52)　宮崎氏注(14)前掲論文。
(53)　草野氏注(15)前掲論文五五頁以下。
(54)　丹氏注(12)前掲論文九七頁以下。
(55)　この一例とは、『夷堅支志』癸巻一〇「項彦吹笛」に、項彦なる饒兵が芝山の五老峰に遊んだ際に一婦人と出会った場面で、
　　彦頗懼、欲下山。婦云、哥哥且穏便、我自尋呉九。問為誰、曰我家地客。遣就近処脩屋。慮其不謹、故来視之。更十余日、未得了。

　と記されているものである。あるいは、ここで地客が地の文ではなく会話の部分に現われるという点に留意すべきであろうか。
(56)　周藤氏注(11)前掲論文、丹氏注(12)前掲論文。
(57)　元の孔斉『至正直記』巻三「婢不配僕」に、
　　先人誓不以婢配僕廝。或有僕役忠勤可任者、則別娶婦女以配之。婢則別配佃客鄰人之謹愿者。

　とあって、「婢僕」の婚配が戒められている。ここで「婢」と「僕」の婚配が戒められていることは、逆にそれが広汎に行われていたことを物語るものであろう。
(58)　宋代における袁氏の土地経営の形態は不明であるが、以上の推定に基づけば、「奴僕」を用いる地主直営地とともに、佃僕による出租地と佃客による出租地の組み合せという形態を想定しうるであろう。
(59)　周藤氏注(11)前掲論文、丹氏注(12)前掲論文。
(60)　『宋史』巻一六九「范応鈴伝」、および周藤吉之「古典研究会刊・静嘉堂文庫蔵『名公書判清明集』について」(一九六四年原載、同氏『宋代史研究』一九六九年、東洋文庫、所収)、参照。
(61)　ただ、佃僕・地客の多くは主家の家屋に居住していたと思われる。
(62)　元代の租契の雛形は『新編事文類要啓箚青銭』外集巻一一、公私必用「当何田地約式」に見えているが、佃僕・地客もあるいは租佃契約を結ぶに至った時点で租契を主家に入れたかも知れない。ただそうした場合でも、佃僕・地客は、租契のみによって地主と結ばれる佃客とは異なって、雇契・典契と租契の二つによって主家と結ばれているわけである。
(63)　この事件は范応鈴が撫州崇仁県の知県の時のことと思われるが、『宋史』巻一六九「范応鈴伝」では何年に知崇仁県で

あったか不明である。しかし、『清明集』所収の彼の書判中に記された年代から推定すると、嘉定一〇年（一二一七）から一五、六年頃の間であったと思われる。

(64) 火客と地客がほぼ同一の存在であったことはこの書判からも知られるが、なお周藤氏注(11)前掲論文後者の六一九頁以下、参照。

(65) 周藤氏は注(11)前掲の二つの論文の中にこの書判を引き、この時点でも陳五は鄧楫の田を耕作していると解釈しているが、それは「地客」という語からの類推にすぎない。

(66) 前節第一項所引の『宋会要』刑法二―一一九、禁約、淳熙五年六月二〇日条、参照。なお、周藤氏は注(11)前掲論文後者の六九二頁にこの書判を引いて、「法律上では地客は自己の田をもっていても、主家の田地を耕作している場合には、地主と佃戸との間には主僕の分があるとされて、主家を訴えたときには罰せられたのである」（傍点引用者）と言い、仁井田氏は周藤氏の研究を承けて、佃戸は主人を訴えることを禁止されていたと断言している（『中国法制史研究―法と慣習・法と道徳―』余録、第三章第二節注(22)、一九六四年、東京大学出版会）。ただし、両氏はともに地客と佃戸とを同一の身分的存在と捉えており、本章のように身分関係を区別して考えれば、佃戸が地主を訴ええなかったとする説には大いに疑問がある。この点は次項とも関連するが、まず地客＝雇傭人身分の者の主罪告発を禁止する成文法が存在した可能性は本文で述べたようにかなり高く、同時に主家を訴え出た場合にはおそらく「主僕の分」の侵犯として罰せられたと思われる（ただ上引の陳五の場合は、「主僕の分」の侵犯だけでなく詐欺行為があったことに注意しなければならない）。しかし、佃戸＝佃客身分の者は主罪告発をなしえたと思われる。元の盛如梓『庶斎老学叢談』巻下に、次のような逸話が残されている。

里人周竹坡、守産間居、頗渉猟方冊。為佃客告其私酒。簽庁照条擬罪。公判云、私醞有禁、不沽売者、其罪軽。然告主之罪大。此風不可長。周某杖八十、贖銅。佃者杖一百。聞者快之。

ここに見える「公」とは南宋末の人、馬天驥であるから、これは南宋期の出来事である。さて、地主の私酒を告発した佃客はいかなる理由で罰せられたのであろうか。「告主の罪」といった法禁が存し、それによって罰せられたのでないことは明白である。なぜなら、ここでは佃客の告訴によってまず簽庁が条に照らして罪を擬したのであるが、仮に佃客の主罪告発を禁止した法令が存在したとすれば、この段階で佃客の告訴は棄却されたかあるいは佃客の罪が定められたはずだからである。また当時佃客の告主がほかにも行われていたことは、馬天驥が「此風不可長」と述べており、佃客が処断された時に「聞者快之」、すなわち地主達が快哉を叫んだという部分から容易に推測されるのである。こうして、佃客の告主を禁ずる法令が存在しなかったとすれば、馬天驥が「告主の罪は大なり、此の風長ずべからず」として佃客を杖一百に断じたのは、官僚としての価値観に基づいて、自由裁量による刑罰を科したのであろう。したがって、佃客の告主は法的には可能であったこと、時にそれが官僚の自由裁量権によって科罪の対象となったことがここで確認されよう。あるいは、雇傭人身分の者が「主僕の分」の侵犯として罰せられたのも同様の事柄に属すのではないかと思われる。ただし、佃客や人力・幹人は主家の詭名挟戸は告訴しえなかった。『宋会要』食貨六六―二四、役法、紹熙元年（一一九〇）二月二九日条に、

　景珪言、……仍令転運提刑提挙安撫司照会、所置木櫃。仍造牌二面、其一書召人自陳詭名挟戸。其一書召人告首詭戸(名)挟戸。詭名挟戸之家、除人力佃客幹当掠米人不許告首外、田鄰幷受奇人亦許令攛櫃首、……。従之。

とあるのがそれを示す。

　なお、黄震『慈渓黄氏日抄分類』巻七八、公移、詞訴約束の「詞訴次第」には、訴訟を受理・審理する順序として士・農・工・商を挙げ、続いて、

　四民聴状之後、除軍人日夕在州、有事随説、不須聴状外、次第方及雑人。如伎術・師巫・游手・末作《末作謂非造有用之器者》・牙儈・舡稍・妓楽・岐路・幹人・僮僕等、皆是雑人。

とあり、幹人・僮僕等の雇傭人身分の者は「雑人」として四民の下に位置づけられている。しかし、雇傭人身分の者は言うまでもなく良民であるから、ここに見えるように訴訟の主体たりえてはいたのである。また、士人の次に位置づけられた農人の部分には、

　士人状了、方点喚農人。須是村郷種田務本百姓、方是農人。農者国家之本、居士人之次者也。余人不許冒此吉善之称。

と見えているが、おそらく佃戸は農人の中に含まれているのではないかと思われる。

(67)　この史料は、いわゆる「随田佃客」をめぐる議論の中心となっているものであるが、ここで最も注目されなければならないのは、峡州路判官史択善が述べているように佃客が田土と切り離されて典当・売買されていることであろう。つまり、この史料は、佃客が移転の自由を持たなかったとか、土地に緊縛されていたことを示すというよりは、土地に定着することすらできない佃客の姿を示すものなのである。そして、確かに楊少中の牒に見えるように地客は土地とともに売買されてはいるが、史択善の言う「随田佃客」とは、佃客を売買する際に、人身売買の法禁を免れるために些少の土地を売買して、佃客は土地とともに新主の下に移動したと称すること、すなわち佃客の売買(＝私立文約)を土地の売買(＝公行立契)にすり替える仮託行為を示すにすぎないのである。

(68)　ここでは「小民」を佃客身分のものと一応考えて論述しているけれども、なお史料的な確証があるわけではない。私自身「宋代の抗租と公権力」(『宋代の社会と文化』一九八三年、汲古書院)では、これは佃僕・地客の可能性があるとも述べたことがある。なお、李元弼『作邑自箴』巻六「勧諭民庶榜」の一節に、

佃戸勤強、便足衣食。全藉主家照顧、不得偸瞞地利、作事誠信、須暁尊卑。

とあって、佃戸は主家との尊卑を暁るべしと記されている。しかし、ここでも、主佃関係が尊卑の関係と捉えられていることをもって、ただちに「尊卑の分」＝「主僕の分」と等置することは許されない。なぜなら、本来卑幼と尊長の関係を示す「尊卑の分」は、主人奴僕関係に特定されない身分差だからである。

(69)　周藤氏注(11)前掲論文後者の六九二頁、仁井田氏注(1)前掲論文一一三頁注(5)、宮崎市定「部曲から佃戸へ―唐宋間社会変革の一面―」(一九七一年原載、同氏『宮崎市定全集』第一一巻、一九九二年、岩波書店、所収)、参照。

なお、宮崎氏は「一主一佃、名分暁然」の部分を「裏を返せば、時には一主一佃と言いうるか否かが不明で、名分暁然たらざる場合もあったことを物語っている」として、一人の佃戸が複数の地主から土地を借りているケースと対比させて説明するが、この「一」は単なる強調にすぎず、現実に田主の土地を耕作しているので名分ははっきりしていると言っているのである。この部分は、「謝五乙兄弟は、現に段氏の田を耕作しているのであるから、主(＝田主)と佃(＝佃戸)の名分があるのは明白である」という意味である。『清明集』巻九、戸婚門、墳墓「主佃争墓地」には、かつての田主と佃客との名分を問題にしている書判がある(本書第三章を参照)が、対比されるべきなのはこうしたケースであろう。

(70)　この史料は、すでに重田徳氏によって紹介されている。重田氏注(7)前掲論文、参照。

(71)　松本善海「里老人による村落自治」(和田清編『支那地方自治発達史』一九三九年、中華民国法制研究会、所収)第四章第五節、小畑龍雄「明代郷村の教化と裁判―申明亭を中心として―」(『東洋史研究』一一―五・六、一九五二年)、細野浩二「里老人と衆老人―「教民榜文」の理解に関連して―」(『史学雑誌』七八―七、一九六九年)、参照。

〈補記〉

本章のもととなった旧稿に対して、柳田節子氏から詳細な批判をいただいた。同氏『宋元社会経済史研究』(一九九五年、創文社)の第二章「宋代の地客」および第三章「宋代の雇傭人と奴婢」がそれである。これに対する私の見解は柳田氏の著書に対する書評(『史学雑誌』一〇五―八、一九九八年)において示したので、再説は避けたい。

第二章　宋元代の佃客身分

はじめに

本章は、宋代地主佃戸制の歴史的性格をめぐる研究史の中で、常に中心的課題の位置を占めてきた主佃間の刑法上の不平等規定、「主僕の分」・「主佃の分」などの身分規制、さらには佃戸の移転の自由・不自由といった問題を再検討したものである。

これらの問題は、周知のように、地主に対する佃戸の身分的隷属性のいかんを決定する主要な指標とされてきたものであり、それだけに関連史料のほとんどすべては検索・紹介され、議論もまた出尽したかの感がある。にもかかわらず、右の諸問題を改めて再検討の俎上に上せたのは、従来の諸研究で試みられた史料解釈・操作にいくつかの疑問が存し、実証面でなお論ずべき課題が残されていると考えられるからにほかならない。また、私は前章において宋元代のいわゆる雇傭人身分について論じた際、併せて佃戸の身分規制についてもいささかの論及を行い、宋代の佃戸は「主僕の分」によって身分規制される階層と「主佃の分」によって身分規制される階層とに二大別されるという見解を提出したが、こうした佃戸の階層差に着目して右の諸問題を再検討することによって、従来とは異なった見通しが得られるようにも思われる。

そこで、以下に研究史のポイントを提示しつつ、私見を対置してゆくことにしたい。

一　主佃専法の展開とその特徴

北宋の中期に形成され、刑量に変化を見せつつ南宋・元代へと承け継がれた主佃間の刑法上の不平等規定――以下「主佃専法」と呼ぶ――は、いかなる歴史的意味を持つものであろうか。一方、主佃専法と同じく宋代に形成されたいわゆる雇傭人法が、元代はもとより明清代にも雇工人律として継承されたのに対して、この主佃専法が明律以降全く見出せなくなるのはいかなる事情に基づくものであろうか。

前者の問題については、周藤吉之氏が、地主に対する佃戸の経済的依存と社会的隷属性――すなわち「主僕の分」――とが社会的に公認され、それが法制上に反映したという見解を提出したのに対し[1]、宮崎市定・草野靖両氏は、主佃間の対立の激化と佃戸の抗租闘争とに対する弾圧・反動立法としてこの法を理解し、それゆえ佃戸の法的地位は北宋から南宋へとより低下したとする立場をとっている[2]。一方後者の問題については、仁井田陞氏が、農民の反乱暴動における対抗力の増大や佃戸の社会的地位の上昇――すなわち「主僕の分」から「長幼の序」へ――という説明を与えたのであったが[3]、相田洋氏はより積極的に、「元末の反乱」を基本的に地主層に対する階級闘争と規定するとともに、この「反乱」の中により高い経済的自立性と精神的自覚を持った佃戸の姿を見出し、そこに明代に主佃専法を制定せしめなかった主要な基盤を認めたのであった[4]。

ところで、こうした法制上の変化と現実の主佃関係の展開とを相即的に捉えようとする極めて正当な分析方法と研究の蓄積を踏まえたうえでなお、ここではあえて現実の主佃関係との関連を捨象し、主佃専法の展開自体を再検討することにしたい。それは、私の力量がその形成期から明初に至る間の主佃関係を総体的に把握するに至っていないという制約のほかに、主佃専法の展開過程それ自体のうちに従来看過されてきた重要な問題が秘められており、この問題を明らかにすることによって冒頭の二つの設問に期する解答の糸口が見出しうると考えられるからにほかならない。そこで、以下関連史料の検討に移ることにしよう。

1　宋代の主佃専法

主佃専法の展開過程については多くの先行研究があるが、改めて法制定の時期を確認しておきたい。最も早い規定は、鄭克『折獄亀鑑』巻八、矜勤「王琪留獄」に、

王琪侍郎知復州、民有殴佃客死者。吏将論如法。忽夢有人持牒叩庭下曰、某事未可遽以死論也。琪疑之、因留獄未決。有司曰、無足疑者。琪曰、第留之。後十余日、果有新制下、凡主人殴佃客死、聴以減死論。吏民莫不神服。

（王琪侍郎が知復州の時、民に佃客を殴って死なせた者があった。胥吏は法律通りに論罪しようとした。突然夢にある者が牒文を持って庭にぬかずいて言うには、「某事はにわかに死罪とすべきではありません」と。王琪はこれを疑い、そこで裁判を停止して決着をつけないでおいた。有司が、「疑問の余地はありません」と言った。王琪は、「ただに留保しておけばよい」と言った。後十余日して、果して新たな法律が下され、「およそ主人が佃客を殴って死なせた場合は、死罪を減ずることを許す」とあった。胥吏や人民は皆神服した。）

とあるものである。[5]王琪が知復州であった時期は『長編』や『宋史』によっては明確にできないが、嘉靖『沔陽

志』巻三、秩官表では仁宗の宝元年間(一〇三八〜三九)に、同書巻一六、良牧伝では景祐中(一〇三四〜三七)に知州であったと記す。朱瑞熙氏の考証によれば、[6]王琪が知復州であったのは景祐四年から宝元二年までの三年間であった。したがって、この頃地主の佃客殴殺罪は「減死を以て論ずるを聴す」と定められたことが知られる。

しかし後に見るように、「聴以減死論」とは「減死一等」を意味するのか、あるいは「奏聴勅裁、取赦原情(皇帝による情状酌量)」を意味するのかという問題はなお残る。『長編』巻一八五、嘉祐二年(一〇五七)四月癸丑条に、

貸随州参軍李抃父阮死罪。初阮殴佃客死、而其子抃願納所受勅告、以贖父罪。上矜而許之、仍免決、送湖南編管。

(随州参軍李抃の父阮の死罪を免じた。初め阮は佃客を殴って死なせたが、その子抃が任官証書を返納して父の罪を贖おうと願い出た。皇帝はこれを憐れみ許可し、執行を免じて、湖南に送って編管とした。)

と見えるが、右の景祐・宝元の規定が「減死一等」を意味し、それがなおこの時点で有効であれば李阮は死罪ではなかったはずであり、李抃も贖罪を申し出る必要がなかったはずである。ならば景祐・宝元の「減死一等」の規定は嘉祐二年以前に一旦廃止されたと見るべきなのであろうか。あるいは李阮の殺人は「取赦原情」に相当しない悪質な犯罪と判断されたのであろうか。この問題を解く手がかりは、鄭獬『隕渓集』巻一二、状「薦李抃状」(熙寧五年(一〇七二))にある。

伏見、前随州司理参軍李抃、皇祐中進士及第、嘉祐二年因父阮殴殺佃客、於時抃請納出身及所居官、以贖父罪。朝廷遂減阮罪、免其決、編管道州。後来累逢赦令、已放逐便。而抃至今廃官已十五年、不得歯仕路。臣窃謂、阮之殺佃戸、其法当讞奏、亦得減死、而所贖之罪、止免真決。今来又已逐便、則抃之純孝、亦宜褒貸、未不可遂廃終身。抃見居襄州、履行益修、郷里高其義。前後近臣及本路転運提刑知州累有薦論、惜其沈廃、未見収采。如陛下復抃一官、不惟振挙淹滞、兼足以厚風化於天下。臣今同罪保挙、堪充牽復、陞擢任使。

（見ますに、前隨州司理参軍李抃は、皇祐中に進士及第しましたが、嘉祐二年父の阮が佃客を殴殺したことにより、その時抃は任官証書と現任の官職を返納し、父の罪を贖いました。朝廷はついに阮の罪を減じ、執行を免じて道州に編管しました。後に恩赦に何度か遇い、阮はすでに自由の身となっています。しかし抃は今に至るまで官を辞してすでに一五年になり、官僚となることができないでいます。臣が思いますに、阮が佃戸を殺したことは、法律では皇帝の裁可を仰ぐべきことで、死罪を減じることができたのですが、贖った罪は死刑執行の免除だけです。現在はすでに放免となっており、抃の純粋な孝行は推奨すべきもので、終身官を廃すべきことではありません。抃は現在襄州に住んでおり、行いはますます立派で、郷里の者達はその義行を高く評価しております。これまで何度か陛下の近臣および本路の転運使・提刑使・知州が推薦を行い、このまま埋もれてしまうことを惜しみましたが、まだ裁可をいただいておりません。もし陛下が抃に官職を回復していただければ、ただに在野の賢才を用い挙げるだけでなく、併せて風化を天下に厚くすることにもなりましょう。臣は今、抃を再任させ、抜擢して官につけることにつき、連帯保証人となります。）

ここで鄭獬が「臣竊謂、阮之殺佃戸、其法当讞奏、亦得減死、而所贖之罪、止免真決」と述べていることからすれば、嘉祐二年の段階でも「奏聴勅裁」（実質的な減死一等）の規定は存在していたと判断される。にもかかわらず李抃が官職をもって父の罪を贖わねばならなかったということは、「取赦原情」には相当しないという判断が皇帝によってなされたからに違いない。後に見る『建炎以来繫年要録』に「在嘉祐法、奏聴勅裁、取赦原情」とあるように、嘉祐七年（一〇六二）に成った嘉祐編勅には、「奏聴勅裁、取赦原情」が盛り込まれているが、景祐・宝元の「新制」とは、この嘉祐の法に連なる内容を持つもので、「減死一等」を規定したものではなかったと考えられる。

主佃間の犯罪に対する包括的な規定は元祐五年（一〇九〇）に現われる。『長編』巻四四五、元祐五年七月乙亥

条に、

①刑部言、佃客犯主、加凡人一等。主犯之、杖以下勿論、徒以上減凡人一等。謀殺盗詐、及有所規求避免而犯者、不減。因殴致死者不刺面、配鄰州本城、情重者奏裁。従之。（『宋史』巻一九九、刑法志、『文献通考』巻一六七、刑考には「本城」の二字なし）

（刑部が言う、「佃客が主人に罪を犯せば、凡人に一等を加える。主人が佃客に罪を犯せば、杖罪以下は無罪とし、徒罪以上は凡人に一等を減じる。謀殺・盗罪・詐偽罪、および規求・避免するところがあって犯す者は、減等しない。殴打によって死なせた者は入れ墨せずに、隣州の本城軍に配し、情状が重大なものは上奏して皇帝の判断を仰ぐこととしたい」と。皇帝はこれを裁可した。）

とあり(7)、重情にあらざる犯罪は加減一等の格差であるが、地主の佃客殴殺罪は刺面せず隣州に配軍と定める。(8)この刑量は、南宋初の紹興勅(9)に至って一部変化する。李心伝『建炎以来繋年要録』巻七五、紹興四年（一一三四）四月丙午条に、起居舎人王居正の上言として、

②臣伏見、主殴佃客致死、在嘉祐法、奏聴勅裁、取赦原情。初無減等之例。至元豊、始減一等配鄰州、而殺人者不復死矣。及紹興又減一等、止配本城、并其同居被殴至死、亦用此法。僥倖之塗既開、鬻獄之弊滋甚。

（臣が見ますに、主人が佃客を殴って死なせた場合、嘉祐の法では「上奏して皇帝の判断を仰ぎ、情実を考慮して死罪を免じる」とあります。最初は減等の制度はありませんでした。元豊に至ってはじめて一等を減じて隣州に配軍とし、殺人者は死罪にならないことになりました。紹興に及んでまた一等を減じ、ただ本城軍に配軍することにし、佃客の同居親で殴打されて死んだ者にもまたこの法が適用されました。僥倖の途はすでに開かれ、獄を鬻ぐという弊害はますますはなはだしくなっています。）

と見え、地主の佃客殴殺罪は北宋代よりさらに一等を減じて本城に配するに止め、同時に佃客の同居親に対する

殴殺罪にもこの法が拡大適用されるべく改訂されたことが知られる。

ところで①と②の史料を比較してみると、①が、一定の付帯条項を設けつつも主佃各々の犯罪を包括した通則的規定であったのに対し、②は、地主が佃客とその同居親を殴殺した場合の刑量を示すのみであって、佃客の犯主はもとより、地主の犯佃一般が紹興勅においていかなる刑量をもって規定されていたかについては、何ら語るところがないのである。それは言うまでもなく②の王居正の上言が減等の制に対する非難を主眼とするものであり、その文脈の中で主佃専法が語られているからではあろう。しかしながら、①において主佃間の刑量が加減一等の懸隔として規定されていることをもって、同様に②の紹興勅においても加減二等の通則的規定が存在し、王居正の上言はその一面を取り上げて論じたものと推定するのは、果して妥当であろうか。従来かかる推定が行われてきたのは、単に①の史料からの類推だけでなく、『慶元条法事類』巻八〇、刑獄門「諸色犯姦」に、

③諸旧人力姦主者、品官之家加凡姦弍等、民庶之家加壱等。即佃客姦主、各加弍等。以上婦女及旧主与女使姦者、各以凡論。

（諸て旧人力が主人を姦淫すれば、品官の家では凡姦に二等を加え、民庶の家では一等を加える。もし佃客が主人を姦淫すれば、各々二等を加える。以上のケースでの婦女および旧主人と女使が姦淫した場合は、各々凡姦で論罪する。）

とあり、佃客が地主の婦女を姦淫した場合は、凡姦に二等を加えるという規定が見えるからであった。

しかしながら、すでに述べたように、①は主佃各々の犯罪一般につき加減一等を原則とする通則的規定であり、それゆえ犯罪の種類を特定しないという特徴を持つものである。地主の謀殺や盗罪・詐偽罪等が、付帯条項としてこの原則とは別の刑量が指定されているのは、逆に①の加減一等の原則が犯罪行為一般を――少なくとも佃客の闘訟罪、盗罪、詐偽罪を――包括すべく予定されていたことを物語るであろう。ところが、②の史料は①にお

いてすら付帯条項であった地主の佃客殴殺罪の変化を示すのみであって、主佃間の犯罪一般に関する加減二等の通則的規定が紹興勅に存したか否かを確定する根拠とはなしえないのである。むしろ、ここで注目しておきたいのは、従来南宋代における通則的規定の存在を裏付けると目されてきた③の史料である。

現存する『慶元条法事類』には、巻七一、刑獄門一と巻七二、刑獄門二に相当する部分が欠落しており、あるいはそこに収録されていたかも知れない主佃専法の内容は全く窺い知ることができないのであるが、③の規定を収める巻八〇、雑門、諸色犯姦には、その表題のごとくいくつかのケースにわたる姦淫罪規定を見ることができる。ところが、そこには③のごとき佃客の犯主規定は存するものの、逆に地主が佃客の婦女を姦淫した場合の規定を見出すことはできないのである。ただ、③に「以上婦女及旧主与女使姦者、各以凡論」とある部分は、「旧人力や佃客と(和)姦した婦女、および旧主と女使とが姦淫した場合は、各々凡姦で論ずる」という意味に解され、したがって、佃客にとって「主人」に相当する地主の婦女には減刑の措置がとられていなかったことが知られる。もとよりこれは姦淫の主体が佃客の場合の規定であって、地主が佃客の婦女を姦淫した場合とただちに同一視することはできないが、「諸色犯姦」の条文中に地主の犯姦規定が見あたらないことと併考すれば、地主の犯姦は凡姦と同じく論じられたのではないかという推定すら可能である。しかも右の推定とは別に、佃客の姦主は凡姦に二等を加えるという③の規定が、他の犯罪とは独立の条文として収録されていることは、少なくとも姦淫罪をも包括するような加減二等の通則的規定が当時存在しなかったことを示すものでなければならない。したがって、さしあたり②と③の史料を参照することによって南宋代の加減二等の主佃専法を導き出す見解は、ここで明確に否定されなければならないであろう。

以上の検討によって、①と②の史料から、南宋代に加減二等の通則的規定を持つ主佃専法が存在したとする見解は、確定的な論拠を持つものではなく蓋然性に止まっていること、および②と③の史料から、かかる主佃専法の存在を裏付けることは不可能であることが明らかとなった。とするならば、姦淫罪は別として、北宋より南宋へと時代が降るにつれて、刑法上の佃戸の地位が低下したとする見解もまた蓋然性を持ちうるにすぎないものとなる。しかし、管見の限りその当否を決定する南宋代の法規定は見あたらず、われわれには②の地主の佃客殴殺罪と③の佃客の姦主規定が残されているにすぎないのである。そこで、以下に元代の主佃専法をも参照することによって、当面するこの法の展開過程の特徴を探ることにしたい。

2　元代の主佃専法

元代における主佃専法も、宋代と同じくわずか数例が残されているにすぎないが、まず『元史』巻一〇五、刑法四「殺傷」に、次の一条がある。(12)

諸地主殴死佃客者、杖一百七、徴焼埋銀五十両。
（諸て地主が佃客を殴死すれば、杖一百七とし、焼埋銀五〇両を徴収する。）

これは、『元典章』巻四二、刑部四、諸殺一、殺奴婢娼佃「主戸打死佃客」に、

大徳六年七月、中書省箚付、来呈、山南江北道粛政廉訪司申、照刷出湖北宣慰司文巻内一件、伝汝明因為佃客李小三不伏使喚、致傷身死。移准中書省咨、送刑部議得、伝汝明所招、為佃客李小三、不送文字、用棒打傷身死、私和埋葬、別无検到屍傷、兼本人別无故殺情意。二次欽遇詔恩、比例欽依釈免、仍追焼埋銀両、給付苦主。其余有招人等革撥、相応。今来看詳、即今本使不請官司、殴殺死擄買駆奴、猶然治罪、蓋因而妄傷故也。良人殴死他人奴婢例、断一百七下。今江浙之弊、貧民甚多、皆是依托主戸、售雇或佃他、作客過日、即非客戸買致駆奴。亡宋已前、主戸生殺、視佃戸不若草芥。自帰附以来、少革前弊、斟酌時宜禁止、尚恐不

能。若以前例杖断追焼埋銀、似啓権豪兼幷之家妄殺無辜佃客之門。垂歴代殺人無赦之禁、理合講究定例。都省議得、地主殴殺佃客、其情軽重不同、難議一体定擬。今後若有違犯之人、追勘完備、廉訪司審復無冤、依例結案、至日詳断。仰照験施行。

（大徳六年七月、中書省の劄符に次のようにあった。来呈に、「山南江北道粛政廉訪司の上申があり、そこには、書き写した湖北宣慰司の文巻内の一件に、伝汝明が佃客李小三が命令に服さなかったことによって、傷を負わせ死亡させた事件がある。中書省に送って批准を受けた咨文に、刑部に送って議した結果、「伝汝明の供述では、佃客李小三の件で、官に届けず棒で殴って死亡させ、私に和解して埋葬したと言うが、官では死体の傷を検査しておらず、また本人も故意に殺そうという意図はなかった。二度恩赦に遇っており、過去の例に照らして釈放し、なお焼埋銀両を取り立てて被害者側に支払わせよ。その他の証人達は釈放すればよいであろう」とあった。今看詳するに、現在主人が官司に届けずに、捕虜や買った駆奴を殴殺してもなお罪を問うのは、無罪とすれば妄りに傷を負わせるからなのである。本件は良人が他人の奴婢を殴死した例に準じて、杖一百七とする。今江浙の地方の弊害は、貧民がはなはだ多く、皆主戸に依託して雇傭されあるいは小作し、客戸となって日を過ごしていることで、すなわち客戸は買ってきた駆奴ではないのである。宋代には主戸の佃戸の生殺は草芥にも及ばないと見なしていた。元朝になってやや此の弊害を改め、時宜を斟酌して禁止しているが、なお徹底していない。もし前例によって杖罪とし焼埋銀を追徴すれば、権豪兼併の家が妄りに罪のない佃客を殺す途を開くのではないか。歴代殺人は赦免しないという規則を案じて、定例を講究すべきである」とあった。中書省が議した結果、「地主が佃客を殴殺した場合、その情実の軽重は同じではなく、一概に罪を定め難い。今後もし違反する者がいたら、連行して徹底審理し、廉訪司が再審理して冤罪がなければ、断例によって結審し、ただちに執行せよ。検討結果に照らして施行せよ」と定めた。）

とある断例を要約したものである。この地主に対する刑罰は杖一百七であり、南宋に比べて大いに軽くなったように感じられるし、また先行研究でも、南宋に比べて一層の地主の地位向上、佃客の地位低下と理解されてきた。

しかし、こうした理解は正しいであろうか。

まず、南宋代の減死二等という刑罰は律の上では徒三年に相当する(死罪と流罪は減ずる際にはまとめて一等と見なす原則による。なお宋代の折杖法、すなわち実際に執行される刑罰はここでは当面問題としない)。同時に『宋刑統』巻二二、闘訟律「良賤相殴」の疏に、

又云、其良人殴傷殺他人部曲者、減凡人一等、奴婢又減一等。

(また言う、それ良人が他人の部曲を殴って傷つけたり殺したりすれば、凡人に一等を減じ、奴婢ならばまた一等を減じる。)

とあり、議に、

奴婢又減一等、殴殺者徒三年。

(奴婢ならばまた一等を減じるとは、殴って殺した者は徒三年ということである。)

とあるように、この徒三年という刑罰は宋代においては良人が他人の奴婢を殴殺した場合に同じである[13]。一方、右の『元典章』では良人が他人の奴婢を殴殺した例によって杖一百七と判決している。宋の徒三年と元の杖一百七の違いは、宋と元との刑罰体系の違いによるもので、いずれも良人が他人の奴婢を殴殺した場合の刑罰に相当する。加えて元代の杖一百七という刑罰は、死罪から二等を減じた場合に相当し、減刑の幅は南宋代と等しいのである[14]。したがって、北宋から南宋にかけて地主の佃客殴殺罪は一等から二等へと減刑されたことは疑いないが、元代に至りさらに減刑の幅が広がったという理解は改められなければならない。また右の『元典章』に言うように、地主の佃客殴殺罪は個々のケースによって異なるがゆえに「結案詳断」とされ、一律に減死二等とされていたわけではないことにも注意しておきたい。同時に注意すべきことは、これは南宋および元代の主佃関係が良人と他人の奴婢との関係に準ずるものと見なされていたことを示すものではないという点である[15]。そうした立論が

成立するためには、南宋および元代において、佃客が地主を殴殺した場合の刑罰と奴婢が良人を殴殺した場合の刑罰が同一であることの証明が必要であるが(16)、この時期、闘訟法において佃客の犯主が凡人よりも加重されるべきことを定めた法規定は全く見出すことができないのである。

闘訟法に関しては右の一条が見えるのみであるが、盗罪については主佃各々に関する法規定を対照することができる。『元典章』巻四九、刑部一一、諸盗一、免刺「主偸佃物免刺」に、次のような断例がある。

延祐三年七月、袁州路奉江西行省箚符、近拠吉安路申、陳百六被盗事。問得、陳慶二状招、不合為首糾合高百一等六名、窃盗訖佃戸陳百六布物入己、併贓計至元鈔四十貫之上。……旧例、奴盗主財、親属相盗、免刺、止追正贓。本省議得、陳慶二既係事主陳百六田主、又将婢使嫁与為妻、即与偸盗他人財物不同。……若擬刺字追徴陪贓、誠恐差池。移准中書省咨該、送刑部呈、議得、首賊陳慶二糾合高百一等六名、偸盗佃客陳百六衣物、罪已断訖、擬合免刺。其余従賊高百一等、合依凡盗定論。陪贓一節、既係革前、免徴相応。具呈照詳。都省准擬。咨請依上施行。

(延祐三年七月、袁州路が受けた江西行省の文書に次のようにあった。近頃吉安路の上申書に、「陳百六が窃盗の被害を受けた事件があります。審問の結果、陳慶二の書面による供述には、「不届きにも首謀者となって高百一等六名を集め、佃戸陳百六の布を窃盗し手に入れました、財物は至元鈔四〇貫の上に相当します」とありました。……旧例では、「奴が主人の財物を盗んだ場合、親族内で盗みがあった場合は、入れ墨を免じ、盗んだ分だけ取り立てる」とあります(が、この件はどう扱いましょうか)」、とあった。本省が議定し、「陳慶二は陳百六の地主であり、また婢使を百六に嫁がせて妻としているからには、他人の財物を盗んだのと同じではありません。……もし入れ墨をし陪贓を徴収することにすれば、まことに不適切と思われます」とした。中書省に送り批准を受けた咨文の要約に、「刑部に送ったところ、刑部の呈文に「議した結果、主犯の陳慶二は高百一等六名を糾合し、佃客陳百六の衣物を盗みましたが、その罪は既に裁決し終っており、入れ墨を免じることといたしたい。その他の従犯高百一等は凡盗として論罪したい。陪贓についてはすでに改訂しており、徴収を免じれば適当でしょう。呈文を送りますので照会・検討していただきたい」とあった。中書省は原案を批准した。咨文を送るので、上記のように施行してほしい」とあった。）

これは、陳慶二が高百一等六名を糾合して佃客陳百六の布物を窃盗した事件であるが、注目されるのは、陳慶二が常盗とは異なって刺面と陪贓とを免ぜられた理由に関する部分である。江西行省の判断によれば、陳慶二の犯盗が常盗と異なるのは、第一に陳慶二が陳百六の田主であり、第二に「婢使」を妻として与えたからであるという。かかる判断はすでに吉安路の上申にも一部窺えるが、本来右の二つの理由はいずれも主奴ないし親族に該当する関係ではありえない。にもかかわらず、そうした関係に準拠して陳慶二の罪の軽減が行われるに際しては、次章で詳述するように、第二の「婢使」を嫁与したという点が大きな意味を持ったであろう。しかし同時に、陳慶二が陳百六の田主であるという第一点にも、一定の配慮がなされていることを見逃すわけにはゆかない。というのは、この断例で陳慶二の減刑をもたらした理由の一つ、一方が田主であり一方が佃客であるという両者の租佃関係は、佃客が犯盗の主体である場合には、『元史』巻一〇四、刑法三「盗賊」に、

諸佃客盗地主財、同常盗論。

（諸て佃客が地主の財物を盗めば、常盗と同じく論罪する。）

とあるように、刑の加減いずれについても何ら考慮されることがなかったからである。したがって、元代の盗罪に関しては、地主が地主であることに基づく一定の法的優位性を保持していた事例が存するのに対して、佃客は佃客なるがゆえにその法的地位が凡人と異なるということはなかったと言うことができよう。前述のごとく、北宋代における佃客の犯主は、盗罪をも含めて凡人に一等を加えられていた。これと比較すれば、南宋代はなお不明であるものの、盗罪に関する限り遅くとも元代には佃客は凡人並へとその法的地位を回復していたことが知ら

れるのである。なお付言しておくべきことは、元代には盗罪に関して地主の罪を軽減するという規定が存在しなかったという点である。右の陳慶二のケースでは、主僕ないしは家族関係にアナロジーさせて彼の罪を軽減しているのではあるが、本来地主に対する減刑の規定が存在していればこうしたアナロジー自体が不要だからである。

3　主佃専法の特徴

以上に再検討を試みた宋元代の主佃専法の展開過程はいかなる特徴を示しているであろうか。残された史料は極めてわずかで断片的なものにすぎないが、まず北宋から南宋・元代まで辿ることが可能な地主の佃客殴殺罪について言えば、そこに見られるのは地主の地位の上昇である。北宋代に減一等であったものが、南宋と元代には減二等へと拡大している。一方、地主の法的地位の上昇は相対的に見れば佃客の地位低下ではあるが、凡人を基準とすれば、佃客の法的地位は、北宋代に一等を加えるという規定以降、南宋代の姦淫罪規定を除いて、その地位が凡人以下に置かれていたことを示す史料は皆無である。南宋代に佃客の姦主は凡姦に二等を加えるという規定は確かに存するものの、それが刑法一般にわたる佃客の地位低下を示すものでないことは前述の通りである。したがって第一に、南宋代の姦淫罪規定を除いて、南宋・元代を通じて佃客の法的地位の低下はもちろんのこと、その地位が凡人以下であったことを示す史料が存しないこと、第二に、元代の盗罪に関わる断例において、地主の法的優位性が認められたことを示す事例が存するにもかかわらず、佃客の地位は凡人並に回復していたこと、この二点からすれば、遅くとも元代には佃客の刑法上の地位は凡人並に回復していたという推定が可能となろう。

ところで、従来の社会経済史研究は、時代が降るにつれて佃戸の社会経済的地位が上昇し、同時に主佃間の緊張と対立もまた漸次激化したことを明らかにしてきたのであるが、逆に法制面では、北宋から南宋へと佃戸の法的地位が低下したと指摘され、このいわば「逆行現象」をどう相即的に捉えるべきかが議論の焦点とされてきたのであった。しかし、以上の検討に従うならば、佃戸の法的地位は北宋から南宋にかけて低下したのではなく、逆に上昇したのであるから、いわゆる「逆行現象」は「並行現象」として理解されることになる。同時に、主佃専法の展開過程を佃戸の抗租闘争と関連させ、それに対する弾圧を狙った反動立法とする見解も修正されなければならないであろう。なぜなら、主佃専法、とりわけ闘訟法の展開過程は、地主の地位上昇としてのみ顕著な変化を示し、佃戸の抗租に対する威嚇的効果を持ったであろう佃戸への刑罰の加重は、姦淫罪規定を除いて全く認められないからである(17)。

ところで、前に見たように、元代には地主と佃客の関係を主僕関係や親族関係にアナロジーさせて地主の窃盗罪の軽減を計ろうとしている例がある。このことは、地主の佃客殴殺罪のような軽減措置が窃盗罪には存在しなかったこと、地主であることだけをもってしては窃盗罪の軽減を計りえなかったこと、罪の軽減には主僕や親族にアナロジーさせた関係を設定しなければならなかったことを意味しているが、先の史料からは、各級政府が地主の側に立って罪の軽減を計ろうとしていたというよりは、地主佃客間で発生した窃盗事件はさまざまな面を考慮すれば凡人間の窃盗とは異なるのではないか、という時人の発想・感覚が窺えるように感じられる。また宋元代には佃客に対して地主の詭名挟戸の告発を禁じたり、地方官が地主の私酒を告発した佃客を「此風不可長」として罰した例がある。『宋会要』食貨六六―二四、役法、紹熙元年(一一九〇)二月二九日条に、

景珪言、……詭名挟戸之家、除人力佃客幹当掠米人不許告首外、田鄰幷受寄人亦許令擿櫃首、……。従之。

(景珪が言う、「……詭名挟戸の家は、人力・佃客・幹当掠米人は告発を許さないが、田隣や寄託を受けた側の人は木箱に告発文を投入することを許したい、……」と。皇帝はこれを裁可した。)

とあり、盛如梓『庶斎老学叢談』巻下に、

里人周竹坡、守産間居、頗渉猟方冊。為佃客告其私酒、簽庁照条擬罪。公判云、私醞有禁、不沽売者、其罪軽。然告主之罪大。此風不可長。周某杖八十、贖銅。佃者杖一百。聞者快之。

（里人の周竹坡は家産を守って閑居し、すこぶる道教の書物を集めていた。佃客に密造酒を告発され、簽庁は法律に従って罪を定めた。公は判決して、「密造酒は禁令があるが、売らなかった者はその罪は軽い。しかし主人を訴える罪は重い、こうした風潮は助長させてはならない。周某は杖八十とし、銅銭で贖わせる。佃客は杖一百とする」とした。聞いた者は、快哉を叫んだ。）

とあるのがそれである。こうした例からも主佃関係を家族・親族関係になぞらえ、そうしたアナロジーによって上下関係に秩序づけようとする時人の発想が見てとれよう。なぜなら、本来犯罪を相い容隠するという規定は家族・親族関係および奴婢や雇工人などの準家族員に対して定められたものだからである。私的な社会関係であるところの地主佃客関係に法的な格差を設定した当時の人々の発想には、家族・親族関係へのアナロジーがあったと言ってよいであろう。

以上のように、私的社会関係に対する法規制は、基本的には家族・親族関係を中心にして、その周辺に準家族員としての「奴僕」や雇傭人を配し、さらにその周辺に佃客を置くという構造を持っており、この構造自体が主佃専法制定の根底にあったのではないかと思われる。しかしながら、こと地主佃客関係に関しては一貫した原則によって法の整備が計られた形跡がない。宋元代の地主佃客関係に対する法律上の規定や行政上の対応には原則の欠如と揺れがあったように思えてならない(18)。

二　「分」の規範と「長幼の序」

前節で見たように、宋元代の主佃専法の展開過程が、地主の佃客殴殺罪における刑罰の軽減と、遅くとも元代における佃戸の凡人並への地位回復とによって特徴づけられるとするならば、続いて問題となるのは、宋代より明初に至る主佃間の社会的ないし人格的身分規制の変化についてであろう。

この点については、すでに仁井田陞氏によって、宋代における「主僕の分」から明代の「長幼の序」へという周知の定式化がなされている(19)。このほとんど定説化した定式に対して、私は前章において、「主僕の分」によって身分規制を受ける佃僕・地客といった階層の存在を肯定しつつも、租契を通じて地主と租佃関係を結ぶ佃戸の身分規制は「主佃の分」であると主張した。しかし、前章では「主僕の分」と「主佃の分」の質的相違や、これらの身分規制と「長幼の序」との関連については全く言及する暇を持たなかった。

そこで、まず「主僕の分」と「主佃の分」との規制力の相違について言えば、一般に前者が後者に比してより強固な身分的規制力を持つという以外に、両者の界限を明確に見定めることは困難である。というのは、「分」という身分差が、社会的に形成されてきた行動規範であり、日常生活のあらゆる場において機能すべく予定された人格的秩序である以上、歴史的時期や地域的偏差に応じて、いかなる行為が「分」の遵守であり侵犯であるかは自ずと異なってこざるをえないからである。ただ前章でも述べたように、「主僕の分」によって身分規制を受ける雇傭人身分の者は、北宋の至和元年(一〇五四)以降旧雇主の同居親との通婚が禁止され、また主家の犯罪の告訴についても制限が加えられていたのに対して、「主佃の分」によって身分規制を受ける佃客身分の者にはそうした規制は見出せず、主家に対する同一犯罪の刑量から見ても後者は前者よりも上位に置かれていたという相違は指摘できるであろう。つまり、「分」の規範が法制上に反映した面から見れば、佃客身分の者は雇傭人身分の者に比してより高い人格的自立性が認められていたのである。この点は従来から認識されてきたのではあるが、にもかかわらず、雇傭人身分の者だけでなく主佃専法の対象となる佃客にも等しく「主僕の分」があるとの指摘がなされてきたのであった。しかし、そこでは等しく「主僕の分」によって身分規制される存在でありながら、何ゆえに佃客身分の者が雇傭人身分の者に比して法的地位が高いのかについては、何ら有効な説明が与えられず、問題にすらされてこなかったのである[20]。

前述のごとく、私は佃客身分の者の身分規制は「主佃の分」であったと考えるのであるが、それは右の法的地位との対応関係において整合性を持ちうるだけでなく、「主僕の分」・「主佃の分」各々の成立契機の相違によっても裏付けられるはずである。すなわち、「主佃の分」とは、その語が直接示すように地主と佃戸の租佃関係――典型的には租契を通じて――によって成立し、そこを離れては機能しえない身分規制である。これに対して、「主僕の分」は、租佃関係とは全く別のレベルにおいて成立し機能する。この主人と奴僕――法的身分としての――の関係に擬制化された「主僕の分」なる身分差は、典型的には長期の雇傭契約や人身の典質契約によって成立するが[21]、明清代の例から遡及的に推論すれば、かかる契約行為を伴わない場合であっても、主人による給養や婚姻などの主人奴僕関係に擬制化されうる契機によっても「主僕の分」は成立したと考えられる[22]。このように、「主僕の分」の成立契機が租佃関係とは別のレベルにあったことからして[23]、実態として租佃する者であってもその身分規制が「主佃の分」ではなく「主僕の分」として現われる者が当然存在するのであり、佃僕・地客といった租佃戸ですら人力や幹人と同じくその身分規制が「主僕の分」であったのは、こうした「主僕の分」と「主佃の分」の成立契機の相違を反映しているのである。

続いて第二の問題、すなわち、主佃間の身分規制と「長幼の序」との関連いかんについて検討を加えよう。周知の『明太祖実録』巻七三、洪武五年(一三七二)五月の詔に、

(a)郷党論歯、従古所尚。凡平居相見、揖拝之礼、幼者先施。歳時燕会、坐次之列、長者居上。(b)佃見田主、不論歯序、並如少事長之礼。若在親属、不拘佃主、則以親属之礼行之。郷飲之礼、所以明長幼厚風俗。今廃缺已久。宜令中書、詳定儀式、頒布遵守。

(a)郷里の人々が年齢を取り上げるのは、古えから重視するところである。およそ普段出会った時、挨拶をする礼は年下の者が先に行え。年中行事の宴席では、座席の位置は長老が上座に座れ。(b)佃戸が地主に出会ったら、年齢に関わりなく、年下の者が年上の者に仕える時の礼のようにせよ。もし親族であれば、佃戸地主に関わりなく、親族の礼でこれを行え。郷飲酒礼の場は、長幼を明らかにし風俗を厚くする所以のものである。現在行われなくなって久しい。中書省に儀式を詳しく定めさせ、頒布して遵守せしめよ。)

とある。主佃間における「主僕の分」の消滅と「長幼の序」の成立という仁井田氏の立論を支えたこの史料は、しかしその取り扱いにおいては、次の点に留意する必要があろう。第一に、郷村における「平居相見」ないし「歳時燕会」を貫く原則として(a)の部分に前提されているのは、「郷党の歯を論ずるは、古えより尚ぶ所なり」という「歯序」――すなわち「長幼の序」――の論理であるという点である。しかも、現実に親族をも巻き込む形で展開した地主佃戸関係をもこの「歯序」の論理に組み込むに際しては、(b)の部分に見られるような一定の条件・差別を付さねばならなかった、というのがこの詔の論理構成なのである。したがって、「歯序」の論理を前提としたこの詔にあっては、いかなる人間関係であれ「長幼の序」以外の形をとることはありえず、それが主佃関係にまで貫徹したとしても何ら異とするに足らないのである。仮に主佃間の身分規制が「主僕の分」であったとしても、主佃間の礼は「主僕の礼」といったものではありえず、一定の条件・差別を設けつつも、あくまで

「長幼の序」の形をとらざるをえなかったであろうことは、この詔の論理構成からして極めて当然であると思われる。

それでは、「長幼の序」を原則とする洪武五年の詔において、主佃関係についてのみ一定の条件・差別を設けねばならなかったのは何ゆえであろうか。それは、言うまでもなく宋代以来の主佃関係を律した「主佃の分」の存在によるものであろう。すでに仁井田氏によって指摘されたように、この洪武五年の詔は清代には律の条例として収録されるに至るのであるが、『大清律集解附例箋釈』（李柟訂・蔡方炳校、康熙刊本）巻一二、礼律、儀制「郷飲酒礼」には、

郷党叙歯、士農工商人等、平居相見、及歳時宴会、揖拝之礼、幼者先施、坐次之列、長者居上。如佃戸見佃主、不論歯叙、並行以少事長之礼。若親属、不拘主佃、止行親属礼。《此例于郷党叙歯中、分出佃主佃戸之別、主佃中、又以親属為重、主佃為軽。》

（郷里の人々が年齢を論ずる際には、士農工商の人等は、普段出会った時、および年中行事の宴会の際、挨拶をする礼は年下の者が先に行い、座席の位置は年長者が上座に座る。もし佃戸が地主に出会った時は、年齢に関わりなく、年下の人が年上の人に仕える時の礼を行う。もし親族ならば、地主佃戸に関わりなく、ただ親族の礼を行う《この規定は、郷里の人々が年齢を問題にする時に、地主と佃戸の別を取り上げたもので、地主佃戸の中でも、また親族関係が重く、地主佃戸の関係は軽いとしたものである。》）

とあり、これは「郷党の歯を叙す」にあたって「佃主佃戸の別を分出」したものであると注釈されているのである。もとより、同じく「主佃の分」とはいえ、その身分的規制力の強弱は時代によりまた地域によって異なるであろうし、一般的に宋代より明清代へと時代が降るにつれてその規制力は弛緩したと言えるであろう。先の洪武五年の詔が、明末万暦四〇年（一六一二）刊の『大明律附例』（王樵私箋・王肯堂集釈）に取り上げられ、清代には

律の条例にまで収録されているのは、逆に郷飲酒礼の衰廃だけでなく「主佃の分」の弛緩をも示唆するように思われる。

洪武五年の詔を取り扱う場合に留意すべき第二の点は、これが単に伝統的な儒教倫理の復活を目指すものでなく、郷村の教化と秩序維持を主目的としたものであるという点である。そのことは、『大明律附例』巻一二、礼律、儀制「郷飲酒礼」の注釈に、

洪武五年定、……其民間里社、以百家為一会、糧長或里長主之。百人内、以年最長者為正賓、余以歯序坐。毎季行之於里中。若読律令、則以刑部所編申明戒諭書兼読之。

（洪武五年定めるに、……民間の里社では、百家をもって一会とし、糧長あるいは里長がこれを主催せよ。百人の中で最も年長な者を正賓とし、あとは年齢順に座れ。毎季これを里中に行え。もし律令を読むなら、刑部が編纂した申明戒諭書を併せて読め。）

とあることからしても明白であろう。かつて仁井田氏は、洪武五年の詔に拠りつつ、郷飲酒礼に佃戸が地主と同坐せしめられている点に宋代の主佃関係とは異なる意味を、すなわち佃戸の成長を予測したのであったが、[24]しかし、郷飲酒礼が明代の郷村統治の一翼を担うべく制度化されたものである以上、広汎に存在する佃戸層を除外した郷飲酒礼は現実に無意味であったと推察され、その意味において佃戸の同坐は必須の要件となっていたと考えられるのである。したがって、仁井田氏が想定したように、仮に洪武五年の詔によってはじめて佃戸が郷飲酒礼に同坐せしめられたとしても、[25]その点を強調して佃戸の社会的地位の上昇を導き出すのは、一面的な理解とならざるをえないであろう。

以上の検討から、第一に、「主佃の分」が租佃関係によって成立するのに対して、「主僕の分」は租佃関係とは全く別の契機に基づいて成立する身分差であること、第二に、租契によって租佃関係を結ぶ地主と佃戸の身分規

制は、宋代以降一貫して「主佃の分」であり、洪武五年の詔に見える「長幼の序」とは、「歯序」の論理に基づく郷村の教化・秩序維持の際の「主佃の分」の反映と見なさるべきことが明らかとなった。それゆえ、仁井田氏によって提出された宋代における「主僕の分」から明代の「長幼の序」へという定式は、「主僕の分」の成立契機を無視して宋代の佃戸を一律に「主僕の分」ある存在と捉える点において、また「長幼の序」が問題となる主佃関係のレベルに対する配慮を欠く点において、二重の意味で否定されねばならないであろう。ただ、宋代における「主僕の分」ある佃戸、すなわち佃僕・地客的存在が、明代以降どのような地位に置かれていたかについては、依然課題として残されている。この問題については、明清代の史料に現われる「主僕の分」ある佃僕ないし世僕の前身は、宋代における佃僕・地客であり、したがって「主僕の分」は明代以降も決して消滅していないこと、佃僕・地客は「主僕の分」という家父長的身分規制によって担保されているがゆえに、洪武五年の詔に見える郷村統治の対象＝「佃戸」には含まれていないと考えられることを記し、後考に待つことにしたい。

三　移転問題と主佃関係

宋代の佃戸に移転の自由があったか否かについては、前述の法的社会的な身分規制の評価とも関連して多くの研究が積み重ねられている[26]。しかしながら、従来の移転問題をめぐる諸研究の中では、次の二点について十分な注意が払われてこなかったように思われる。第一に、佃戸の移転問題と退佃とが往々にして混同され、両者の持つ社会経済史的意味の相違が明確に意識されてこなかったこと[27]、第二に、主に周藤吉之氏によって指摘された佃戸の階層差が[28]、この問題をめぐる議論の中では軽視ないし無視されてきたことである。

そこで、以下この二点に留意しつつ関連史料を検討することにしたい。なお、四川地方の移転問題は歴史的に特殊な意味を持つと考えられるので、本章では検討対象から除外し、別の機会に論じようと思う。

まず問題となるのは、『宋会要』食貨一―二四、農田雑録、天聖五年(一〇二七)一一月の詔である。

江淮両浙荊湖福建広南州軍、旧条、私下分田客、非時不得起移。如主人発遣、給与憑由、方許別住。多被主人折勒、不放起移。自今後、客戸起移、更不取主人憑由、須毎田収田畢日、商量去住、各取穏便、即不得非時衷私起移。如是主人非欄《(衍字)》理欄占、許経県論詳。

(江淮・両浙・荊湖・福建・広南州軍では、旧い条文に次のように定められていた。「民間の小作農は、定まった時以外に移動してはならない。もし主人が他処に出す時には、証明書を発給してはじめて別の所に住むことを許す」と。しかし多くは主人に押え込まれて移動を許されなかった。今後客戸の移動は、改めて主人の証明書を取らず、田土の収穫が終った日に、残るか移るかを相談し、各々穏便な形にし、定まった時期以外に勝手に移動してはならない。もし主人が道理なく阻害すれば、県に訴えることを許す。)

華北と四川を除く地域を対象とした「旧条」がいつ制定されたものかは不明であるが、客戸の「非時」の起移を禁止したこの法が天聖五年の時点まで効力を有していたことは明らかである。「非時」とは、従来指摘されてきたように耕耘種蒔より収穫までの期間を指すものであろう。右の詔は、この「非時」の起移を禁止する点は継承しつつも、「旧条」に客戸の起移には主人の憑由が必要と定めていた部分を撤廃し、今後客戸の起移は収穫完了時に主客相互の協議に基づいて行うべく改めているわけである。

ところで、一見して明らかなように、この法令の改訂は、潜在的な問題となっていたであろう客戸の「非時」の起移に対応したものというよりは、むしろ地主が「旧条」の規定を盾に客戸に憑由を与えず、客戸を折勒して起移せしめなかったという状況に対応してなされたものである。それゆえ、ここで問題となっているのは、単に客戸が租佃関係を解消すること＝退佃の可否や手続きについてではなく、直接的には客戸が地主の羈絆を離れて別主の下へ起移する際の、すなわち居住地移転の際の手続きについてなのである。無論客戸の起移は租佃関係の解消につながるであろう。しかしながら、一般的に退佃が佃戸の側から見れば換主の問題として、換言すれば耕作地の変更として現われるのに対し、右の詔が対象とする客戸にとって、起移とは「方めて別住を許す」とか「去るか住まうかを商量」すとあるごとく、換主のみならず居住地の変更をも伴う行為となっているのである。

ちなみに、『清明集』巻九、戸婚門、墓木「争墓木致死」には、

佃人洪再十二、欲行退佃、不過与幹甲通同、欲邀田主、退減苗租而已。

(佃人洪再十二が退佃を行おうとしたのは、執事とぐるになって地主に小作料を減額してもらおうとしたからにすぎない。)

という一節が見えるが、退佃を威しにして租米の減額を要求するがごとき佃戸が、仮に退佃を行ったとしても、必ずしもそれが居住地の移転をも伴う行為であったとは言えないであろう。また『新編事文類要啓箚青銭』外集巻一一、公私必用に収める「当何田地約式」は、南宋代の租契の書式を伝えるものと推定されるが、そこには次のように記されている。

厶里厶都姓　厶

右厶今得厶人保委、就厶処厶人宅、当何得田若干段、総計幾畝零幾歩、坐落厶都土名厶処、東至西至南至北至。前去耕作、候到冬収成了畢、備一色乾浄园米若干石、送至厶処倉所交納、即不敢冒称水旱、以熟作荒、故行坐欠。如有此色、且保人自用知当、甘伏代還不詞。謹約。

年　月　日　佃人姓　厶　号　約

保人姓　厶　号

（厶里厶都姓　厶

右厶は今厶人の保証を得て、厶処の厶人宅から、小作した田若干段、総計幾畝零幾歩、場所は厶都土名は厶処、東西南北各々はどこそこに至る。自ら行って耕作し、冬に収穫が終るのを待って、混じりっ気のない乾燥した良質の米若干石を、厶処の倉に送り届けて納め、あえて偽って水害旱害と称し、豊作を不作と言い、故意に欠額を行いません。もしこうしたことがあれば保証人が自ら責任を負い、甘んじて代わって返納することに何の言い分もありません。謹んで契約します。

年　月　日　佃人姓　厶　号　約
保人姓　厶　号　）

これによれば、当時の典型的な租契には佃戸だけでなく保人の保証が必要であり、また保人は、佃戸が水旱を冒称して租米の完納を怠った場合に代償の義務を負うものであった。さらに冒頭には、おそらく地主の居住地とは異なるであろう佃戸の居住地が記されている点も注目を惹く。こうした、自らの住居を持ち保人の保証を得て地主と租佃関係を結ぶ佃戸にとっては、地主の剗佃に対抗しうる耕作権の確保が問題になりこそすれ、「非時」の起移はもちろんのこと、毎歳の収穫完了時の居住地移転などほとんど問題とはならなかったであろう。したがって、先の天聖五年の詔が対象とする客戸は、かかる佃戸とは明らかに階層を異にしていたと考えねばならない。

それでは、毎歳の収穫完了時に客戸の居住移転が問題となるような主佃関係とは、いかなる性格を持つものであったろうか。『長編』巻三九七、元祐二年（一〇八七）三月条の王巖叟の上言中に、給田募役法を批判して、

富民召客為佃戸。毎歳未収穫間、借貸周給、無所不至、一失撫存、明年必去而之他。今一両頃之空地、佃戸挺身応募、室廬之備、耕稼之資、芻糧之費、百無一有、於何仰給、誰此主当。……前日以銭雇役、患在市井之小人。今日以田募役、又止得郷村之浮客。均之不可為郡県。

（富民は客戸を召して佃戸とする。毎年まだ収穫しないうちに、手厚く金銭を貸し与え、至れり尽せりで、一度愛顧を失すると、明年は必ず他処へ行ってしまう。今一、二頃の空閑地に佃戸は身を挺して応募するが、住む家、耕作の元手、食料など百に一つもなく、どこから調達してもらい、誰がそれを負担するというのか。……前日金銭で徭役に当る者を雇ったが、苦しい目にあったのは街の小民である。今日官が田を給して徭役負担者を募れば、ただ郷村の浮客が応募して来るだけである。総じて州県の行政は成り立たないことになる。）

とあるが、ここに想定された佃戸は、住居はおろか生産手段の一切を地主に依存し、端境期には地主の借貸によって再生産を維持するがごとき極めて不安定な小経営農である。かかる佃戸は浮客とも呼ばれているが、北宋中期の人、欧陽脩『欧陽文忠公集』外集巻九「原弊」には、

今大率一戸之田及百頃者、養客数十家。(a)其間用主牛而出己力者、用己牛而事主田以分利者、不過十余戸。(b)其余皆出産租而僑居者、曰浮客、而有畬田夫。此数十家者、素非富而蓄積之家也。……当其乏時、嘗挙債於主人、而後償之息、不両倍則三倍。及其成也、出種与税、而後分之、償三倍之息。

（今おおむね一戸で百頃に及ぶ田を持つ者は、客戸数十家を養っている。(a)その中で主人の牛を用いて自分の労力を出す者、己れの牛を用いて主人の田を耕し収穫を分けあう者は、十余戸にすぎない。(b)その余は皆産租を出して仮住まいをする者で、これを浮客と言い、さらに畬田夫がいる。この数十家はもともと豊かで蓄積がある家ではない。……乏しい時には常に主人に金を借り、後でその利息を償うが、利息は二倍でなければ三倍になる。収穫をすると、種と税とを控除して後半分に分け、三倍の利息を支払う。）

とあり、(a)の部分の牛耕する者との対比で、(b)の産租を出して僑居する者を浮客と呼んでいる。[29] したがって、浮客の多くは耕牛のごとき生産手段を有せず、地主の提供する家屋に居住して生産に従事する者であったと考えられる。しかも、後段から窺えるように、浮客の再生産は——牛耕する佃戸とともに——地主の物質的干与なしに

は成立せず、その物質的干与は二、三倍の利息を伴う債務となって浮客の再生産を圧迫していたのであった。同じく北宋中期の人、蘇洵『嘉祐集』巻五、衡論下「田制」には、浮客を用いた地主の土地経営について、

富民之家、地大業広、阡陌連接。募召浮客、分耕其中、鞭笞駆役、視以奴僕、安坐四顧、指麾於其間。而役属之民、夏為之耨、秋為之穫、無有一人違其節度以嬉。而田之所入、已得其半、耕者得其半。有田者一人、而耕者十人。是以田主日累其半、以至於富強、耕者日食其半、以至於窮餓而無告。

（富民の家は土地が広大で、田土が連接している。浮客を募集し、その土地を分かち耕作させ、鞭で駆り立て働かせ、奴僕のように見なし、安坐して見渡し、耕作を指揮する。隷属する民は、夏には雑草を除き、秋には収穫をし、一人として命令に逆らうことをよしとする者はいない。田の収入は富民が半分を手にし、耕作者が半分を得る。田を有する者は一人で、耕作する者は一〇人である。ゆえに田主は日々その半ばを累積し、それで富強となり、耕作者は日々その半ばを食し、それで飢えても訴えるところがない状態となる。）

と記すが、ここに見られる浮客の身分的隷属性の強さは、小経営の不安定性ゆえの債務関係に基づくものであろうし、地主による労働の指揮は、この小経営農としての自立性の低さと、地主の家屋に居住し生産手段のほとんどすべてを地主に依存する浮客の存在形態に規定されたものであろう。

以上に見たような佃戸＝浮客は、その小経営が不安定であるがゆえに、土地に対する定着性もまた薄弱であったと考えられる。先の王嚴叟の上言には、かかる佃戸は、地主が「一たび撫存を失せば、明年必ず去りて他に之く」と指摘されていたが、『長編』巻四五一、元祐五年（一〇九〇）一一月条に、

浙西鈐轄蘇軾言、……民庶之家、置荘田、招佃客、本望租課、非行仁義。然猶至水旱之歳、必須放免欠負、借貸種糧者、其心誠恐客散而田荒、後日之失、必倍於今故也。

（浙西鈐轄蘇軾が言う、「……民庶の家が荘田を買って佃客を招くのは、もともと小作料を望んでいるからで、仁義を

行っているのではない。しかしなお水害旱害の年には必ず未納の債務を免除してやり、種や食料を貸してやるのは、実のところ佃客が逃げて田が荒れ、後日の損失が必ず現在の倍になることを恐れるからである」と。）

とあり、『皇朝文鑑』巻一〇六、議、所収の北宋中期の人、呂大鈞の「民議」にも、

今訪聞、主戸之田少者、往往尽売其田、以依有力之家。有力之家、既利其田、又軽其力、而臣僕之。若此則主戸益耗、客戸日益多。客雖多、而転徙不定、終不為官府之用。

（今調査したところ、主戸の田の少ない者は往々その地を全部売り、有力の家に依託する。有力の家はその田を利用するだけでなく、その力を軽んじてこれを臣僕とする。こうであれば主戸はますます少なくなり、客戸は日々ますます多くなる。客戸は多くなっても、転移して定着せず、ついに官府の用とはならない。）

と見えるのは、いずれも佃戸の定着性の弱さを示すものである。これらの史料は、従来佃戸の移転の自由と関連させて論じられてきたのであるが、むしろ佃戸の定着性の薄弱さに基づく転徙・逃亡を示す例として扱われるべきであろう。

したがって、以上から結論すれば、先の天聖五年の詔は、地主の家屋に居住し生産手段のほとんどすべてを地主に依存して生産に従事する佃戸層を対象としたものであり[30]、かかる佃戸層は土地に対する定着性が薄弱なるがゆえに、その居住地の移転が問題となっていたと考えられるのである[31]。ただ、かかる佃戸層の法的身分が佃客身分か雇傭人身分かについては、にわかに断じ難い面がある。先の天聖五年の詔に「毎田収田畢日、商量去住」とあることからすれば、一年単位の租佃契約であった可能性が強いが、しかし北宋代の租佃契約書は現在まで発見されておらず、果してそこにいかなる内容が含まれていたか、あるいはかかる佃戸層の租佃は租佃契約に基づくものであったかも不明だからである。もっとも、前章で試みた「主佃の分」ある佃戸と「主僕の分」ある佃戸という二大別は、すべて南宋代の史料から帰納された論点であり、したがって南宋代がかかる身分秩序の確立期で

あったと考えられることからすれば、その形成期に相当する北宋代のこの佃戸層は、右の二つの階層に大きく分解してゆく原基的形態を示すという推定が可能である。そしてさらに言えば、かかる佃戸層の階層分化の進展は、もとより地域差に応じた不均等性を示していたであろうが、すでに北宋代の中期には雇傭人法とは異なる佃客法を制定せしむるまでに達していたと考えることができよう。

さて、南宋代に至って問題となるのは、紹興七、八年（一一三七〜三八）頃に書かれた王之道『相山集』巻二二、劄子「乞止取佃客劄子」である。

伏見、淮南諸郡、比経兵火、所存凋廃、百無二三。其間嘗為人佃客、而徙郷易主、以就口食、幸免溝壑者。今既平定、富家巨室、不復問其如何、投牒州県、争相攘奪。兵火之後、契券不明、州県既無所憑。故一時金多位高者、咸得肆其所欲、而貧弱下戸、莫適赴愬、勉従駆使。深可痛憫。……欲乞、自今以往、応嘗為人佃客、而艱難之際、不見収養、至転徙他処者、雖有契券、州県不得受理。当艱難相収、逮平定輒無故逃竄者、聴其主経所属、自陳収捕。所在州県、不得容隠。著為甲令、庶幾潜銷攘奪之風、大変逋逃之俗。

（見るに、淮南の諸州では近頃兵火を経、人民は凋落して百に二、三もなくなりました。中にはかつて人の佃客であった者が、郷里を離れて主人を変え、それで食にありつき、野垂れ死にを免れた者があります。今戦乱はすでに平定し、富家巨室はその事情を問わず州県に訴状を投じ、争い奪いあっております。兵火の後契約書はなくなり、州県はすでに依憑するものがありません。ゆえに一時金が多く位の高い者が皆思い通りのことをし、貧弱な下戸は訴えるところもなく、耐えて駆使に従っています。まことにいたく憐れむべきことです。……どうか、今後かつて人の佃客であった者が、艱難の際に保護されず他処に転移した場合は、契約書があっても州県は訴えを受理してはならない、艱難の際に保護され、平定に及んで正当な理由もなく逃亡した者は、主人が所属する県に訴えて捕まえる、州県では隠しだてしてはならない、ということにしていただきたい。以上を法律に書き記せば、佃客を奪いあう風潮を鎮め、逃亡するという習俗を大いに変えることができましょう。）

この史料から、当時の佃戸の移転に関わる何らかの法的規制を導き出すのは困難であろう。これは、宋金抗争という異常事態下の淮南に関する史料であり、戦火を逃れて「徙郷易主」した佃戸を地主相互が「攘奪」しあう風潮に対して、法的規制を加うべく要請した上奏文だからである。ただ、当時佃戸が逃亡した場合は、地主は契券を証拠にその佃戸を連れ戻すことができたとは言えるであろう。しかし、それは宮崎市定氏が指摘したように逃亡だからであって[32]、常態における佃戸の移転や退佃とは、全く問題のレベルを異にしているのである。また、草野靖氏はこの史料から、「当時租契に定めた佃作期間は佃戸は移転出来ないという法令があり、地主達がこの法令を楯に他所に移った佃客を連れ戻していたことが明らかである」（傍点引用者）と言われているが[33]、右の史料からそうした法令の存在を導き出すことは全く不可能である。したがって、右の史料は、佃戸の移転問題を論ずる際の参考史料とはなしえないのである[34]。

続いて、胡宏『五峯集』巻二、書「与劉信叔書五首」の第五首に、

荊湘之間、有主戸不知愛養客戸。客戸力微、無所赴訴者。往年鄂守荘公綽言於朝、請、買売土田、不得載客戸於契書、聴其自便。朝廷頒行其説。湘人群起、而窃議莫不咎荘公之請、争客戸之訟、有至十年不決者。

（荊湘の間には、客戸を愛養することを知らない主戸がいる。客戸は力量がなく、困苦を訴えるところがない者である。往年鄂州知州の荘公綽が朝廷に言って次のように請うた、「田土を売買する時は客戸を契約書に載せてはならず、その自由に任せるように」と。朝廷はその説を頒布した。湘人は群をなして立ち上がり、荘公の要請を密かに議論して咎めない者はなく、客戸を争う訴訟は一〇年経っても決着しないものがあった。）

とあり、これと関連して、『建炎以来繫年要録』巻一六四、紹興二三年（一一五三）六月庚午条に、

詔、民戸典売田地、毋得以佃戸姓名私為関約、随契分付。得業者、亦毋得勒令耕佃。如違許越訴、比附因有

利債負虚立人力顧契勅科罪。以言者有請、従戸部立法也。

（詔す、「民戸が田地を典売する時には、佃戸の姓名をもって私に財産譲り渡し文書を作り、土地の典売契約書と一緒に引き渡してはならない。土地を得た者もまた強制して耕作をさせてはならない。もし違反したら越訴を許し、利息付きの債務のかたに〔人身をあて〕人力として雇ったという架空の契約を立てたことを罰する勅に比附して科罪する」と。上奏する者が要請したので、戸部が立法したのである。）

とある。荘綽が知鄂州であったのは紹興八、九年頃であるから、[35] この頃まず荊湖地方で客戸を契書に載せて土地とともに売買することが禁ぜられ、紹興二三年に改めて南宋の全域に同様の禁令が頒たれたものと思われる。右の史料によれば、当時荊湖地方だけでなく南宋の各地に土地とともに売買される佃戸が存在したことが明らかであるが、二度にわたる禁令の頒布が示すように、それは違法行為であり法制上に認められたものではなかった。

しかも『元典章』巻五七、刑部一九、諸禁、禁典雇「禁主戸典売佃戸老小」に、

至元十九年十二月、御史台拠山南湖北道按察司申、准副使楊少中牒、切見、江南富戸、止靠田土、因買田土、方有地客。所謂地客、即係良民。主家科派、其害甚於官司差発。若地客生男、便供奴役、若有女子、便為婢使、或為妻妾。……峡州路判官史択善呈、本路管下民戸、輙敢将佃客計其口数立契、或典或売、不立年分、与買売駆口无異。間有略畏公法者、将些小荒遠田地、夾帯佃戸典売、称是随田佃客、公行立契外、另行私立文約。

（至元一九年一二月、御史台が受領した山南湖北道按察司の上申中に、副使楊少中の牒文があり、そこには、「見るに、江南の富戸はただ田土に依存しており、田土を買うとはじめて地客を持つことになります。いわゆる地客は良民です。しかし主家の科派は官司の徭役よりもはなはだしいものがあります。もし地客が男子を生めば、奴役に供し、もし女子がいれば、婢使となし、あるいは妻妾とします」とある。……峡州路判官史択善の呈文に、「本路管轄下の民戸は

佃客の人数を計って契約を立て、あるいは典しあるいは売し、年限を立てず、駆口を売買するのと異なるところがありません。間々公法を恐れる者は、些小の荒れた遠くの土地を佃戸と一緒に売って、これは土地とともに移った佃客ですと称し、表向き土地売買の契約を行うほかに、別に佃客を売る契約を立てます」とあった。）

と見えるように、荊湖地方の佃戸は土地とともに売買されるに止まらず、土地と切り離されて典当・売買されてすらいたのである。私は前章において、かかる佃戸は佃客法の対象となる存在ではなく、佃僕・地客といった強固な身分的隷属性を持つ農民であると推定したが、この推定に立てば、紹興二三年の詔で地主が関約を作って佃戸を典売する行為が「因有利債負虚立人力顧契勅」に比附して断罪されるという点も、自ずと明らかになるであろう。

佃僕・地客とは、典型的には長期の雇契ないし典契によって地主に対する人身的隷属を義務づけられた存在であった。すなわち、彼らは自己の人身そのものに対する債務を負う存在である。それゆえ、地主が土地とともに、あるいは土地と切り離してかかる佃戸を典売するのは、佃戸に対するこの債権に基づくものと考えられ、それはいわば雇傭人の典雇と同様の行為である。それでは、何ゆえに雇傭人身分にある佃戸の典売（＝典雇）が禁止され、それが「因有利債負虚立人力顧契勅」に比附して断罪されるのであろうか。「因有利債負虚立人力顧契」とは、利息付きの債負の抵当に人身を取り、それを隠蔽するために人力として雇傭したという偽りの契約を立てて法禁を免れる行為を意味するが[36]、それは結果的に人身の帰属質＝債務奴隷化につながるものである。一方、佃戸の典雇は、峡州路判官史択善の呈に「或典或売、不立年分、与買売駆口无異」とあったように、年限を定めた典雇[37]ではなく、帰属質化に結果する行為となっていた。したがって、佃戸を典売する行為と「因有利債負虚立人力雇契」の行為とが、ともに債務に基づく帰属質化をもたらす点において共通するがゆえに、両者の間に比附が行われたと考えられるのである[38]。つまり、佃戸を典売する行為が、人身売買を禁止する法令によってではなく、「因有利債負虚立人力雇契勅」によってでもなく、後者に比附して断罪されるのは、まさしくこの佃戸が雇傭人身分の者であり、地主に対して人身的債務を負う存在であったからにほかならないのである。

以上の検討から、四川地方を除く佃戸の移転問題については、天聖五年の詔で佃戸の居住地移転には地主の憑由が必要とされていた点が撤廃され、以後は収穫完了時に主佃間の協議によって移転すべきことに改変された以外、北宋から南宋までを通じて法的規制が加えられたことはなく、したがって、一般に宋代の佃戸が法制上土地に緊縛されていたとする見解は否定されなければならないであろう。ただし、実態として佃戸の移転が地主による掣肘を受けていたことは事実であるが、しかしそれは地域差に応じて、また佃戸の階層差・身分差によって異なった意味を持ったと考えられる。例えば、天聖五年の詔で問題とされた客戸は、ほとんどすべての生産手段を有せず地主の家屋に居住して生産に従事する不安定な小経営農であったが、彼らは小経営の不安定性ゆえに余儀なくされた地主に対する債務関係を清算することなくして、自由に移転することはできなかったであろう。それゆえ、先に引いた「一失撫存、明年必去而之他」とか「客雖多、而転徙不定」といった例は、佃戸の移転が法制上公認されていたか否かといったレベルにおいてではなく、佃戸の小経営が不安定なるがゆえに惹起される逃亡・転徙を示すものと考えねばならない。また、いわゆる「随田佃客」と称される階層は、地主に対する強固な身分的隷属性を持つ佃僕・地客などの雇傭人身分にある者であり、かかる佃戸は、自己の人身に対する債務を清算しない限り移転の自由は有しなかったであろう。こうした佃戸の階層差・身分差を考慮することなく、一律に佃戸の移転が自由であったか否かを論ずることには限界があるように思われるのである。

結　論

本章は、「宋元代の佃客身分」という包括的な表題を掲げたにもかかわらず、その二、三の側面を検討しえたに止まっているが、以下に論旨を要約し、残された課題を付記してむすびに代えておきたい。

まず、主佃間の刑法上における法的身分関係について言えば、その北宋より南宋に至る展開過程は、闘訟法における地主の地位上昇によって特徴づけられる。これに対して佃戸の法的地位は、従来の推定とは異なって、佃客の犯主は凡人に一等を加えるという北宋代の規定以降、南宋代の姦淫罪規定を除いてその地位低下を示す確証は存せず、むしろ遅くとも元代には凡人並に地位回復していたのではないかと推定される。また元代に至って地主の地位が一層向上し、佃客の地位が一層低下したという説は史料的根拠を持たない。むしろ強調されなければならないのは、私的な社会関係である主佃関係の中に身分差を設ける際に、当時においては家族・親族関係へのアナロジー以外の基準や原則がなかったという点である。こうしたアナロジーを行うか否かは為政者の判断にかかっている。したがって、明律における主佃専法の不在も、必ずしも主佃各々が対等に近い身分関係に接近したことの反映とのみ考えることはできないのである。しかし、以上はあくまで主佃間の法的地位の変化にのみ基づく推定であって、かかる地位変化をもたらした背景やその評価は、現実の主佃関係の展開過程との関連や国家権力の性格分析を捨象している本章にとって、依然未解決の課題として残されているのである。

次に、主佃間の社会的ないし人格的な身分規制について言えば、租契によって地主と租佃関係を結ぶ佃戸の身分規制は、宋代以降明清代に至るまで一貫して「主佃の分」であり、洪武五年の詔に現われる「長幼の序」とは、主佃間における身分規制の本質的変化を示す指標たりうるものではなく、「歯序」の論理に基づいて郷村の教化・秩序維持を行う際の、「主佃の分」の反映と見なされるべきものと考えられる。しかし、この「主佃の分」なる身分差については、その規制力が地域差に応じて異なり、また時代の経過とともにその規制力が弛緩したと推測されるものの、本章ではその具体的内容を全く明らかにすることができなかった。ただ、宋代における「主僕の分」ある佃戸、すなわち佃僕・地客といった階層は、明清代における佃僕・世僕と呼ばれる階層の前身であると考えられ、したがって、かかる階層の「主僕の分」は明清代に至っても決して消滅したわけではないことを付言しておかねばならない。

さらに、四川地方を除く佃戸の移転問題については、天聖五年に佃戸の居住地移転には地主の憑由が必要とされていた点が撤廃され、以後収穫完了時に主佃間の協議に基づいて行うべく定められた以外、北宋から南宋を通じて法的規制が加えられた形跡はなく、したがって、一般に宋代の佃戸が法制上土地に緊縛されていたとする見解は否定されなければならない。ただ実態として、宋代の佃戸の中には、小経営の不安定性のゆえに再生産過程において地主との債務関係を余儀なくされた階層が認められ、また佃僕・地客といった人身に対する債務を負う存在も含まれていたのであって、かかる佃戸層はその債務を清算することなしには、移転の自由を有しなかったと考えられる。したがって、移転問題をも含めた宋代佃戸の身分的隷属性の問題は、こうした佃戸の階層差・身分差を内包しつつ展開した主佃関係の具体的な分析を経てはじめて明らかとなるであろうし、そしてこの点の解決こそが、本章に残された最も大きな課題なのである。

（1）周藤吉之「宋代の佃戸制―奴隷耕作との関聯において―」（一九四八年原載、同氏『中国土地制度史研究』一九五四年、東京大学出版会、所収）、同氏「宋代の佃戸・佃僕・傭人制―特に「宋代の佃戸制」の補正を中心として―」（一九五三年原載、同右著書、所収）。

（2）宮崎市定「読史箚記」（一九三六年原載、同氏『宮崎市定全集』第一七巻、一九九三年、岩波書店、所収）、同氏「東洋的近世」（一九五〇年原載、同氏『アジア史論考』上、一九七六年、朝日新聞社、所収）、同氏「部曲から佃戸へ―唐宋間社会変革の一面―」（一九七一年原載、同氏『宮崎市定全集』第一一巻、一九九二年、岩波書店、所収）、草野靖「宋代の頑佃抗租と佃戸の法身分」（『史学雑誌』七八―一一、一九六九年）。

（3）仁井田陞「中国の農奴・雇傭人の法的身分の形成と変質―主僕の分について―」（一九五六年原載、同氏『中国法制史研究

―奴隷農奴法・家族村落法―』一九六二年、東京大学出版会、所収)。

(4) 相田洋「「元末の反乱」とその背景」(『歴史学研究』三六一、一九七〇年)。

(5) これは『宋史』巻三一二「王琪伝」にも見えるが、草野氏が、『宋史』の王琪伝に拠って、「この一節は、当時主佃間の紛争に、士大夫層より見れば、傷害致死も已むを得ずといえるような局面が生まれていたことを暗示する」(注(2)前掲論文二〇頁)と述べている点は納得できない。『折獄亀鑑』に注する王珪『華陽集』には王琪の墓誌はすでに存しないが、そのいずれかに拠ったであろう『宋史』の王琪伝は、ほぼ引用史料の傍点部分しか記されていない。ところが、引用した『折獄亀鑑』によれば、さらにこれに付された鄭克の、

按此非思慮所及。蓋平時矜謹、故感於夢寐。記曰、至誠之道、可以前知。其此之謂歟。

という按文からすれば、草野氏の推論はやや牽強にすぎると言わねばならない。

(6) 朱瑞熙「宋代佃客法律地位再探索」(『宋史研究論文集』一九八七年、浙江人民出版社、所収)。

(7) 続けて本論に引く『建炎以来繫年要録』の王居正の上言は、これを元豊年間に繫年するが、『文献通考』巻一六七、刑考六、刑制は『長編』と同じく元祐五年に、『宋史』巻一九九、刑法一では元祐六年とする。王居正が元豊年間というのは、元祐年間と誤ったものか、あるいは新法党にその責を負わせようという意図に出たものであろう。元豊年間は新法党が、元祐年間は旧法党が政権を担っており、南宋では旧法党の流れを汲む者が政権を担っていたからである。ここでは元祐五年と見ておきたい。なお、朱瑞熙氏注(6)前掲論文、王曾瑜『宋朝階級結構』(一九九六年、河北教育出版社)第二編第四節では、元豊年間に地主の佃客殴殺罪につき減死一等が規定され、元祐年間に再度詳細な規定が作られたとの理解が示されているが、ここではそうした理解はとらない。

(8) 「有所規求避免而犯者」の部分は、従来「避免を規求する所有りて犯す者」と読まれてきたのであるが、例えば『宋刑統』巻一七、賊盗律「劫因・捉人為質」に、

諸有所規避、而執持人為質者、皆斬。部司及鄰伍知見、避質不格者、徒二年(原注略)。

と見え、その疏議に、

有人或欲規財、或欲避罪、執持人為質、規財者求贖、避罪者防格、不限規避軽重、持質者皆合斬坐。

とあることからすれば、「規求」と「避免」は並列の行為と考えるべきであろう。

(9) 紹興勅、正式には紹興重修勅令格式は、紹興元年(一一三一)八月四日に修定され、同二年正月一日に頒布されたものであ

る。浅井虎夫『支那ニオケル法典編纂ノ沿革』(一九一一年、京都法学会)二三九〜二四二頁、参照。

(10) 地主の佃客殴殺罪が①において付帯されているのは、言うまでもなく、減一等の原則から除外されていたからではなく、死罪を減じた後の措置について追記する必要からであろう。

(11)『慶元条法事類』巻八〇、雑門、旁照法、名例勅に、

　諸於人力女使佃客称主者、謂同居応有財分者。

とあるように、佃客にとっての「主人」とは地主の同居同財者すべてを指す。

(12) この条文は、本文に続けて引用する『元典章』巻四二、刑部四、諸殺一、殺奴婢娼佃「主戸打死佃客」の断例を要約したものである。周知のように、『元史』刑法志の条文は多く一箇の断例を要約したものにすぎず(岩村忍・田中謙二校定『校定本元典章刑部』第一冊〔一九六四年、京都大学人文科学研究所元典章研究班〕の岩村忍氏による序文、参照)、したがって特定の犯罪を貫く通則的規定と見ることはできないが、しかし元代においても、従前の断例を参照することによって刑量を確定するという操作は当然行われていたのであって(例えば、『元典章』巻四九、刑部一一、諸盗一、免刺「受雇人盗主物免刺」と同書、新集、刑部、偸頭口「偸主牛罪例」を対照せよ)、それゆえ、特定犯罪の刑量の傾向性を示すものとして『元史』刑法志を利用することは可能と思われる。

(13)『元史』巻一〇五、刑法四「殺傷」に、

　諸良人以闘殴殺人奴、杖一百七、徴焼埋銀五十両。

とある。

(14) 宮崎市定「宋元時代の法制と裁判機構―元典章成立の時代的・社会的背景―」(一九五四年原載、同氏『宮崎市定全集』第一一巻、一九九二年、岩波書店、所収)、参照。

(15) こうした見解は、「主僕の分」の法制上への反映として、周藤氏注(1)前掲論文後者、仁井田氏注(3)前掲論文、相田氏注(4)前掲論文に示されている。

(16)『宋刑統』巻二二、闘訟律「良賤相殴」によれば、奴婢の良人殴殺は斬であり、『宋刑統』巻二一、闘訟律「闘殴故殴故殺」によれば、凡人間の殴殺は絞である。

(17) もとより主佃専法の制定は、現実の主佃間の係争を前提としたものでなければならない。ただ、その係争事件が、草野氏が言うような地主の寄生化・不在化による抗租闘争を主要な原因とするものか否かが問題なのである。また、地主の寄生化・

不在化という点について言えば、闘訟法や姦淫罪規定の存在からして、一般に主佃専法制定の背景をなす当時の主佃関係は決して疎遠なものではなく、こうした犯罪が日常的に発生しうる程度に接近していたと考えるべきであろう。

ちなみに、主佃関係と同じく私的な社会関係であるところの家族・親族関係においても、周知のように、尊長と卑幼の間には法的な格差が設けられていた。しかし卑幼の尊長に対する法的な従属は、政府が尊長の側に立って卑幼を弾圧した結果もたらされたものではなく、家族・親族のあるべき秩序を法制化したものとして上下の関係が設定されていたのであった。同じように雇主雇傭人関係においても主佃関係においても、あるべき秩序として上下の関係が設定されていたと理解すべきであろう。これらに共通する「あるべき秩序」は何に基礎づけられていたか。それは次章でやや詳しく論じるように「恩義」であったと考えられる。

(18) 葉適は、『水心別集』巻三、進巻「官法上」で、

吾祖宗之治天下也、事無小大、一聴於法、雖傑異之能、不得自有所為、徒借其人之重、以行吾法耳。

と述べているが、宋王朝が新たに出来した事柄を法制の場にできるだけ反映させ、法によって処理しようとしたことは、例えばさまざまなケースごとに女子への財産分与を細かく定めたいわゆる女子分法の存在によっても説明できよう(南宋の女子分法については、拙稿「親を亡くした女たち—南宋代のいわゆる女子分法について—」(『東北大学東洋史論集』六、一九九五年)、参照)。一方において、清代には宋代のようないわゆる女子分法は存在しなかったが、地方官の判断によって実際上は宋代と同様に未婚女子に対する嫁資の手当が行われていた。宋大業『容我軒雑稿』(復旦大学蔵、康熙四二年序、抄本)不分巻「逆恩篡占等事」に、

審得、趙逢鳳与趙少三・少五等、実為同父之兄弟也。其父孫臣娶楊氏無子。因撫族人之子逢鳳為嗣。継而娶妾文氏、得生六子二女。誠為厚幸。……所遺田租卅五石五斗、応以七子平分、毎給四石、余則存為文氏之女嫁聚、可也。

とあり、徐士林『徐雨峰中丞勘語』(雍正年間、安慶府)巻二「覆審陳阿謝立継案」に、

阿謝給稲十石、仍令帰伊父母、不得争継。惟阿謝現有生女未嫁、前参令断令提家産三分之一、以為日後粧奩之資、慰元吉於地下、並慰阿謝於生前。此言殊為得理、実補本府前檄之所不及。

と見える。こうした社会通念や社会的慣習とそれに基づく地方官の自主的な裁量に関わるような事柄を、宋代にはことさらに法を立て、法によって処理せしめようとしていたかに見える。主佃に関わる法もそうした志向の現われであろう。宋代には明清代に比べて民事法が豊富であるが、これもそうした志向の現われと言えよう。ではなぜ以上のような事態が現出したのか。

唐宋の間の社会経済の変動がまず指摘されるべきであろう。特に財政、経済、身分などの面において新たな事態に対する安定したルーティンワークや一貫した経験・秩序が形成されておらず、事柄は試行錯誤的かつ場当り的に推移する。法が揺れる原因もそこにあろう。「法治」を目指す宋朝の志向は、一貫した体系性ある形にまとめ上げられることなく終った。社会の変化のスピードと北からの軍事的圧力の絶えざる増加がその原因であったかも知れない。

次に、なぜ宋元代だけに主佃専法が存在し、その他の時代にこれが存在しないかについては、現在のところ私には明確な答がない。佃客の地主に対する対抗力の上昇と社会的経済的地位の向上による、という明代の事態に関する説明は魅力的ではあるが、現在のところ試論たるの域を出ていないように思われるし、この論理では唐代の事態を説明できない。むしろこの問題は各王朝の支配理念の方向から説明されるべきではなかろうか。先に述べたように宋朝は私的な支配隷属関係の存在を容認しており、それゆえにこそそれらを律する法が立てられていた。これに対して、唐や明の王朝には、主佃関係を容認しかつ助長させるような法を置かないという政策基調があったように思われる。端的に言えば、他人の労働力を含まない均質な小農民家族を国家の支配基盤にするという理念(いわゆる一君万民思想、斉民思想)が存在したかに思われるのである。このことは、ひとつには良賤制の存在によって説明することができる。唐と明には良賤制が存在したが、これは国家が容認するところの他人の労働力保有の限定であり、良民は賤民以外に他人の労働力を保有してはならないという国家意志の表明である。明代にはさらに奴婢の保有主体にまで制限が加えられていた。良民が自由に他人の労働力(=良民)を保有することを容認すれば、貧富の格差と階層分化が生ずるであろう。それゆえ、小農民家族が階層分化によって私的な支配隷属関係に陥ることを防止しようという志向、皇帝と良民とは直接の関係にあるべきだという理念が唐朝および明朝にはあったと考えられる。こうした志向・理念があったとすれば、貧富の格差と土地所有の不均等を前提とする地主佃戸関係の存在はおよそ容認し難いものとなろうし、そうした事態を前提とする主佃専法のごとき法が準備されることもまたありえなかったであろう。現実には明代中期以降佃戸制は急速に発展してゆくのではあるが、祖宗の法を遵守する当時の為政者にとって、国初の理念と原則は動かし難かったと思われる。

(19)　仁井田氏注(3)前掲論文。

(20)　こうした表現は、あるいは語弊があるかも知れない。仁井田氏注(3)前掲論文には、佃戸=農奴が奴隷や雇傭人と異なる点が説明されているからである。しかし、それはもっぱら経済的側面からの説明にすぎず、氏にあっては、同じく「主僕の分」ある存在とはいえ、小経営農たる農奴が奴隷や雇傭人より法的地位が高いのは当然である、という認識が前提とされているように思われる。

(21) 本書第一章、参照。

(22) 小山正明「明代の大土地所有と奴僕」(一九七四年原載、同氏『明清社会経済史研究』一九九二年、東京大学出版会、所収)によれば、明清代の「奴僕」身分は、主家による家族の構成と給養の二条件を中核として規定されていたと言われており、したがって「主僕の分」の成立契機もまたそれらの点に求めることができるであろう。

ところで、私は、唐律の奴婢に関する律文が、すでに国家ないし皇帝との関係において奴婢たることが決定されている存在を前提とし、この前提に立って奴婢と主人との関係を逐一規定しているのに対して、明清代の「奴僕」身分が、小山氏の指摘の通りもっぱら「奴僕」と主人との具体的な関係に基づいて規定されるものであるとすれば、それはすでに法的身分の成立要件の面からして、唐律上の奴婢身分とは異質の存在であろうと考える。また、前章でも述べたように、私は宋代以降——元代はやや異なるが——明清代においても、唐律が規定するがごとき私奴婢は民間にはほとんど存在しなかったと推定している。小山氏が明清代の「奴僕」身分の中核として挙げられた婚姻と給養という二条件についても、これらは実は清律上の奴婢身分の本質的な成立要件ではなく、その特徴的な属性を示すものであって、この属性に基づいて明清代の「奴僕」身分が規定されていたとすれば、それは第一に、宋代以降の私奴婢制の衰退を示すものであろうし、第二に、にもかかわらず存在する私奴婢的な隷属民の法的身分は、唐律上の私奴婢とは異なる性格を持つものであったことを示唆するであろう。

(23) 注(10)とも関連するが、傅衣凌「明代徽州庄僕制度之側面的研究—明代徽州庄僕文約輯存—」(同氏『明清農村社会経済』一九六一年、北京三聯書店、所収)には、明代徽州の庄僕の成立原因について、①租佃して交租承役する場合、②地主の家屋に居住し、地主の山地に葬られる場合、③贅婿に基づく場合、④債務の抵当となる場合、の四点が挙げられているが、①の原因を積極的に支持する史料が示されているわけではない。むしろ、章有義「従呉保和堂庄僕条規看清代徽州庄僕制度」(一九七七年原載、同氏『明清徽州土地関係研究』(一九八四年、中国社会科学出版社)に「清代徽州庄僕制度管窺—休寧呉保和堂庄僕条規剖析—」と改題して収録)によれば、庄僕の身分的地位は、租佃関係によってではなく、傅氏の挙げた②から④のごとき原因によって応役文書を立てたことに基づいて成立し、庄僕が租佃を行う場合には、この応役文書とは別に租佃契約を行うと指摘されている。しかも、租佃契約書には交租に関する事項が記されているにすぎず、立約人が庄僕であることを窺わせる内容ではないと言う。したがって章氏は、佃僕なる呼称についても、「実際は僕に由って佃なのであり、決して佃に由って僕なのではないと言うべきである」(一二二頁)と指摘している。

(24) 仁井田氏注(3)前掲論文。

(25) この前提となる宋元代の郷飲酒礼に関する史料は少なく(例えば『宋会要』礼四六に「郷飲酒礼」なる項が存するが、これはもっぱら科挙との関連を示すのみである)、当時郷飲酒礼がどれほど行われていたか、佃客が参加していたか否かは不明である。洪武五年の詔すら「今廃缺して已に久し」と言うごとく、残存史料の欠少はむしろ郷飲酒礼の衰退を物語るであろう。ただ一例、元末明初の人、宋濂『宋学士文集』巻七五、墓銘「東陽貞節処士蔣府君墓銘」に、

至於郷人、毎歳冬至、殺牲置酒、会長老俊人、行郷飲礼。府君為之講説、嘉謨偉行、使聴之曰、為父兄子弟、当如是。郷民莫不化服。

という一節が見える。これは元中期の人蔣玄の墓銘であり、浙東東陽県の事例である。ここに記された「郷人」がどの範囲の人々を含むかにわかに確定しえないが、「長老」・「俊人」と区別された階層の者を含むことは確かであり佃戸層が含まれている可能性は否定できない。『大明律附例』巻一二、礼律、儀制「郷飲酒礼」には、

一里社、毎歳春秋社祭会飲畢、行郷飲酒礼。

という一節が見えるが、欧陽脩『欧陽文忠公集』外集巻九「原弊」には、浮客をも含めて、

此数十家者、素非富而畜積之家也。其春秋神社、婚姻死葬之具、又不幸遇凶荒与公家之事、当其乏時、嘗挙債於主人、而後償之息。

とあり、すでに北宋代より浮客も含めて佃戸は春秋社祭の構成員であったのである。しかし、ここでは佃戸層の参加・不参加よりも、むしろ蔣玄が「嘉謨偉行」を賞揚する講説を行っていることが示すように、郷飲酒礼が郷民教化の場であったことに注目すべきであろう。また、蔣玄の墓銘を記した宋濂が、明の太祖朱元璋の最も有力なブレーンの一人であったことからすれば、洪武五年の詔は、宋濂が蔣玄のごとき事例を踏まえて草案したと考えることもできるであろう。

(26) 従来の諸研究については、草野靖「大土地所有と佃戸制の展開」(『岩波講座世界歴史』第九巻、一九七〇年、岩波書店)の「はじめに」、参照。

(27) 宮崎氏注(2)前掲の「部曲から佃戸へ―唐宋間社会変革の一面―」、および草野氏注(2)前掲論文では、佃戸の起移と退佃とが同一の行為として扱われている。

(28) 周藤氏注(1)前掲論文、参照。

(29) 杜佑『通典』巻七、食貨七、歴代盛衰戸口の「論」には、浮客について「浮客、謂避公税、依強豪作佃家也」と記してい

る。

(30) 天聖五年の詔については、すでに柳田節子「宋代地主制と公権力」(一九七五年原載、同氏『宋元社会経済史研究』一九九五年、創文社、所収)に、この佃客は地主の家屋に同居し家内奴隷的性格を持つものではないか、という指摘がなされている。

(31) 北宋代の佃戸の移転に関しては、なお李元弼『作邑自箴』巻六「勧諭民庶牓」に、
(a)佃戸勤強、便足衣食。全藉主家照顧、不得偸瞞地利。作事誠信、須暁尊卑。(b)莫与主家争気、邀勒主人、待要移起、被人窺見所為。便是養家之道。
という一節がある。(b)の部分はさまざまの解釈がなされているが、この部分は各々独立の行為として、「主家と争気(張りあう)し、主人に邀勒(何らかの要求を無理強いする)し、移起を待要(しようとする)して、人に所為を窺見されて(村八分になるようなことをして)はならない」という意味に解しておきたい。とすれば、佃戸の移起は村落における社会的規制力のあり方とも関連する問題となるであろう。

(32) 宮崎市定「宋代以後の土地所有形体」(一九五二年原載、同氏『宮崎市定全集』第一一巻、一九九二年、岩波書店、所収)、参照。

(33) 草野氏注(2)前掲論文二六頁。

(34) この意味において、朱熹『晦庵先生朱文公集』別集巻一〇「申監司為賑糶場利害」も、佃戸の移転問題をめぐる法規則を論ずる際の参考史料とはなしえない。

(35) 周藤氏注(1)前掲論文後者の六七五頁、参照。

(36) 『慶元条法事類』巻八〇、雑門、出挙債負の雑勅に、
諸以債負質当人口《虚立人力女使雇契同》杖一百。人放逐便、銭物不追。情重者奏裁。
と見える。

(37) 第一章で述べたように、宋代における女使の雇傭期限は一〇年とされ、転雇の際には年限と価銭とを通計すべく定められていたが、人力の雇傭期限に関する法規制は存しなかったと思われる。しかし、それはあくまで雇傭の最大期限についてであって、転雇の際に年限・価銭を通計すべき点は人力も女使と同様であったと考えられる。

(38) 草野氏注(2)前掲論文は、地主と佃戸の間の債務関係を認める点において私と見解が一致するが、その債務を佃戸の人身に関するものとは見なしていない。仮に、これが単なる債務であったとすれば、何ゆえ佃戸を売買する地主が人身売買を禁止

する法令によって、あるいは「因有利債負虚立人力顧契勅」そのものによって処断されないのであろうか。一方、周藤吉之「北宋末‐南宋初期の私債および私租の減免政策―宋代佃戸制再論―」(『東洋大学大学院紀要』九、一九七二年)では、土地の典売によって佃戸を拘束することと、有利債負によって人口を拘束することとが、人身を拘束する点において共通するゆえに両者に比附が行われたとする。しかし、それでは何ゆえに比附される法が「因有利債負虚立人力顧契勅」でなければならないか、その点が曖昧にならざるをえないと思われる。

〈補記〉

草野靖『中国の地主経済―分種制―』(一九八五年、汲古書院)の四八九頁注(7)は、私が旧稿で南宋代には加減二等を内容とする主佃専法は存在しないと主張した点を批判して(傍点草野氏、以下同じ)、

> 「主殴佃客致死」が刑二等を減ぜられ、佃客の姦主が刑二等を加重されていても、なお且つありとあらゆる主佃相犯に加減二等の科罪を行うことを包括的に規定した条法が存在しない限り、加減二等の主佃専法が存在したとは認められないという論法に、何か意味でもあるのか。

と述べている。私が主張したのは南宋代には佃客の姦主において二等の加重が認められるだけで、その他の犯罪については、例えば闘訟法に関わる犯罪では、佃客に二等を加重するといった法律は存在しない、地主が二等減ぜられているからといって、佃客には姦主以外にも二等を加えられていたという議論は根拠のない臆測にすぎないという点にある。

　次に四九三頁の注(49)における、

> 氏はまた宮崎説を引合いに、これは逃亡であり常態における移転退佃とは異なるという。だが逃亡罪は何によって成立するのであろうか。逃亡を契約の破棄、耕作意志の喪失と見て、現行の耕作関係を終止するのではなく、佃人が追捕押回されるのは何故であろうか。この点を問わずに逃亡を理由に挙げても無意味である。宮崎説では契約の如何が問題であるとされる。

という批判は、氏の誤解である。私はすでに「当時佃戸が逃亡した場合は、地主は契券を証拠にその佃戸を連れ戻すことができたとは言えるであろう」と記してある。またもし租佃契約書に契約期間が書いてあったとすれば、佃戸はその期間は地主の同意なしには「移転」(草野氏は換主の意味で用いている)できなかったであろう。それは逃亡と同じく一方的な契約不履行となるからである。しかし宋代の租佃契約書がいかなるものであったかは不明としか言いようがなく、本章に引いた「当何田地約式」には契約期間の記載がない。「契約の如何が問題である」と言われても、これ以上の議論はできない。

次に、四九四頁注(53)では、

人身売買の法が用いられないのは人身売買ではないからである。地主達は「関約」を使っている。「因有利債負虚立人力顧契勅」そのものが用いられるのではなく、本勅に比附して科罪が行われるのは、人力ではなく佃客の移管が行われているからである。人力と佃客は異なる。

と言う。関係する史料には、佃客の移管は事実上の人身売買であったことが記されている。しかし通常の人身売買ではないがゆえに、別の法が適用される。その相違点が「因有利債負」という点にある。ここまでは私と草野氏とは認識をともにしている。私はその債負を人身そのものに対するものと見るのに対し、草野氏は一般の債負と見ている。ここで私には、債権者が債務者を売買した際に、何ゆえに債権者は人身売買を禁ずる法で処罰されないのかという疑問が起る。人身売買禁止の法は、売られる者の債負の有無を問題にしているであろうか。宋代に、債権者が債務者を売った場合に、一般の人身売買と異なる法が準備されていたという事例を私は知らない。また「関約」とは一般に財産分割文書ないしは財産の譲り渡し文書を指す。地主は佃客を自己の所有に属す者と考えていたのである。それは金銭で佃客を購入したからにほかならず、佃客から見れば人身に債負を負っていることになろう。

第三章　中国史における恩と身分

はじめに

良と賤、官と民あるいは士と庶は中国史における代表的な身分区分であったが、宋代以降の中国社会が、例えば同時期のわが国や西欧と比べて、身分関係において開放的な社会であったということにおそらく異論はないであろう。官と民、士と庶について言えば、女性が排除されているという厳然たる差別が前提とされてはいるが、能力と機会さえあればほぼすべての男子に――賤民および一部の賤視された職業の者は除かれるけれども――身分間移動の可能性が開かれていた。その可能性は、儒教の古典と文学に関する教養とそれを計測する制度としての学校・科挙制度とにかかっていた。一方、良と賤との区別について言えば――宋代には良賤制が一旦消滅し元代以降復活するという変化はあるものの――、社会の正式な構成員が良民であり、社会的に排除されるべき存在すなわち犯罪没官者と、社会の中に暴力的に引き込まれた異分子すなわち捕虜とが賤民の基本をなしていた。したがって、ここでもある意味では、学校・科挙制度を通じて官僚として政治を担当する可能性ないし資格を持つ者が良民であり、持たない者が賤民あるいは賤視された者であるとも言いうるであろう。こうした国家の制度、制度創出の原基としての儒教イデオロギーを基盤として形成された諸身分は、国家によって秩序づけられ公的な社会関係を構成するがゆえに国家的身分と呼びうるものである。

ところで、宋代以降の中国社会には、右の国家的身分とは別に、私的な社会関係に基づく佃客や雇工人の「身分」が存在した。(1) これらの身分成立の契機はもとより学校・科挙制度とは無縁である。佃客や雇工人についてはすでに本書の第一、二章でその法身分の形成と展開の過程についていささかの考察を加え、また第七、八章で改めて考察する予定であるが、本章では視点を変えて、そうした佃客や雇工人など私的な社会関係の中に生ずる諸身分が存立する基盤は何かという問題を考えてみたいと思う。したがって、ここでは新たな史料の提示ではなく、視点の転換が目標となる。

清代中期の嘉慶一〇年(一八〇五)に刊行された汪志尹『荒政輯要』巻三「査賑事宜」の一項に、次のような記述がある。

業戸之田、類多佃戸代種。内如本係奴僕雇工、原有田主養贍者、毋庸給賑。如係専靠租田為活之貧佃、田既荒、業主又無養贍、並査明極次、及所種某某業主之田、按其現住災地、分数給賑、不得分投冒領。

(地主の土地はおおむね佃戸が耕作している。そのうちもし佃戸がもともと奴僕・雇工で、地主が原来養っていた者である場合は賑恤してはならない。もしもっぱら小作によって生活している貧しい佃戸で、田に稔りがなく、地主もまた養っていないのであれば、すべて困窮度が第一ランク・第二ランクであるか、および誰の土地を耕作しているかを調査し、現住の被災地で割合に応じて賑恤し、あちこちに登録して余分に受け取ってはならない。)

ここでは「業戸」の田を耕作する「佃戸」は、同じく佃戸と呼称されながらも、本来奴僕・雇工に係る者と、もっぱら租田によって生活する者とに類別されている。(2) こうした佃戸の二類型は遅くとも南宋代からすでに確認されるものであるが、(3) ここで注目されるのは奴僕・雇工の身分を持つ佃戸には原来田主の養贍があり、そうした身分を持たない佃戸には田主の養贍がないものと認識されていることである。すなわち、佃戸の家計に対する資助という側面においてではあるが、ここでは佃戸の田主に対する身分関係が経済関係を規定していると言うことができるのである。

しかしながら、次のような例もまたある。『元典章』巻四九、刑部一一、諸盗一、免刺「受雇人盗主物免刺」に、呉旺に雇われた陳寅子が主人の米穀を盗み売った件につき、

刑部議得、……却縁本賊与雇主宿食同居、擬合比依奴婢盗売本使財物、減等定論、不追倍贓、免刺、相応。都省准擬。

（刑部が議定した、「……しかし犯人と雇主とは宿食同居であり、奴婢が主人の財物を盗み売ったケースに準じて、罪を減じて論罪し、倍贓は徴収せず、入れ墨は免じたならば、適当な処分となりましょう」と。中書省は、刑部の原案を裁可した。）

とあり、陳寅子は主人と「宿食同居」であることをもって減刑を受けているのである[4]。これは経済関係を含むところの生活形態から雇傭人としての身分認定がなされた例であって、先の『荒政輯要』の記事とは全く逆の方向を示すものである。また、すでに広く知られているように、明清代の奴僕や雇工人の身分認定は、契約書を立てていたか否か、服役して何年を経たか、主人によって婚配せしめられたか否かといった経済関係とは全く別個の契機に基づいて行われていた[5]ことも、ここで想起されてよいであろう。

こうした事情は、中国史における身分、とりわけ私的な社会関係の中に生ずる身分を問題にする時、十分注目しておかねばならない点である。すなわち、経済関係や階級関係が一義的に身分関係を規定していたのではなく、身分関係が経済関係を規定する場合もあれば、両者が全く関わりを持たない場合すらありうるということである。かつて宋代の佃戸制をめぐっては、それが身分的隷属性を持つものか、契約的な経済関係にすぎないのか激しい

議論の応酬があったこと(6)、記憶に新しい。そこでは地主と佃客の刑法上の格差や、「主僕の分」や「主佃の分」といった社会的格差をどう評価するかが問題となっていたのであるが、いずれの場合でも地主と佃客の社会的経済的関係と身分関係とは相即的に把握され解釈されていたように思われる。佃客の社会的経済的隷属が身分的隷属をもたらすという議論の対極に、刑法上の格差は反動立法であり実効性を持たないという議論が対置されていたのである。しかも、かつての論争の中では主佃間の法的社会的な格差が何を基礎として設定されていたのかという問題は、必ずしも十分深められてきたとは言えず、この問題は改めて検討される必要があるように思われる(7)。この作業は宋代に限らず、また主佃関係に限らず、当時の中国人にとって、社会的事実として存在している私的な社会関係の中に法的社会的格差を設定する根拠は何であったかを問い直すことにつながるであろう。

一　奴婢・傭工の場合

元の沈仲緯『刑統賦疏』第六韻に、

通例。至順元年四月二十四日、礼部呈、……受雇傭工之人、既于主家同居、又且衣食倶各仰給。酌古准今、即与昔日部曲無異、理合相容隠。刑部議得、諸傭工受雇之人、雖与奴婢不同、衣食皆仰於主、除犯悪逆及損侵己身事理、聴従赴訴、其余事不干己、不許訐告。亦厚風恤之一端也。

(通例。至順元年四月二四日、礼部の呈文に、「……雇傭人は主家と同居しているのみならず衣食も各々主人から与えられている。古えの例を今にあてはめれば、昔の部曲と異なるところはなく、当然主人の罪を隠すべきである」とある。刑部が議定した、「諸て雇傭人は奴婢とは異なるものの、衣食は皆主人から与えられているのであるから、主家の悪逆の罪および自分の身体に被害を受けた場合は官に訴えるのを許すこととし、それ以外は事柄が自分に関わらなければ告訴を許さない。これも社会の風紀を高めることの一端である」と。)

とあり、礼部の呈文には「雇傭人は主家と同居しているのみならず衣食も各々主人から与えられている」と述べられ、それを受けた刑部の議には「雇傭人は奴婢とは異なるものの、衣食は皆主人から与えられている」という理由が示され、それを根拠に主人の犯罪の告発が制限されている。すなわち、宿食同居という点で部曲・奴婢と同様の生活形態を持つという理由で元代の雇傭人には主罪告発の制限が加えられていたのであるが、改めて言うまでもなく、犯罪の容隠という行為は親族のそれが基本となっており、例えば唐律では親族の周縁に準家族としての奴婢や部曲が置かれるという構造を持つのである。(8)

ではなぜ親族は犯罪を容隠すべきなのか。歴代の律の正文にも疏議にもその理由説明はない。したがって、ここではそれに言及している明代の法律学者の説明を聞くことにしよう。明の王肯堂『王肯堂箋釈』巻一、名例律「親属相為容隠」には、

釈曰、……若其犯罪之人係吾之同財共居親属、不限籍之同異・服之有無、其恩義為重。各居大功以上係近親、与夫外祖父母・外孫、及夫之兄弟、及兄弟之妻、両有小功之服、妻之父母・女之婿、両有緦麻之服、皆恩重於服者。奴婢・僱工人、義重於服者。除謀叛以上、不准容隠外、其余皆得相為容隠、有容隠者勿論其罪。……又按劫囚、私竊放囚人逃走、雖有服親、亦与常人同。他如断獄条内、与囚金刃解脱、若子孫於祖父母父母、止得減獄卒二等、何与此条迥異耶。蓋此条是在外未入禁之囚、彼二条是已入禁之囚。門内之治、以恩揜義、而門外之治、以義断恩、固不得而同也。

(解釈して言う、……もし犯罪者が自分の同財共居の親族であれば、戸籍が同一であるかないか、喪に服す関係にあるかないかに関係なく罪を隠す。それは恩義が重いからである。家産分割した大功以上は近親であり、外祖父母・外

孫および夫の兄弟および兄弟の妻は、ともに小功の関係にあり、妻の父母・娘の婿は緦麻の関係にあり、皆恩が服喪の関係よりも重い。奴婢・雇工人は、義が服喪の関係よりも重い。それゆえ謀叛以上の犯罪は隠すのを許さないが、それ以外は皆隠すことができ、隠す者がいてもその罪を問わないのである。……また劫囚について考えてみると、密かに囚人を解放して逃走させた場合、服喪の関係がある親族も一般人と同じとある。他に断獄条内に、囚人に刃物を与えて拘束を解かせた場合、子孫が祖父母・父母に対して行ったのであれば、獄卒よりも二等を減ずるに止めるとあるが、どうしてこの条とかくも異なるのか。おそらくこの条は外にあってまだ拘留されていない囚人であり、かの二条はすでに拘留されている囚人なのである。門内の秩序は恩でもって義を捨て、門外の秩序は義でもって恩を断つのであって、もとより同列に論じられないのである。）

とあり、同財共居の親族は恩義が重く、各居大功以上の近親や小功・緦麻の親族は恩が服より重く、奴婢・雇工人は義が服より重いからだと説明されており、また「門内」では恩を重んじて義を捨て、「門外」では義でもって恩を断つのだとも述べる。親族は恩義によって結ばれるがゆえに犯罪を互いに容隠すべきだと考えられており、奴婢・雇工人もその論理の延長線上に置かれていることが知られよう。沈之奇『大清律輯註』巻二二、刑律五、訴訟「干名犯義」には、

親属得相容隠、又准為首免罪、而告則干名犯義。蓋名分所関、恩義為重。若不許容隠、則恐有以傷其恩。

（親族は互いに犯罪を隠すことができ、また犯人のために告発しても罪にはならないが、しかし告発すれば名分を犯し義を犯す罪に当る。というのは名分の関係するところは恩義を重要視するからである。もし隠し立てを許さなければおそらくはその恩を傷つけることになろう。）

とあり、また薛允升『唐明律合編』巻六「親属相為容隠」には、容隠をなす者の中に女婿が含まれていることについて、

蓋此等女婿、与妻之父母、朝夕相倚、恩若父子、即与同居親属無異。

（これらの女婿は妻の父母と朝夕互いに助けあい、恩は父子のごとくで、同居の親族と異なるところがないからである。）

と述べる。こうした論理構成は明清代の律の各注釈書に共通するものである。(9) 宋代においても、『清明集』巻七、戸婚門、立継「倉司擬筆」に、異姓の養子を立てることに関して、

如必曰養同宗、而不開立異姓之門、則同宗或無子孫可立、或雖有、而不堪承嗣、或堪承嗣、而養子之家与所生父母不咸、非彼不願、則此不欲、雖強之、無恩義、則為之奈何。是以又開此門、許立異姓耳。

（もし必ず同宗を養子とすると言って異姓を立てる途を開かなければ、同宗に立てるべき子孫がなく、あるいはあっても嗣子となるに堪えず、あるいは嗣子となるのに堪えても、養子の家と実の父母とが不仲で、一方が養子とすることを願ったとしても、一方が願わなければ、強いて養子としてもそこに恩義はなく、これをどうしようもないことになる。そこでまた異姓養子の途を開いて、異姓を立てることを許しているのである。）

とあり、養父母と養子の関係を恩義による結びつきとしている。

当時の社会において、最も普遍的で基本的な私的社会関係とは家族・親族の関係であった。ここにおける尊卑・長幼の関係、および服制によって段階づけられる上下関係の基礎は恩義であった。子の父母に対する犯罪は極めて重く罰せられるが、この厳しい従属性は最も直接的な恩義の存在によって基礎づけられていた。卑属の尊属に対する、子孫の祖父母・父母に対する犯罪は極めて刑罰が重いのであるが、それは恩義が最も重い関係にあるからにほかならない。『唐律疏議』巻一、名例、十悪「悪逆」の疏議に、

疏議曰、父母之恩、昊天罔極。

（疏議して言う、父母の恩は、どこまでも極まるところがない。）

とあるのがそれを端的に示している。血縁の濃淡と親族関係の親疎は、恩義の深浅と比例する。恩義と従属とは同一実体の二つの側面であったと言ってよいのである。

次に、同居の親族の間に窃盗罪が成立しないことは周知の事実であるが、張楷『律条疏議』刑律、賊盗「親属相盗」に、

謹詳律意、親属以恩相守、以義相結。豈可盗乎。

（律の意味を考えるに、親族は恩をもって互いに守り、義をもって互いに結合する。どうして盗むことができようか。）

とあるように、それもまた親族内における恩義の存在によって説明づけられている。また、奴婢や雇工人などの準家族員は窃盗罪についてのみ刑罰が凡人に比して軽減されるのであるが[10]、この点を『王肯堂箋釈』巻一八、刑律、賊盗「親属相盗」では、

奴婢・傭工人、於家長及其比肩之人、雖無共財之義、然既曰同居、則非泛然外人之比也。故盗家長財物、及自相盗者、倶得減凡盗併贓論罪一等、為従者又減一等、並免刺字。

（奴婢・雇工人は、家長およびその家族員に対して、共財というつながりはないが、しかし同居と言う以上は、一般の他人とは比較にならない。それゆえ家長の財物を盗んだり、奴婢・雇工人同士で盗みがあった場合は、ともに一般の盗罪併贓の罪より一等を減じ、従犯はさらに一等を減じ、ともに入れ墨を免じるのである。）

と記し、「親属相盗」に付与された同居＝恩義の観念を援用して説明している。

こうした私的な社会関係における恩義と身分との結びつきは、当時の中国人にとって極めて基本的かつ普遍的なものと受け止められていたようである。例えば、『大明律集解附例』巻二〇、刑律「殴受業師」に、

凡殴受業師者、加凡人二等、死者斬。

（およそ受業の師を殴った者は、一般人の罪に二等を加重し、死なせた場合は斬刑とする。）

とある。この「受業」とは、明清代には、儒業のみを指すという説と学問のみならず各種の技術・芸能をも含むという説に分かれているが、(11)薛允升『唐明律合編』巻二三上「殴受業師」には、

管見・瑣言説是。然辨疑・疏議皆謂工芸不入此条。夫彼既師之矣、若習成其業、足以贍家、則終身享其教授之恩、乃至有犯、以凡人論、可乎。使吾儒教中未嘗以礼義訓誨、徒使能文章、亦芸而已。至殴業師与工芸不学礼義者、何殊。是不当偏重於師儒、而軽忽於工芸也。

（『読律管見』・『読律瑣言』の説は正しい。しかし『律解辨疑』・『律条疏議』は皆工芸はこの条に含まれないと言う。彼はこの人を師としている以上、もしその技能を習得し、それで家族を養うことができれば、終生その教授の恩を受けるのであって、犯罪があった場合に、凡人の関係として論罪するのは、許されることだろうか。もしわが儒教中に未だ礼儀をもって訓誨せず、ただに文章のみを教えるとすれば、それは芸にすぎない。工芸の師と工芸のみで礼儀を学ばせない者とを殴るに至っては、どこが違おうか。これは不当に儒学の師を偏重したもので、工芸を軽視するものである。）

と見えており、師弟間にこうした格差を設けるのも恩義の存在によると考えられているのである。同じく『大明律集解附例』巻二〇、刑律、闘殴「奴婢殴家長」に引く周知の万暦一六年（一五八八）の新題例でも、

今後官民之家、凡倩工作之人、立有文券・議有年限者、以雇工人論、止是短雇月日、受値不多者、依凡論。其財買義男、如恩養年久・配有室家者、照例同子孫論、如恩養未久・不曾配合者、士庶之家依雇工人論、縉紳之家比照奴婢律論。

（今後官民の家では、およそ仕事に雇った者で、契約を立て、年限を議定している者は雇工人として論罪し、月決め日決めの短期の雇い人で賃金も少ない者は、凡人として論罪する。購買した義男で、恩養が長期にわたり妻帯せしめ

られた者は、条例に照らして子孫と同じく論罪する。もし恩養を受けること短く、妻帯せしめられていない者は、士庶の家では雇工人として、縉紳の家では奴婢律に比照して論罪する。）

とあり、「財買の義男」の身分認定——というよりは科刑の軽重と言う方が正確だが——は主家の身分とともに、恩養の長短と婚配の有無、総じて言えば恩義の深浅に置かれているのである。また呉壇『大清律例通考』巻二八、刑律、闘殴下「奴婢殴家長」条の第一一条例の按文には、次のように見える。

乾隆三十二年律例館以、原例、雇倩工作之人、若立有文券・年限、及雖無文契而議有年限、或計工受値已閲五年以上者、依雇工人論、等語。査、良賤相犯、按律尚加凡人一等。雇工一項、民間多有不立文契・年限、而実有主僕名分者、如於家長有犯、必以受雇五年為断、其五年以内、悉照凡人科罪、並無良賤之分。査、受雇一年以外至二三四年、恩養已不為不久、若有干犯、不便竟同凡人問擬。因将原例量為酌改、如受雇一年以内、有尋常干犯、照良賤加等律、再加一等治罪。如受雇在一年以外、即依雇工人定擬。若犯姦・殺・誣告等項重情、雖在一年以内、亦照雇工人治罪、増入前例。

（乾隆三二年律例館が言う、「原例に、「仕事に雇った者がもし契約書を立て年限を議定していれば、および契約書がなくとも年限を議定していれば、あるいは仕事に応じて賃銀を五年以上受けていれば、雇工人として論罪する」とあります。調べてみますに、良人と賤人との間に犯罪があった場合、律では「一般人に一等を加重する」とあります。雇工については、民間では多く契約書を立て年限を議定することをせず、しかし実際は主僕の名分がある者がおり、もし家長に対して犯罪があった場合、必ず五年を区切りとし、五年以内はすべて凡人に照らして科罪すれば、良賤の区別がないことになります。調べてみますに、雇われて一年以上二、三、四年になれば、恩養はすでに短いとは言えず、もし犯罪があれば、結局凡人と同じに論罪するのでは不都合です。そこで原例を斟酌改訂し、「もし雇われて一年以内は、通常の犯罪があれば良賤加等律にさらに一等を加重して論罪する。もし雇われて一年以上であれば、雇工人として論罪する。もし姦淫・殺人・誣告などの重大な犯罪があれば、一年以内であっても雇工人として論罪する」とし、この規定を前の条例に追加いたしたい」と。）

乾隆二四年（一七五九）の条例に、契約を立て年限の議定ある雇工、契約はないが年限の議定ある雇工、雇傭関係が五年以上経過した雇工は、雇工人として論ずるとあった点に関して、律例館は、雇われて一年を超えれば恩養はすでに短いとは言えないとする意見を提出している。ここでも、雇工に対する科刑をめぐって恩養の深浅が重要な基準の一つに置かれていることが知られよう。さらに祝慶祺『刑案匯覧』巻三九、刑律、闘殴、奴婢殴家長「莊頭殴死壮丁、駁照凡闘科断」（乾隆一三年、直隷省）の一節に、

漢人之投靠、養育招配婢女者、大率孤苦無依之人。饑寒既迫、身命難全、因而甘心投靠。而為之主者、以自有之資財、恤他人之凍餒、又復完其配偶、作為室家。此蒙恩義、一絲一粟、尽属解推、縁情定分、主僕皎然矣。

（漢人で投靠し、養育され婢女を妻帯せしめられた者は、おおむね孤児で寄る辺のない者である。饑寒に迫られ生命も全うし難く、それで甘んじて投靠したのである。主人は自分の資財を用いて他人の飢えと凍えを救い、またその結婚を準備し家庭を持たせてやったのである。これは恩義を被ったのであって、一糸一粟といえども皆親身になって世話をしたということであり、情によって分を定めれば、主と僕とであることは全く明白である。）

とあって、恩義が主僕の身分差をもたらすのだと言われている。

以上、奴婢や雇工の身分、彼らの法律行為や刑罰の軽重が主家に対する恩義の軽重と深く関わるものであること、彼らに対する恩義とは家族・親族における恩義の延長で考えられていたことを、周知の元・明・清代の史料によって見てきた。最後に、以上の検討を補強するために、明律における奴婢と雇工人の捉え方について明代の律の注釈をほぼ網羅的に検討した小山正明氏の結論を引用しておこう。

第一に、雇工人は家長と親属関係に準ずる恩義をもって結ばれ、その家の中に包含されるものとされ、擬制的な父子関係の下に家長の家父長的支配に服する賤隷たる点においては奴婢と同質の労働力形態と把えられたが、第二に、奴婢が終身服役するのに対して、雇工人は限定された期間服役するという点で相違がある——すなわち、主家から受ける恩養の度合に深浅の違いがある——ということであった(12)。

ここに使用されている「労働力形態」という用語は、律の注釈家が労働力形態ではなく身分的関係から説明していることからして「身分」という言葉に置き換えた方が適切であるけれども、それはともかく、奴婢と雇工人との相違が恩養の深浅にあると考えられていたという指摘は重要である。明代の主人と奴婢・雇工という私的な支配隷属関係を法的社会的な身分格差として表現する際に、その身分格差は恩義の深浅に比例するものと捉えられていたのである。

こうした私的な社会関係が法身分として表現される際に、恩義の深浅が身分の構成原理として作用する点は、宋代においても全く同様であった。『宋刑統』巻一九、賊盗律「強盗窃盗」に付された建隆三年(九六二)二月一一日の勅の節文には、次のようにある。

起今後犯窃盗、贓満五貫文足陌、処死。不満五貫文、決脊杖二十・配役三年。……其随身並女僕偸盗本主財物、贓満十貫文足陌、処死。不満十貫文、決脊杖二十・配役三年。……如是伏事未満二周年偸盗者、一准凡人断遣。

(今後窃盗を犯せば、盗んだ財物が五貫文足陌に至れば死刑に処す。五貫文に満たなければ、脊杖二十・配役三年とする。……随身ならびに女僕が主人の財物を盗んだ場合、財物が一〇貫文足陌に至れば死刑に処す。一〇貫文に満たなければ、脊杖二十・配役三年とする。……もし服役して満二周年未満に盗んだ場合は、全く凡人と同じく処罰する。)

窃盗罪につき、服役二年以上の随身・女僕が凡人よりも刑罰が減免され、二周年に満たない者が凡人と同じく罰せられるのは、二年以上の服役であれば主家による恩義は尋常のレベルを超えている――したがって随身・女僕の主家に対する地位は低下している――と考えられていたことを意味する。また『文献通考』巻一一、戸口考二「奴婢」の天禧三年(一〇一九)条では、主人の傭賃殺害に関して、恩義の身分に与える基準が五年目に置かれている。

大理寺言、……又諸条、主殴部曲至死者、徒一年、故殺者、加一等。其有愆犯、決罰至死、及過失殺者、勿論。自今人家傭賃、当明設要契、及五年、主因過殴決至死者、欲望加部曲一等、但不以愆犯而殺者、減常人一等、如過失殺者、勿論。従之。

(大理寺が言う、「……また別の条文には、「主人が部曲を殴って死亡させた場合は、徒一年とし、故意に殺した場合は、一等を加える。落度があって懲戒して死亡させた場合、および過失で殺した場合は、無罪とする」とある。今後、人家の雇傭人は、明確に契約を立て五年経った後に、主人が雇傭人を過分に殴って死亡させた場合は、部曲の場合に一等を加えることとし、落度がないのに殺した場合は、常人から一等を減じることとし、もし過失で殺した場合は無罪としたい」と。皇帝はこれを裁可した。)

どれほどの恩義がどれほどの地位の低下をもたらすか、という問題は当時の人々にさえ明確には答えられないことだったに違いない。恩義は単純に数量化して示すことができないからである。その意味で、時間による区分は便宜的ではあれ人々の納得を得やすい基準であったと思われる。もちろんこれとても絶対的基準ではないから、右の例で見たように、窃盗では二年、殺人では五年といった不統一が現われるのであり、先の『大清律例通考』の乾隆三二年の律例館の原由のように、一年以上であれば恩義は浅いとは言えないという議論も起りうるのである。

二　佃客の場合

以上、主に宋代から清代の奴婢と雇工を素材にして恩義と身分との関係を見てきたのであるが、では当時のもう一つの代表的な私的社会関係であったところの主佃関係についてはどうであろうか。

先に見たように、当時の社会に存在する私的な社会関係を国家が法制の場に取り込む際に中核的原理として据えたのは家族・親族間の恩義の存在であった。それは、当時にあって最も基本的で普遍的な私的社会関係が家族・親族関係であったからにほかならない。この家族・親族の恩義の関係を中核的な基礎として、その同心円上に宋元代の雇傭人に対する刑法上の規定が、そして明清代の奴婢・雇工人に対する規定が設けられていたのであった[13]。それゆえ、私的な社会的関係である主佃関係に対する宋元代の法律上の諸規定も、恩義に基礎を置くものであったと予想することはごく自然なこととなろう。

まず、次のような例がある。すでに見たように、歴代の法律では親族の犯罪については容隠するという規定があり、奴婢や雇工人にも主人の犯罪についてはそれが拡大適用されていたのであるが、元の盛如梓『庶斎老学叢談』巻下には、次のように見える。

里人周竹坡、守産閒居、頗渉猟方冊。為佃客告其私酒、簽庁照条擬罪。公判云、私醞有禁、不沽売者、其罪軽。然告主之罪大。此風不可長。周某杖八十、贖銅。佃者杖一百。聞者快之。

（里人の周竹坡は家産を守って閑居し、すこぶる道教の書物を集めていた。佃客に密造酒を告発され、簽庁は法律に従って罪を定めた。公は判決して、「密造酒は禁令があるが、売らなかった者はその罪は軽い。しかし主人を訴える罪は重い、こうした風潮は助長させてはならない。周某は杖八十とし、銅銭で贖わせる。佃客は杖一百とする」とした。聞いた者は、快哉を叫んだ。)

ここで「公」と言われているのは馬天驥で、彼は紹定三年(一二三〇)の進士であるからこの話は南宋代のことである。ここでは、佃客の「告主」が罰せられてはいるが、当時「告主の罪」が佃客に対して定められていたわけではない。そうした法が存在したとすれば「簽庁が条に照らして罪を擬した」段階で佃客の罪も定まっていただろうからである。したがって、これは一地方官の判断で佃客の告主が罰せられたのだと理解される。また『宋会要』食貨六六—二四、役法、紹熙元年(一一九〇)二月二九日条には、

景珪言、……所置木櫃、仍造牌二面、其一書召人自陳詭名挟戸。其一書召人告首詭戸(名)挟戸。詭名挟戸之家、除人力佃客幹当掠米人不許告首外、田隣并受寄人亦許令擉櫃首、……。従之。

(景珪が言う、「……設置した木箱は、なお看板二枚を作り、一つには「人を召して詭名挟戸を自首する」と書き、一つには「人を召して詭名挟戸を告発する」と書きます。詭名挟戸の家は、人力・佃客・幹当掠米人は告発を許さないが、田隣や寄託を受けた側の人は木箱に告発文を投入することを許したい、……」と。皇帝はこれを裁可した。)

とあって、人力や幹人とともに佃客にも、詭名挟戸に限ってではあるが、主人告発に制限を加えた例が見える。いずれも、「親属容隠」の拡大適用であると理解すべきものであるが、宋人は主佃関係のいかなる面に親属容隠の基礎たる恩義を見ていたのであろうか。

朱熹『晦庵先生朱文公集』巻一〇〇、公移の紹熙三年(一一九二)の「勧農文」の一節に、

佃戸既頼田主給佃生借、以養活家口、田主亦藉佃客耕田納租、以供贍家計。二者相須、方能存立。

(佃戸はもとより田主が土地を貸し金銭を貸すのに頼って家族を養っており、田主もまた佃客が土地を耕作し小作料を納めるのによって家計を賄っている。二者は相互に依存し、はじめて生活ができるのである。)

とあり、朱熹は主佃の関係を相互依存的なものとしながら、佃戸には「田主の給佃生借に頼り、以て家口を養活する」ものであると諭している。一方、嘉靖『寧波府志』巻二〇「遺事」には、

黄岩風俗、貴賤等分甚厳、佃戸見田主、不敢施揖。伯奇亦恭事田主。国珍謂父曰、田主亦人耳、何恭如此。父曰、我養汝等、田田主之田也、何可不恭。国珍不悦。

（黄岩の土地柄は、貴賤の身分差がはなはだ厳格で、佃戸が田主に会った時には〔憚って〕あえてお辞儀をしなかった。国珍の父伯奇もまた田主に恭しく仕えていた。国珍は「田主もまた同じ人間です。どうしてこんなにも恭しくするのですか」と言った。父は「わしがおまえらを養えるのは、地主の土地を耕しているからだ、何で恭しくしないでおれよう」と言った。国珍は不満に思った。）

とあって、元末の反乱の主役の一人である方国珍の父親は地主から土地を借りて家族を養うこと自体を恩義と感じていた。

恩義の中身はおそらくさまざまであったろう。それらを網羅することはできない。ただし主佃の格差と絡んで何が恩義かを窺えそうな例としては、『清明集』巻九、戸婚門、墳墓「主佃争墓地」に、

甚矣、世降俗薄、名分倒置、礼義凌遅、徒以区区貧富為強弱也。卓清夫先世儒者、佃人求葬、割地与之、仁人君子用心也。再伝而後、子孫衰弱、主佃易勢、呉春・呉輝不念旧恩、嚣然吠主、得隴望蜀、敢覬併呑。……呉輝・呉春殴人闌喪、不顧名分、変易南北、熒惑官司、欲各勘下杖六十、照監元責償銭入官。……庶可為小人忘恩犯分、貪婪無厭者之戒。

（なんとひどいことだろう、時代が降るにつれ世俗は人情が薄れ、名分が倒置し、礼儀は踏みにじられ、いたずらに取るに足らない貧富の差で強弱となしている。卓清夫の先祖は儒者で、佃客が葬地を求めれば、土地を割いてこれに与えたが、仁人君子の心がけである。二世代後、子孫は衰え、主と佃とは勢いを変え、呉春・呉輝は旧恩を顧みず、

主人に逆らい、欲望に限りがなく、あえて主人の土地を奪おうとした。……呉輝・呉春は人を殴って葬式を妨害し、名分を顧みず、秩序を転倒させ、官司を煩わしたので、各々杖六十とし、判決に照らしてもと弁償させた銭を強制して官に入れさせる。……こうすれば小人の恩を忘れ分を犯し、際限なく貪婪な者の戒めとなろう。）

とあり、田主が佃客に墓地を割き与えたことを恩と認めている。また『元典章』巻四九、刑部一一、免刺「主偸佃物免刺」には、次のようにある。

延祐三年七月、袁州路奉江西行省箚符、近拠吉安路申、陳百六被盗事。問得、陳慶二状招、不合為首糾合高百一等六名、窃盗訖佃戸陳百六布物入己、併贓計至元鈔四十貫之上。……旧例、奴盗主財、親属相盗、免刺、止追正贓。本省議得、陳慶二既係事主陳百六田主、又将婢使嫁与為妻、即与偸盗他人財物不同。

（延祐三年七月、袁州路が受けた江西行省の文書に次のようにあった。近頃吉安路の上申書に、「陳百六が窃盗の被害を受けた事件があります。審問の結果、陳慶二の書面による供述には、「不届きにも首謀者となって高百一等六名を集め、佃戸陳百六の布を窃盗し手に入れました、財物は至元鈔四〇貫の上に相当します」とありました。……旧例では、「奴が主人の財物を盗んだ場合、親族内で盗みがあった場合は、入れ墨を免じ、盗んだ分だけ取り立てる」とあります(が、この件はどう扱いましょうか)」、とあった。本省が議定し、「陳慶二は陳百六の地主であり、また婢使を百六に嫁がせて妻としているからには、他人の財物を盗んだのと同じではない」とした。）

この事件で、田主陳慶二が通常の窃盗罪に比して減刑を受けた理由は、彼が田主であること、および婢使を佃戸陳百六に嫁与したということにある。この二つの関係は、本件を担当した吉安路はじめ行政府各級の官僚たちにとっては、「他人」同士ではなくして、「奴僕」と「主人」ないしは「親属」の関係にアナロジーしうるものと考えられていたのである。しかし、陳慶二が田主であるということがどのような意味において「他人」と異なるのかは明示されてはいない。「奴僕」が「主財」を盗んだ場合が引き合いに出されてはいるが、ここでは田主が佃客の財物を窃盗したのであって、ふさわしいアナロジーとは言えないであろう。とすれば、婢使を嫁与したということこそが重視されるべきかも知れない。ある意味では親族すなわち外姻の関係に近いからである。この史料からは、各級行政府が田主の側に立って罪の軽減を計ろうとしていたというよりは、地主佃客間で発生した窃盗事件はさまざまな側面を考慮すれば凡人間の窃盗事件とは異なるのではないか、という時人の発想・感覚が窺われるように感じられる。すでに挙例したように、宋元代には地主の詭名挟戸告発を佃客に禁じたり、地方官が地主の私酒を告発した佃客を「此風不可長」として罰していた。こうした例からも主佃関係を家族・親族関係になぞらえ、そうしたアナロジーによって上下関係に秩序づけようとする時人の発想が見てとれよう。

さて、当時の佃客の婚姻がどのような階層を対象とし、いかなる通婚圏内で行われていたか、あるいはそれは社会的に独自の性格を持っていたのか否かについては、現在のところ全く不明であると言ってよい。ただ右の例のように地主の側から婢使を与えられる例がいくつか見える。例えば、元の孔斉『至正直記』巻三「婢不配僕」に、

先人誓不以婢配僕廝。或有僕役忠勤可任者、則別娶婦女以配之、婢則別配佃客隣人之謹愿者。嘗謂婢僕一書配了、後来者必私相自議、意必謂後日当配也、漸致奸盗之患。或配矣、又添内外私盗、甚費関防。

（先祖は誓って婢を僕と結婚させることはなかった。奴僕に忠勤で信頼できる者がいれば、別に婦女を娶ってこれと結婚させ、婢は佃客や隣人の謹厳な者と結婚させた。常々思うに、婢と僕を一度結婚させることを書面で許せば、後から来る者は必ず勝手に自分で結婚を取り決め、心の中で必ず後日結婚できると思うに違いなく、次第に姦淫や盗みといった問題が生ずる。あるいは結婚させてしまえば、また内外の盗み事が加わって、はなはだ防ぐのに苦労することになる。）

とあって、婢使は佃客・隣人の謹愿なる者に配するのがよいとされている。また、『清明集』巻七、戸婚門、遺

腹「妄称遺腹、以図帰宗」に、

術人陳亞墨欲認孫華為所生父、遂於去年冬作孫景仁名、経尉司論。孫華佃客、無故而改姓氏、蓋欲暗埋根脚、以為後日帰宗之地。……切詳情節、陳亞墨之父陳三四、娶孫華之婢阿林為妻、生下陳亞墨、已年四十五矣。

（術人の陳亞墨は孫華は実の父親と主張し、ついに昨年冬に孫景仁の名前を使って県尉の役所に訴えてきた。孫華の佃客が正当な理由もなく姓氏を変えたのは、おそらく出身を隠し、後日孫の宗に帰属する足がかりとしようとしたがためであろう。……事情をよく調査してみると、陳亞墨の父陳三四は孫華の婢使阿林を娶って妻とし、陳亞墨を生んだが、それからすでに四五年になる。）

とあり、佃客陳亞墨の申し立てによれば、彼の父陳三四は田主孫華の婢使阿林を妻としていたのであった。同書巻八、戸婚門、別宅子「無證抛」には、

饒操無子、養応申以為子。儻果有庶出之親子、不自撫育、併母逐去、以嫁其僕李三、非人情也。今李三之子李五謂、其母懐孕而出、以嫁李三、自陳帰宗、何所抛而然也。

（饒操に息子はなく、応申を養子とした。もし本当に妾腹の実の子がいるのに、自分で養育せず、母親と一緒に追い出して奴僕の李三に嫁がしたとあれば、人情に適うことではない。今李三の子李五は、「自分の母親は妊娠して主人の家を出、李三に嫁しました」と言って、饒の家に戻りたいと述べているが、どこにそんな根拠があるというのか。）

と見え、ここでも、地客李五の申し立てによれば、彼の父李三は主人(田主)の婢使と婚配せしめられているのである。[14]時代ははるかに降った一九世紀後半で、また小説ではあるが、パール・バックの『大地』の冒頭も、佃客王龍が地主の黄家の婢使阿蘭を妻としてもらい受ける場面から始まっていたことが想起される。もとより統計的には不明であるが、中国の佃客の婚姻には、右のような例がまま見られたのではないかと推測されるのである。

以上において、田主による婢使の嫁与を通じて佃客の婚姻が成立する場合の決して例外的でなかったであろう

ことを見てきたのは、実は恩義の中心にこの婚姻が置かれる場合があったからにほかならない。すでに小山正明氏の研究によって明らかにされているように、明清代の奴僕の身分認定は、契約書が失われている場合、主人による衣食の給養の有無と婚姻支配の有無に基づいていた。(15)それは前掲の万暦一六年新題例における「財買の義男」の扱いによっても証されるが、このことは明清代の人々にはこの二点こそが恩義の中心と意識されていたことを物語るものである。そのことは宋元代においても同様であったろう。先に見た宋元代の雇傭人の例からも窺いうるように、服役期間が長ければ長いほど彼らの地位は低下する。彼らの労働は評価されることなく、彼らに対する主人の恩義だけが一方的に積み重なってゆくのである。衣食すなわち生存し続けること、婚姻すなわち子孫を残すことという生命体にとっての最低限の欲望の充足を他者に依存することは、依存する側にとっては最も強い人格的従属を強いられることだったのである。一方、衣食と婚姻を施す側にとっては、最も大きな恩義を与えたことになると考えられていた。恩義は与えられれば与えられるほどそれを受けた者の上に積み重なり、重みとなって受けた者の地位を低下させる。それは消却することが極めて困難である。なぜなら、すでに述べたように恩義とは数量化することが困難なものだからである。

ところで、右に見たように宋元代の主佃間の恩義の中心の一つとして田主の家の婢使と佃客との婚姻が挙げられるとしても、それがただちに佃客の法的従属性をもたらす主因であったと一般化して考えるわけにはゆかない。佃客の婚姻は、彼らが独立の経営を有する存在であるだけに、奴僕や雇工に対する婚姻支配と違って、必ずしも田主による一方的な恩恵であったとは言い切れないだろうからである。先の『元典章』からは、確かにそれが恩義の一要素ということが示唆されてはいるが、他人同士の窃盗とは異なるということの揺ぎない証拠とされているわけでもなさそうに見える。さらにまた、田主に対する佃客の法的な従属性の根幹に恩義の存在があったとしても、恩義のみによっては主佃の法的格差を説明できないのも事実である。なぜなら、明清代の主佃関係には宋

元代のような法的格差は存在しなかったとはいえ、そこに恩義の関係が認められないわけではないからである。(16)

宋元代の佃客は田主に経済的に依存し、明清代にはそこから脱却したという論理、この論理を基礎とする刑法上の格差の出現と消滅という説明は現在でも有力な見通したることを失ってはいないが、しかしわれわれは宋代の佃戸制と明清代の佃戸制を明確に比較し性格づける作業を未だなしえておらず、むしろ経済的依存性という点からすれば、宋元代にも明清代にも田主と佃客の間には恩義が存在したと言う方がはるかに現実に近いように思われる。(17)とするならば、主佃間の法的格差という問題は恩義の存在によってだけでは、あるいは恩義の量の違いからだけでは説明できないことになる。それでは、ここでの問題はどのように考えられるべきなのであろうか。

宋－清代の社会において、私的な社会関係を法制の場に組み込むに際し、恩義の深浅が中核的原理として作用することは、先の検討によってほぼ確認されるであろう。宋元代の主佃間の法的格差が、主佃間の恩義の存在に基づくこともほぼ間違いないであろう。では唐代や明清代における主佃間の法的格差の不存在はどう説明すべきなのであろうか。ここでわれわれは主佃関係の内部に存在した恩義への視点を移して、主佃関係を社会全体の中に置いて眺める必要を感じるのである。そこで例えば、元代の主佃関係の一齣として、『至正直記』巻三「好食鶏」に見える次のような逸話に目を向けてみよう。

安吉親友朱元之嘗言、其族人有好食鶏者。凡親族隣里待之、必以鶏、別不設他物。其人一日過佃客家、将午、佃餉之以鶏、知其所好也。其人忽覚体困、就隠几仮寐、戒其佃曰、吾欲睡、慎勿驚覚。鶏熟時、置于几上、待我醒、後食也。其人乃熟睡。未醒、鶏已至。佃客侍候于傍。逾時見一物自其人鼻孔中出、延于几、漸至鶏上、若蜈蚣而短、多足而黒。佃以蟲置于碗而覆之。須臾其人醒、見鶏于前、揮之令去、且曰、(一字欠)□鶏気臭穢、不可食。佃乃告其故、其人見蟲曰、遠棄于地。令別烹鶏、鶏至復曰、臭穢不可食。自是不好食鶏矣。不知何故。意其当初必悞食蟲物、以致此患、患既絶、是以不好也。

（安吉の親友朱元之がかつて言うには、彼の族人に鶏を好んで食べる者がいた。およそ親族や近所の者が彼を接待する時は必ず鶏を出し、その他は何もいらなかった。その人がある日佃客の家を通りかかった時、ちょうど昼時だったので佃客は鶏を彼に食べさせようとした。彼の好みを知っていたからである。その人は急に疲労を覚え、テーブルによりかかって仮眠をとろうとし、佃客に注意を与えて、「私は眠りたいので驚かして目覚めさせることのないようにしろ、鶏肉を調理し終ったらテーブルの上に置いておけ、目が覚めたら後で食うから」と言った。その人は熟睡した。目覚めぬうちに鶏はすでに調理し終った。佃客は傍らで侍っていた。やがて一物がその人の鼻の穴から出てきて、テーブルに延びて行き、やがて鶏に辿り着いた。ミミズのようで短く、たくさんの足があって黒いものだった。佃客は虫を碗の中に入れてそれを逆さに覆っておいた。すぐにその人が目覚め、目の前に鶏を見ると、手を振って持って行かせ、かつ「鶏のにおいが臭くてたまらん、食えたもんじゃない」と言った。佃客がその訳を話すと、その人は虫を見て「遠くに捨ててこい」と言い、改めて鶏を調理させた。鶏料理ができあがるとまた「臭くて食えない」と言った。この時から鶏を食うのを好まなくなった。なぜかは分からない。思うに、当初にきっと誤って虫を食べ、それでこんな病気になったのであり、病気がすでになくなったので、それで好まなくなったのであろう。）

話としては荒唐無稽なものではあるが、ここには安吉県（湖州）地方における主佃関係に関する貴重な証言も含まれている。昼時に佃客の家の前を通りかかって立ち寄る田主と、それに昼食を供する佃客の姿は、両者の日常的な接触の存在を窺わせる。まして佃客は田主の好物までも熟知している。この親密な関係の中には、しかし抜き難い人格的な優位と劣位の関係も見ることができる。午睡中の安静を命じる田主の態度は横柄に見える。午睡をしている田主の傍らで佃客は鶏を調理している。鶏は当時の佃客にとってそうたやすく口にできるものではなかったろうと想像されるが、目覚めた田主は再度の調理を命じているのである。こうした田主と佃客との人格的な上下関係は、一般的には唐代の主佃関係においても明清代のそれにおいても認められる事柄であったろう。さらに言えばこうした上下の人間関係は、経済的力量の優劣、社会的地位の上下、政治権力の大小、年齢の上下などさまざまな要素に応じて現在でも日常的に見ることのできるものである。そうであるとすれば、問題は改めて次のように立てられなければならない。中国史における長い主佃関係の歴史において、絶えず一般にそうした上下関係が存在したとするならば、宋代および元代の田主と佃客の関係についてのみ、あのような刑法上の格差が設けられたのはなぜか、と。

結　論

宋元時代の佃客と田主およびその同居親との間に、また宋代以降清代に至る奴僕や雇傭人（雇工人）と主人およびその親族との間に不平等な法的格差が設けられていたことは周知の事実である。またそうした関係が社会的には「主佃の分」や「主僕の分」という言葉で表わされていたことも広く知られている。こうした私的な社会関係を法制の場に公式に反映させることになったのは、私見によれば、主佃関係の発展や展開、雇主雇傭人関係の発展や展開だけに基づくものではなかった。もとよりそうした私的な社会関係の展開が存在しなければ、その法制への反映もありえないことは言うまでもないが、しかしその量的発展のみが為政者に法の整備を促したと考えるわけにはゆかないのである。例えば、唐代以前においても佃戸制や雇傭制は存在していたが、その法制への反映は身分関係という側面では現われることがなかったのであり、宋代に至って佃客や雇傭人の法身分が形成されたのは、それまで法制の場への反映を阻止していたところの、私的支配隷属関係を容認しないという唐朝の支配理念が放棄され、新たにそれを容認・公許するという宋朝の支配理念へと転換したからなのである(18)。

こうした支配理念の転換に伴い、雇傭人と主人との間に刑法上の格差を設け、また準家族員として主人の犯罪告発を制限し、窃盗罪で減刑を許したのは、彼らが主人に対して隷属的な地位に置かれていたからである。その隷属性は彼らが主人から恩義を受けている（と考えられていた）からなのであって、それ以外ではなかった。この構造は家族・親族内における尊卑と長幼の秩序と全く同じ性格を持っていた。尊長に対する卑幼の隷属性は恩義に求められるからである。一般化して言えば、中国では私的な社会関係は恩義の深浅によって法的社会的に上下の関係に秩序づけられていたのである。宋元代にはこの法的な上下の関係が雇傭人のみならず主佃間にも設定されていた。それゆえ、刑法上の主佃の格差は主佃関係が恩義あるものと捉えられていたからこそ存在した、とされるあたりは説明されるのである。

それでは、唐代に主佃の格差が法律上に見出せないのは、そこに恩義が存在すると捉えられなかったからなのであろうか。明代以降主佃間に刑法上の格差が存在しないのはなぜであろうか。おそらく、唐代と明代以降には恩義の存在を認識していながら、それを刑法上に反映させようという志向が国家権力の側に存在しなかったのである。後に第六章で考察するように、唐代には私的な支配隷属関係を容認しないという支配理念が存在していた。魏晋南北朝から隋唐時代には、良賤関係以外に私的な社会関係が法的な形をとって現われることがなかったのであるが、これは権力の意志であったと説明されるほかないであろう[19]。明代以降については明言する準備がないが、そこに主佃関係の捉え方の変化があったであろうことは想像できる。例えば『大明律集解附例』巻四、戸律、戸役「立嫡子違法」に、

庶民之家、存養奴婢者、杖一百、即放従良。

（庶民の家で奴婢を存養する者は、杖罪一百とし、ただちに解放して良人とせよ。）

と見える。庶民の家では奴婢を置いてはならないというこの一条の規定は、庶民に奴婢を置く者が多いという現実を反映したものではなかったであろう。それは、庶民が分を超えて他人の労働を搾取すること、それによる庶民の階層分化を事前に阻止しようという権力意志の表われであったと理解される[20]。同時に主佃関係について言え

ば、経済的関係としての主佃関係の存在を認めることと、そこに法的格差を設けることとは全く別の次元の問題であると考えられる。宋元代のように主佃間に刑法上の格差を設けることは、そこに支配と隷属の関係が存在することを公認することである。庶民の階層分化を阻もうとした明朝は、主佃間に支配隷属の関係を認めることによって、その一層の展開を助長するような志向は持たなかったであろう。(21)

一般的に言って、階級関係あるいは上下の人間関係が存在しても、それが法制の場に表現されるか否かは、民衆の側の抵抗ばかりでなく、国家権力の支配理念や支配のあり方と深く関わっている。とりわけ権力が専制的形態をとって集中していた中国の場合には王朝の支配理念が現実を規制するという傾向が強く現われやすかったであろう。それゆえ、宋元代の主佃関係があのような形で法制の場に現われたのは、当時の社会構成を基盤としつつも、その社会構成をどのように捉えどのように社会を再生産してゆくかという宋元代の王朝権力の支配理念と強く関わっていたと理解される。明代以降、主佃間に刑法上の格差が設けられなかったことの歴史的背景・理由も、同じく当時の社会構成と支配理念の面からより具体的に説明される必要があるであろう。誤解のないように急いでつけ加えるのであるが、このことは階級分析を放棄せよと求めるものではもとよりない。階級関係や経済構造から説明しえない問題は、別の視点から説明しなければならないということを主張しているにすぎないのである。

歴代の中国の支配層が、自らが生きている社会をどのように捉えどのように再生産させてゆこうとしていたかという問題はほとんど未開拓の領域である。宋代以降の恩義と身分の問題を検討してこの領域に突きあたった私には、この点の突破なしにはもはやこれ以上前進しえないと感じられる。

(1) 佃客や雇工人の法的あるいは社会的な地位は、良民や賤民また官僚や庶民のように社会全体の中に特定の位置を占めているのではなく、田主や主人との関係においてのみ個別的に成立するにすぎない。したがって、これを「身分」と呼ぶのは適切さを欠くが、さりとてそれに替わる適当な用語も見あたらないので、しばらく上記のような性格を持つことを承知のうえで「身分」の語を用いることにしたい。

(2) この記述を紹介・分析した森正夫「明末清初の奴僕の地位に関する覚書―小山正明氏の所論の一検討―」(『海南史学』九、一九七一年)によれば、これは「十八世紀半ば頃の江蘇、浙江地方の直接生産者農民の置かれていた状況と密接にかかわっている」ものとされている。森氏はここから「本源的には奴僕・雇工と呼称されており、従来から田主が扶養しているものであり、やや抽象的表現によってではあるが、再生産過程において田主が何らかの物質的干与を行なっている農民」と、「専ら田を租《か》るに靠《よ》って活を為すの貧佃」であり、再生産過程において田主の干与が原理的に全くなく、田主に地代としての租を納入した剰余でのみ生計を立てているもの」という二種類の佃戸の姿を指摘している。森氏はさらに「この規定だけによっては、佃戸と総称される直接生産者農民の二大別が、いつからどのような過程で成立したかを厳密に確定することはできない」としながらも、続けて「しかしながら、前者については、「本と奴僕・雇工に係り」とあるように、十八世紀半ばの時点で、比較的近い過去のこととして、彼らが一般的に奴僕、雇工と称されていたことを想定することはできる。筆者は、このことと、かの奴変とを結びつけて考え、右の「本と奴僕・雇工に係る」佃戸とは、十七世紀、明末清初に爆発した奴変を境にして奴僕、雇工という社会的呼称を、佃戸というそれに変えられるような、一定の解放をかちとった直接生産者農民であると比定したい」と述べ、「本と奴僕・雇工に係る」佃戸をすぐれて明末清初という時代性を有する存在とする見解を示している。しかし、「本係奴僕・雇工」とあるところの「本」は、時間的に「比較的近い過去」を指すのではなく、佃戸という形態をとってはいるが「本来的に」奴僕・雇工という身分を持っているということを意味するものであろう。したがって、ここで二大別されているのは、同じく「業主」と呼ばれる土地所有者の土地を小作しつつも、奴僕・雇工という身分を持つ佃戸と、そうした身分を持たない佃戸となのである。

(3) 本書第一章、参照。

(4) 『元典章』新集、刑部、偸頭口「偸雇主牛罪例」には、延祐七年(一三二〇)に雇主の家で「雇工使喚」していた陳成二なる者が雇主の水牛と衣服を盗んだ件につき、この呉旺の件を引いて減刑した断例がある。

(5) 小山正明「明代の大土地所有と奴僕」(一九七四年原載、同氏『明清社会経済史研究』一九九二年、東京大学出版会、所収)、および本書第八章、参照。
(6) 最近この問題を整理したものとして、谷川道雄編著『戦後日本の中国史論争』(一九九三年、河合文化教育研究所)の第五章、宮沢知之「宋代農村社会史研究の展開」がある。
(7) 仁井田陞氏はつとに「中国の農奴解放過程と契約意識」(同氏『中国法制史研究―法と慣習・法と道徳―』一九六四年、東京大学出版会、所収)と題する学会報告の中で、「分」と「恩」とのつながりについて貴重な提言をしているが、それはいわば宣言に止まっており、どのような内的構造を持つかについては十分に考察されていない。
(8) 『唐律疏議』巻六、名例「同居相為隠」、参照。
(9) 小山正明「明・清時代の雇工人律について」(一九七五年原載、同氏注(5)前掲著書、所収)に多くの例示がある。
(10) 窃盗罪のこうした特異な性格については、拙稿「中国史における窃盗罪の性格―宋代以降の身分制史研究の一素材―」(一九八八年、名古屋大学環太平洋問題研究会編・刊『環太平洋問題研究』、所収)、参照。
(11) 唐律では、「受業」とは「伏膺儒業、而非私学者」とあり、明の姚思仁『大明律附例註解』巻二〇、刑律、闘殴「殴受業師」にも「受業師指儒業言。若百工之師、同于凡人」と言うが、続けて本文に引く薛允升『唐明律合編』は『読律管見』・『読律瑣言』の説を支持して工芸の師も含むとする。王肯堂『王肯堂箋釈』、荻生徂徠『明律国字解』も薛允升と同じ見解を示す。
(12) 小山氏注(9)前掲論文三七九頁。
(13) ここで言う明清代の奴婢とは、犯罪没官者を指すのではなく、身売りや投靠によって無期的な服役労働者となった者を指している。
(14) 引用した『清明集』の二条の婚姻自体は申し立ての通りであるが、主人の遺腹の子であるという陳亞墨および李五の主張は、判決では退けられている。
(15) 小山氏注(5)前掲論文、参照。
(16) 濱島敦俊「明清時代の地主佃戸関係と法制」(菊池英夫編『変革期アジアの法と経済』一九八六年、科学研究費報告書、所収)、および同氏「関于明清時期的〝主佃之分〟」(『第七届明史国際学術討論会論文集』一九九九年、東北師範大学出版社、所収)には、州県レベルの裁判の場において「主佃の分」という理念が存在したことが指摘されている。これは主佃間に恩義があるという意識の反映であろう。
(17) 例えば、森正夫「一六―一八世紀における荒政と地主佃戸関係」(『東洋史研究』二七―四、一九六九年)は、一七世紀以前の佃客の田主に対する経済的依存を指摘している。

(18) 本書第六章、参照。

(19) 本書第六章、参照。

(20) こうした考えは未熟な形ではあるが、本書第八章において述べた。

(21) 徳永洋介氏は「南宋時代の紛争と裁判―主佃関係の現場から―」(梅原郁編『中国近世の法制と社会』一九九三年、京都大学人文科学研究所、所収)において、下等戸が上等戸の土地を租佃する場合は、「ともに主戸という法的側面から見れば対等である。まして刑法上の身分格差が、その農業経営の規範になり得たとは思われない」と述べ、この文章の注に拙稿「宋代佃戸の身分問題」(『東洋史研究』三七―三、一九七八年)を引用して「なぜ相互に対等な人格間に結ばれた一対一の経済関係において、これを直接には規律することのない刑法的な身分格差が必要だったのか、考察すべきであろう」と記している。まず拙稿がどのような意味合いで引用されたのか、次に「考察すべき」なのは私なのか、徳永氏の読者に対する呼びかけなのか、徳永氏自身の問題意識を述べたのか、私には理解できない。とはいえ、さしあたり次のことは申し述べておきたい。私は、宋朝が主佃の刑法上の格差を定めた際には、それを農業経営の規範にしようとしたとか、主戸同士の主佃関係を基礎に置いていたと述べたことはないし、もちろん今でもそのように考えてはいない。また当時の主佃関係の圧倒的部分は、たとえ主戸同士のそれであったとしても「対等な人格間に結ばれた一対一の経済関係」ではなかったと考えている。「主戸という法的側面から見れば対等」というのは宋人の見方ではなく徳永氏の見方である。われわれは主戸と客戸の租佃関係であっても、例えば「良民という側面から見れば対等」と言いうるであろう。田主と佃客とが不対等であったのは、換言すれば単なる経済関係であるはずの主佃の関係が刑法上の格差となって現われたのは、時人が一般に両者の間には恩義と呼べる関係が介在していると考えていたからであり、宋朝権力がそれを法制上に反映させることを容認したからである。仮に徳永氏が考察を要請した対象が私であったとすれば、これが回答である。

第四章　宋代の雑人・雑戸の身分

はじめに

すでに見たように、宋代史料に見える「良民」や「賤民」また「奴婢」といった語句は、法的制度的裏付けを持たない形式的な名称として遺存していたにすぎず、制度としての良賤制は宋代に至って完全に消滅していたと考えられる。しかしながら、良賤制の消滅はもとより身分制の消滅と同じではない。宋代以降も身分と身分関係とは、社会的諸関係の一つとして現実に機能し続けていたのである。

本章では、宋代に良賤制が消滅し、賤民としてはわずかに官賤民が存在したにすぎないという第一章の論述を再確認するとともに、雑人や雑戸、雑類と呼ばれた人々の実態と身分について検討したい。

一　良賤制の消滅

宮崎市定氏は「部曲から佃戸へ―唐宋間社会変革の一面―」[1]において、唐宋間の直接生産者の変化を、唐代における身分的隷属性を帯びた部曲から宋代における契約的性格を持つ佃戸へと捉える見解を示し、さらにこの論攷の末尾近くでは、

私は主として従来の私賤民に対する身分解放が宋代に行われたことを述べたのであるが、一方においては依然として官奴婢が存在し、それは叛乱に縁坐した家属に適用された。また他方においては賤業による区別の観念が次第に抬頭してきた。これが明代に至って雇工の律というはっきりした形となり、また特殊な世襲の賤民階級が設定されるに至る。

と指摘している。宮崎氏の所説は多くの点で示唆と啓発に富むものではあるが、唐代の直接生産者を部曲と見る点、および宋代に私賤民が身分解放されたと見る点はなお検討の余地があるように思われる。部曲の問題は後に本書の第六章において検討することになるので、ここではまず宋代に私賤民が存在しなかったことを再確認することにしたい。

宋代には私賤民が存在せず官奴婢が存在したにすぎないという論点は、私も宮崎氏と理解を同じくしているが、しかし、こうした理解は大方の同意を得るには至っていないように思われる。例えば、柳田節子氏は、宋代のいわゆる雇傭人法は「雇傭」によって一時的に奴婢(賤民)化した者に対する法規制であると述べている[2]。これは宋代にも私賤民が存在したという主張であろう。唐代に体系化され整備された良賤制は若干の変容を被りつつも清

末まで継承されたという理解は、厳密な検討を加えられないまま通説化しているようであり、また宋代史料にしばしば登場する「奴婢」や「良民」といった語句の存在は、私奴婢や良賤制の存在を強く印象づけるかのごとくである。そこで、宋代に私賤民が存在しなかったという論点から検討を開始しよう。

唐代における良賤制の存在を疑う者はおそらく一人としていないであろう。なぜか。唐代の戸籍残簡などに奴婢や部曲の名が記されていることが一つの有力な論拠ではあるが、なによりも法律上に良賤関係や賤民に関する多くの規定が残されているからにほかならない。良賤制は唐朝の身分制度であり、制度は通常は人々がそれを容認し受け入れることによって維持され、究極的には法の強制力によって維持される。それゆえ例えば唐律上の良賤制に関わる諸規定は、良賤制の制度としての存在を疑いなく表現していると考えられているのである。

ところが、宋代にも引き続き良賤制が存在したという予断を持って宋代史料をひもとく者は、結局意外な事実に当惑せざるをえないことになる。『宋史』の刑法志、『慶元条法事類』、『宋会要』の食貨部版籍や刑法部、『文献通考』の戸口考や刑考といった現存する宋代の代表的な法律史料には、良民と賤民、主人と奴婢等に関する法律が全くと言ってよいほど存在しないからである。(3)宋代における良賤制に関する法律の不存在は、唐律のみならず元代の『元典章』や『元史』の刑法志、明律や清律(およびその条例)と比較すれば、宋代法の際立った特色の一つと言いうるものである。良賤制を規制する法が存在しないところで、どのようにして良賤制が存立しうるであろうか。良賤制に関わる法が存在しないにもかかわらず、宋代に良賤制が存在したと言うならば、それは道路交通法が存在しなくとも交通の安全は確保されると語るに等しいであろう。

あるいはしかし、『宋刑統』を持ち出しての反論があるかも知れない。確かに宋代には律に優先して勅が用いられたとはいえ、律が全く用いられなかったわけではない。律文の生きた引用は判決文などに見ることができる。(4)しかし、宋代の判決集である『清明集』や『後村先生大全集』、『勉斎集』等に収められた判語には、良賤制に関する律文の引用が認められないばかりか、良賤や主奴に関する事案すら見ることができないのである。この点も明清代の判語の中に良賤・主奴に関わる事案が豊富に見出せるのと好対照をなしている。加えて、太宗の弟廷美（光美）の七世の子孫で南宋中期の人、趙彦衛の『雲麓漫鈔』巻四には、

刑統皆漢唐旧文、法家之五経也。国初嘗修之、頗存南北朝之法及五代一時旨揮。如奴婢不得与斉民伍、有奴婢賤人類同畜産之語、及五代私酒犯者処死之類、不可為訓。皆当删去。

（宋刑統は皆漢代唐代の旧文で、法家の五経である。宋初にこれを編纂した際に、南北朝の法と五代の臨時的な指揮を多く残した。例えば、奴婢は庶民と対等であってはならない、奴婢賤人は畜産と同じであるといった言葉、および五代の私酒を犯した者は死に処すといった類があり、準則となすことはできない。皆削り去るべきである。）

とあって、奴婢に関する『宋刑統』の律文は删去すべしと指摘されているのである。

以上は、宋代に良賤制が制度として存在しなかったことを、法律の側面から裏付けるものであるが、しかし、一方で官奴婢は確実に存在していた。その実態は史料の不足から必ずしも明らかではないが、少ない史料から推測する限り、宋代の官奴婢は唐代のそれと同じく反逆等の罪に縁坐して没官された者であり、官衙に繋属され官司の使役に服していたようである(5)。例えば、『長編』巻二六四、熙寧八年（一〇七五）五月丁丑条に、謀反の罪に問われた前余姚県主簿李逢の「男女は没官して奴婢と為す」とされ、同じく前河中府観察推官徐革の「妻・男女・弟は並びに没官して奴婢と為す」と見える。また慶州に叛乱が起った際に、叛乱者の家族が没官されるとともに、一部の官奴婢が民間へ流出した可能性が窺われる史料がある。『長編』巻二二一、熙寧四年（一〇七一）三月辛丑条に、

又詔、慶州叛兵親属縁坐者、使環慶路経略司検勘服紀年甲。応元謀反手殺都監県尉、捕殺獲者、其親属当絞者、論如法。没官為奴婢者、其老疾幼及婦女、配京東西、許人請為奴婢、余配江南両浙福建為奴、流者決配

荊湖路牢城。非元謀、而嘗与官軍闘敵、捕殺獲者、父子並刺配京東西牢城、老疾者配本路為奴。諸為奴婢者、男刺左手、女刺右手、余親属皆釈之。叛軍家属皆誅者、凡九指揮。李清臣謂韓絳、軍士謀叛、初不告妻子、宜用恩州故事、配隷為奴婢。絳奏従其言、故有是詔。

（また詔す、「慶州の叛乱兵の親族で縁坐した者は、環慶路経略司に服紀・年齢を調査させよ。すべて主謀者として謀反して手ずから都監・県尉を殺し、捕虜となったり殺された者で、その親族の絞罪に当る者は、法律通り処罰する。没官して奴婢となす者のうち、老・疾・幼および婦女は、京東・京西に配し、人が請うて奴婢とするのを許し、余は江南・両浙・福建に配して奴となし、流罪の者は荊湖路の牢城に配せ。主謀者ではないが、かつて官軍と戦い、捕虜となったり殺された者につき、その父子は皆京東・京西の牢城に刺配し、老・疾の者は本路に配して奴となせ。諸て奴婢となした者は、男子は左手に入れ墨し、女子は右手に入れ墨し、その他の親族は皆釈放する」と。叛乱軍の家族で皆誅殺されたのは、およそ九指揮であった。李清臣が韓絳に語った、「軍士が謀叛した時、決して妻子に告げなかった。恩州の故事に倣って、配して奴婢とすべきである」と。韓絳はその言を上奏した。それゆえこの詔があったのである。）

とあるのがそれである。管見の限り官奴婢が民間に流出したと考えられる例はこの一例だけであり、しかも「人請いて奴婢と為すを許」された者が、その後永く私奴婢の身分を持っていたかは疑問である。なぜなら、南宋に至ると時人の意識の中には官奴婢の存在すら上っていないという状態が現出するからである。南宋中期の人、葛洪の『渉史随筆』「漢高帝詔免奴婢自売者為庶人」に、

古称良賤、皆有定品。良者即是良民、賤者率皆罪隷。今之所謂奴婢者、概本良家、既非気類之本卑、又非刑辟之収坐、不幸迫於兵荒、陥身於此。非上之人有以蕩滌之、雖欲還歯平民、殆将百世而不可得。

（古えに良賤と称するには、皆定まった等級があった。良なる者はすなわち良民であり、賤なる者はおおむね皆罪隷

であった。今のいわゆる奴婢というのは、すべて本来良家の者で、気類が本来卑しいわけではなく、刑罰によって没官されたのでもなく、不幸にして兵乱や饑饉に迫られ、身をこれに落としたのである。上の人がこれを洗い清めてやらなければ、平民に戻ろうとしても、百世代経ってもできないことである。）

とあり、当時のいわゆる奴婢とは犯罪没官者ではなく、兵乱や饑饉によって良民が「奴婢」に身を落としたのだと指摘されている。こうした認識は宋人や元人にとってはごく一般的なものであって、南宋の淳熙一四年（一一八一）頃に書かれた、羅願『鄂州小集』巻五、箚子「鄂州到任五事箚子」の第五事には、

臣窃以、古称良賤、灼然不同。良者即是良民、賤者率皆罪隷。今世所云奴婢、一概本出良家。或迫饑寒、或遭誘略、因此終身為賤。誠可矜憐。

（臣が思いますに、古えに良賤と称するのには、明確な区別がありました。良と言うのはすなわち良民であり、賤と言うのはおおむね皆犯罪者でした。現在言うところの奴婢は、すべて良家から出ており、ある者は飢えや寒さに迫られ、ある者は誘拐拉致に遭い、それで終身賤民となっているのです。まことに憐れむべきことです。）

とあり、当時の「奴婢」は良民が饑寒や誘略によって「賤」となったものとされ、罪隷の奴婢は「古え」のものとされている。また、徐元瑞『吏学指南』良賤孳産の「軀口」の説明には、

謂被俘獲軀使之人。古者以罪没為奴婢、故有官私奴婢之分。

（捕虜となって使役に当る者を言う。古えは犯罪没官者を奴婢とした、それゆえに官私の奴婢という区別があった。）

とあり、ここでも罪没の奴婢は「古え」のものとされている。元末明初の人陶宗儀の『輟耕録』巻一七「奴婢」では、

今蒙古色目人之臧獲、男曰奴、女曰婢、総曰駆口。蓋国初平定諸国日、以俘到男女匹配為夫婦、而所生子孫、永為奴婢。又有曰紅契買到者、則其元主転売於人、立券投税者、是也。故買良為駆者、有禁。……按周礼、

其奴、男子入于皁隷、女子入于舂藁。説文、奴婢皆古罪人。夫今之奴婢、其父祖初無罪悪、而世世不可逃、亦可痛已。

（今蒙古色目人の奴隷は、男は奴と言い、女は婢と言い、総じて駆口と言う。およそ国初に諸国を平定した時、捕虜とした男女を娶せて夫婦とし、生れた子孫を永遠に奴婢としたのであろう。また紅契で買ったという者がいるが、それはもとの主人が他人に売却し、契約を立て官に届けて契税を支払ったのがそれである。故意に良民を買って駆口とすることには禁令がある。……周礼によれば、「奴は、男は皁隷に入れ、女子は舂藁に入れる」とある。説文には、「奴婢とは皆古えの罪人である」とある。現今の奴婢は、父祖に全く罪悪がないのに、代々この身分から逃れることができないのは、痛ましいことである。）

とあって、俘獲奴婢の子孫が当時の奴婢のすべてであったかのごとく述べている。宋末元初の人、方回の『続古今攷』巻三六「酒漿籩醢醯塩冪奄女奚」に、

紫陽方氏曰、近代無従坐没入官為奴婢之法、北方以兵擄則有之。

（方回が言う、現在では犯罪によって没官して奴婢となす法は存在しないが、北方では戦争捕虜によって奴婢となすことがある。）

とあり、犯罪没官によって奴婢となす法は、当時存在しないと言われている。

このように、宋代の官奴婢は同時代の人々の意識に上らないまでに少なかったのであるが、しかしながら官奴婢の存在は否定できない事実である。『宋会要』刑法四―四、大中祥符元年（一〇〇八）正月六日の詔に、

左降官配隷諸州衙前者、所在件析以聞、配流徒役人及奴婢鋮工、並放従便、黥面配隷者、具元犯取旨。以天書降也。

（降格処分を受けて諸州の衙前に配隷している者は、州ごとに個別に事情を皇帝に報告し、配流・徒役の人および奴

婢・鍼工は釈放して自由の身とし、黥面配隷の者は、もとの犯罪事実を書いて皇帝の意向を聞け。天書が降ったゆえにこうした詔が出たのである。）

とあり、『宋史』巻二〇〇、刑法二に、徽宗の時のこととして、

各州毎年開収編配羈管奴婢人及断過編配之数、各置籍。

（各州は毎年編配・羈管・奴婢および編配に処した人数を書き改め、各々籍を置け。）

とあり、その籍の様式は『慶元条法事類』巻七五、刑獄門五、編配流役、断獄式に見えている。こうした官奴婢の存在は、論理的には上級官賤民と私奴婢の発生の可能性を持つものとなる。なぜなら、官戸や雑戸等の上級官賤民は官奴婢の不完全な解放によって発生し、私奴婢は官奴婢の民間私人への流出（皇帝による下賜）によって生ずるものだからである。しかし宋代には上級官賤民は存在しなかった。この点については、宋人の証言がある。紹熙三年（一一九二）の序がある費袞の『梁谿漫志』巻九「官戸雑戸」に、

律文有官戸雑戸良人之名。今固無此色人、讞議者已不用此律。然人罕知其故。按唐制、凡反逆相坐、没其家為官奴婢。反逆家男女及奴婢没家(官)、皆謂之官奴婢。男年十四以下者配司農、十五以上者、以其年長、令遠京邑、配嶺南為城奴也。一免為番戸、再免為雑戸、三免為良人。皆因赦宥所及、則免之。

（律文に官戸・雑戸・良人の名がある。今はこうした種類の人はもとよりおらず、裁判をする者もすでにこの律文は用いていない。しかし人はなぜ律文にそうした名目があるのかを知らない。唐の制度では、およそ反逆の罪を犯した者は、その家を没官して官奴婢とする。反逆の家の男女および奴婢は没官し、皆これを官奴婢と呼んだ。男子で年一四以下の者は司農寺に配し、一五以上の者は、年嵩が高いことから都を遠ざけ、嶺南に配して城奴となしたのである。ひとたび免じられると番戸となり、再度免じられると雑戸となり、三度免じられると良人となった。皆赦宥によって身分解放されたのである。）

とあって、律文上の官戸、雑戸、良人なる者は当時存在せず、この律文も用いられていないと明言されている。費衮がここで、こうした名色が立てられている理由がすでに知られていないとして唐制の解説を行っている[(7)]ことは、宋代に上級官賤民が存在しなかったことだけでなく、費衮の意識の中に宋代の官奴婢の存在すらなかったことをも示している。

次に、官奴婢から私奴婢が発生する可能性について検討しよう。管見の限り、宋代に官奴婢が臣下に下賜された例は見あたらない。先に、現実に官奴婢が民間に流出した可能性を示す事例を一例挙げたが、北宋中期の人、魏泰の『東軒筆録』巻一に、次のようにある。

雷徳驤判大理寺、因便殿奏事。太祖方燕服見之、因問曰、古者以官奴婢賜臣下、遂与本家姓、其意安在。徳驤曰、古人制貴賤之分、使不可瀆。恐後世譜牒不明、有以奴主為婚者。太祖大喜曰、卿深得古人立法意。由是嘆重久之。自後毎徳驤奏事、雖在燕処、必御袍帯以見。

（雷徳驤が判大理寺であった時、便殿で上奏をした。太祖は普段着でこれと会い、次のように問うた。「古えは官奴婢を臣下に給賜し、ついには主人の家の姓を与えたが、その意図はどこにあったのか」と。徳驤はこう答えた。「古人は貴賤の区別を規制し、混合しないようにしました。後世になって系図が不明となり、奴と主とが婚姻関係を結ぶことを恐れたのです」と。太祖が大いに喜んで言うには、「卿は深く古人立法の意図を心得ている」と。このことによって感心することしばしばであった。これより後徳驤が上奏するたびごとに、くつろいだ場所にいる時であっても、必ず正装で彼と会見した。）

太祖は雷徳驤に対し「古えは官奴婢を臣下に給賜し、ついには主人の家の姓を与えたが、その意図はどこにあったのか」とたずねたというが[(8)]、この質問には、官奴婢の下賜は過去の事柄と認識されており、太祖の時代にはそれが行われていないという事実が前提になっていると判断される。仮に当時もなお官奴婢の下賜が行われていたが主姓に変えることはなかったという事実が前提となっていたのであれば、徳驤の答に感服した太祖が「古人立法の意」に倣うべく指示したとでもいった方向に話が展開してしかるべきであるが、文脈は、徳驤の学識の高さに感服した太祖が、それ以後彼に一目置いた態度で接したという方向へと進んでゆくからである。宋初には官奴婢の下賜はすでに「古え」のことと意識されていたのであった。また『宋会要』帝系八―一一、嘉祐二年（一〇五七）六月二三日条には、兗国公主の出降の際に、

少府監言、修制兗国公主出降法物、内有……奴婢十房、給使二人、……。太常礼院言、上件名色不類当時制度、欲乞更不供応。詔三司。

（少府監が言う、「兗国公主出降法物を定めましたところ、うちに……奴婢一〇房、給使二人、……があります」と。太常礼院が言う、「これらの名色は現在の制度と合致しません、今後は給賜しないよう願います」と。三司に詔し調査させた。）

とあるが、結局のところ、

史院検詳旧例以聞。史院言、検詳並無体例。詔、依国朝旧例不給。

（史院が旧例を調べて上聞した。史院が言う、「調査の結果、こうした事例はありません」と。詔す、「本朝の旧例通り給しないこととする」と。）

とあって、奴婢の給賜は行われていなかったのである。周知のように、唐代にはしばしば臣下への官奴婢の下賜が行われていた。(9) しかし、以上のように宋代に官奴婢の下賜が行われていなかったとするならば、私奴婢が発生する余地は全くなかったと言わなければならない。(10)

以上、宋代史料には良賤制・良賤関係に関わる法律や書判が全くと言ってよいほど存在しないこと、官奴婢はごく少数存在したが、官奴婢から上級官賤民への途、皇帝の下賜による官奴婢から私奴婢への途はともに閉ざさ

れていたことを述べた。既述のように、制度は究極的には法の強制力によって支えられ維持される。また良民(あるいは賤民)という身分・概念は賤民(あるいは良民)が存在してはじめて成立する。しかし良賤制を支えるべき法律が存在せず、当時唯一存在した官奴婢すら同時代の人々に意識されることがなかったという状況下では、良賤制がかつて有した歴史的な意味も機能も、宋代には完全に失われていたと判断せざるをえないのである。前掲の『梁谿漫志』において費袞が、官戸や雑戸とともに良人をも挙げて、「今固より此の色の人無し」と指摘しているのは、制度的にも社会的にも確かな根拠があったのである。

こうして、宋代には良賤制はほぼ完全に消滅したのであるが、すでに宮崎市定氏が指摘しているように、「他方においては賤業による区別の観念が次第に抬頭してきた」のであった。否、むしろより正確に言えば宋代以前から存在した「賤業による区別の観念」が、良賤制の消滅によってより社会の表面に浮上し顕在化してきたと言うべきであろう。次節に取り上げる雑類や雑戸などは、そうした宋代に卑賤視された人々の主要な部分を構成する者であったと考えられる。

二　雑類・雑人と雑戸

宋代の史料には雑類、雑人、雑戸といった語句が散見されるが、これら三者は語感からして何らかの共通性を持っていたように思われる。

まず、雑類なる語句は多く科挙の取応資格との関連で現われてくる。例えば『宋会要』選挙一四―一五、発解、淳化三年(九九二)三月二一日の詔に、

如不是本貫、及工商雑類、身有風疾患眼目、曾遭刑責之人、並不在解送之限。……如工商雑類人内、有奇才異行卓然不群者、亦許解送。

（もし本貫で解試を受験したのでなければ、および工商・雑類の者、身に風疾があったり眼病を患っている者、かつて刑罰を受けた者は、省試受験を許さない。……もし工商・雑類人の中で、群を抜くような才能や立派な行いのある者は、省試受験を許す。）

とあり、『長編』巻一四七、慶暦四年（一〇四四）三月乙亥の詔に、

所禁有七、曰隠憂匿服、……曰工商雑類、或嘗為僧道、皆不得預。

（科挙受験を禁ずるところは七つある、喪中であることを隠匿すること、……工商・雑類の者、あるいはかつて僧侶・道士であった者は、皆受験できない。）

と見える。また『長編』巻二九一、元豊元年（一〇七八）八月丙寅の条に、

詔、宗室緦麻以上親、委主婚者、択三代中有二代（有官）、非諸司出職及進納伎術工商雑類悪逆之家子孫、方許嫁娶。(11)

（詔す、宗室の緦麻以上の親族は、主婚者に委ねて、三世代中二代に官があり、胥吏出身および進納・伎術・工商・雑類・悪逆の家の子孫でない者を選び、はじめて婚姻を許す、と。）

とあって、胥吏出身者、進納官、伎術、工商、悪逆の家の子孫と並んで雑類が見えている。

荒木敏一氏はこの雑類について「宮崎市定博士の教示によれば、……雑類は胥吏より下級の者を意味する」と説明しているが、(12)「胥吏より下級の者」とは具体的にいかなる者を指すのか明確さに欠けるうらみがある。雑類の語は右に見たように多くは科挙の取応資格との関連で現われ、かつ僧道や工商と併列して記されることが多いのであるが、このことは雑類が職業に応じた身分区分と関係するものであることを示唆する。雑類とは、さしあ

たり四民すなわち士・農・工・商以外の雑多な職業に従事している者という意味に相違ない。そしてまた、宋代に無官の読書人を「士人」と呼び「士類」とも言うように[13]、雑人と雑類とは同一実体を指し示す同義の語句であったと思われる。

雑類＝雑人の定義については、『長編』巻二八四、熙寧一〇年(一〇七七)九月壬子の条に次のように見える。

詔、宗室嫁娶、不得与雑類之家為婚。雑類、謂舅曾為人奴僕、姑曾為娼、幷父祖係化外及見居縁辺両属之人。其子孫並不許与皇家袒免以上親為婚。

(詔す、「宗室の婚姻は、雑類の家と婚姻することを許さない」と。雑類とは、〔皇族の子女から見て〕舅《しゅうと》がかつて奴僕であった者、姑《しゅうとめ》がかつて娼優であった者、ならびに父祖が化外の地に居住している者、および国境付近で宋朝と化外の地との両属地帯に居住している者を言う。その子孫はすべて皇室の袒免以上の親族との婚姻を許さない。)

とあり、雑類とは配偶者の父親がかつて奴僕であった者、母親がかつて娼優であった者、および父祖が宋朝の領土以外に居住している者、国境付近で国内・国外に両属している地帯に居住している者を指す。右に続けて、

先是、同管勾宗正寺宗恵有女嫁徐州進納人石有鄰之子、其母倡也。御史彭汝礪奏乞停婚、幷責宗恵。詔京東路転運司体量、既得実、遂罷之。汝礪又奏乞深責宗恵、因言皇族雖服属已疏、然皆宗廟子孫、不可使閭閻下賤得以貨取。願立法禁止。故有是詔。

(この詔が出る前に、同管勾宗正寺宗恵の娘で徐州進納人石有鄰の息子に嫁いだのがいたが、石の息子の母は倡優であった。御史彭汝礪が上奏し婚姻取り止めを乞い、ならびに宗恵の責任を追及した。京東路転運司に詔して調査させたところ、事実であったので、結局婚姻は取り止めとなった。汝礪はまた上奏して宗恵の責任を強く追及し、次のように言った、「皇族は服紀が遠いとはいえ、しかし皆宗廟の子孫であります。世間の下賤なる者に金銭目的で婚姻させてはなりません。法を立てて禁止していただきたい」と。そこでこの詔が出たのである。)

とあり、石有鄰の息子と宗室の宗恵の娘との結婚に際し、石有鄰の妻がかつて娼優であったことが問題となったのであった。娼優は「閭閻の下賤」と見なされていたことが知られる。

さて、雑類は右の定義的規定に止まるものではなかった。雑人＝雑類の具体的内容は、黄震『慈渓黄氏日抄分類』巻七八、公移一「詞訴約束」の一項、「詞訴次第」に見ることができる。この史料は、南宋代の職業に基づく身分区分と身分序列を示すものとして貴重かつ興味深いものである。以下に全文を引用するが、これは江南西路撫州を対象に訴訟審理の順番について書かれたものである。

国家四民、士農工商、応有詞訴、今分四項。先点喚士人聴状。吏人不得単呼士人姓名、須称某人省元。其為士而已貴与蔭及子孫有官、用幹僕聴状者、随附士人之後、幹僕却呼姓名。然須有本宅保明、方受。士人状了、方点喚農人。須是村郷種田務本百姓、方是農人。農者国家之本、居士人之次者也。余人不許冒此吉善之称。農人状了、方点喚工匠。応干手作匠人、能為器具、有資民生日用者、皆是。工匠状了、方点喚商賈。行者為商、坐者為賈。凡開店舗及販売者、皆是。四民聴状之後、除軍人日夕在州、有事随説、不須聴状外、次第方及雑人。如伎術師巫游手末作《末作謂非造有用之器者》牙儈舡稍妓楽岐路幹人僮僕等、皆是雑人。此外又僧道亦吾民為之。然拠称超出世俗、不拝君主、恐於官司無関、官司不欲預設此門。

（国家の四民、士農工商のあらゆる訴状は、今四項目に分ける。まず士人を呼んで訴えを聞く。吏人は士人の名前をそのまま呼んではならず、某人省元と呼ばねばならない。士人であってすでに官僚の身分を持つ者および恩蔭で官職を得ている者で、執事を用いて訴状を出す者は、士人の後に続いて提出させ、執事は姓名を呼ぶ。ただし必ず本宅の身元保証があってはじめて執事の訴状を受理する。士人の訴状が終了したら、はじめて農人を呼ぶ。農村で田を耕し農業に努める者であってはじめて農人である。農は国家の本であり、士人の次に位置する者である。他の者はこの立派な名称を用いることを許さない。農人の訴状が終了したら、はじめて工匠を呼ぶ。すべてに手ずから製作する職人で、よく器具を作り民の日用に役立つ物を作る者がこれである。工匠の訴状が終了したら、はじめて商賈を呼ぶ。行商する者が商であり、坐売する者が賈である。およそ店舗を開き、販売を行う者が皆これである。四民の訴状が終了したら、軍人で朝晩州におり、問題があって訴えてくる者は訴状を受理しないこととし、次いではじめて雑人に及ぶ。伎術・師巫・游手・末作《末作とは有用の器具を作る者ではない者を言う》・牙儈・舡稍・妓楽・岐路・幹人・僮僕等は皆雑人である。このほかまた僧侶・道士もわが民で詞訴を行う。しかし、世俗を超越し、君主を拝せずと言っているからには、おそらく官司と関わりはなく、官司もまた彼らのために訴状を受け付けたいとは思わぬ。）

ここには、士人、農人、工匠、商賈、雑人の区別＝序列が示され、ほかに軍人と僧侶・道士が挙げられている。農人が士人の次に位置づけられているのは、「農なる者は国家の本」という儒教の農本思想の反映であろう。士人には無官の者と、官僚の身分を持つ者、および恩蔭によって官職を有する者との区別があり、後の二者は執事が代理で訴状を出すことが認められていたことが知られる。農人は直接農業労働に従事する者とされている。佃客は農人の中に含まれているであろう。工匠とは民生の日用に役立つ器具を製作する者であり、商賈には行商と坐賈の区別がある。そして雑人とは、以上の四民、軍人・僧道を除く雑多な職業に従事する人々であり、例として、伎術（俳優）、師巫（巫女・占い師）、游手（定職なき遊び人）、末作（非日用的雑器職人）、牙儈（仲介人）、舡稍（船頭）、妓楽（芸者）、岐路（大道芸人）[14]、幹人（執事）、僮僕（下男）が挙げられている。

これら雑人＝雑類が一定の条件下で科挙に応じえたことは、荒木敏一氏の研究[15]や前掲の『宋会要』の記事によってすでに明らかであるが、このことは彼ら雑人が賤民ではなかったことを物語っている[16]。右に雑人として列挙された者の中で、現実に科挙に合格した者がいたことは、史料によって確認される。例えば『長編』巻三五、淳化五年（九九四）三月甲寅条に、

以大理評事陳舜封為殿直。舜封父善奏声、隷教坊為伶官、坐事黥面、流海島。舜封挙進士及第、任望江主簿。

転運使言其通法律、宰相以補廷尉属。因奏事、言辞頗捷給、挙止類倡優。上問誰之子。舜封自言其父。上曰、此真雑類。豈得任清望官。蓋宰相不為国家澄汰流品之所致也。遂命改秩。

（大理評事陳舜封を殿直とした。舜封の父は奏上の声がよく、教坊に所属し伶官であったが、事に坐して顔に入れ墨され、海島に配流されていた。舜封は進士及第となり、望江県の主簿となった。転運使が彼が法律に通暁していると言い、宰相が廷尉の下僚につけた。上奏する際に、言葉がすこぶる滑らかで、動作は倡優に似ていた。皇帝が「誰の子か」と問うた。舜封は自ら父の名を答えた。皇帝は、「これは真の雑類である。何で清望の官に任ずることができようか。おそらく宰相が国家のために流品を区分けしなかったためにこうなったのだ」と言い、結局改秩を命じた。）

とあり、太常寺の教坊の伶官を父に持つ陳舜封は進士及第をもって官途についていた。[17] ただし、伶官の子たるを知った太宗が「此れ真の雑類なり、豈に清望の官に任ずるを得んや。云々」と言って殿直に改秩させたということは、雑類（出身者）に対する賤視の存在を示すものである。[18]

ところで、先に黄震が雑人として挙げた者の中には妓楽が含まれていた。妓楽とは、『吏学指南』良賤孳産の「倡優」の解説に、

伎楽曰倡、諧戯曰優、所謂伎楽歌舞之家也。

（伎楽とは倡を言い、諧謔とは優を言い、いわゆる伎楽歌舞の家である。）

とあるように、妓女や伎楽の類、わが国で言えば芸者に相当する者を指している。宋代の妓女についてはすでに曾我部静雄氏によってその実態がほぼ解明されているが、[19] ただ曾我部氏が「官妓の身分は、……自由が束縛されている賤民の一種であって良民ではない。解放されてはじめて良民になれるのである」と述べている部分は再検討の必要がある。曾我部氏が引く王闢之『澠水燕談録』巻一〇「談謔」に、

子瞻通判銭塘、嘗権領州事。新太守将至、営妓陳状、以年老乞出籍従良。公即判曰、五日京兆、判状不難、

九尾野狐、従良任便。

(蘇軾が杭州の通判であった時、知州の仕事を臨時に行ったことがあった。新知州が着任しようとする時に、営妓が訴状を出して、老年ゆえに出籍従良したいと願い出た。蘇軾はすぐさま、「五日もすれば京兆から新知州が来る、判状はたやすい、老いた営妓は良民にし自由にしてやろう」と判決した。)

とあり、朱熹『晦庵先生朱文公集』巻一八、奏状「按唐仲友第三状」に、

仲友又悦営妓厳蘂、欲携以帰、遂令偽称年老、与之落籍、多以銭物、償其母及兄弟。

(唐仲友はまた営妓厳蘂を寵愛し、連れて帰ろうとして、老年になったと偽って籍を抜き、多くの銭物をその母と兄弟に支払った。)

とある。この厳蘂については周密『斉東野語』巻二〇「台妓厳蘂」に、

未幾、朱公改除、而岳霖商卿為憲。因賀朔之際、憐其病瘁、命之作詞自陳。……即日判令従良。継而宗室近属納為小婦、以終身焉。

(ややあって、朱熹が任地替えとなり、岳商卿が提点刑獄司となった。年賀の挨拶の時、厳蘂が病気であるのを憐れみ、彼女に詞を作って申し出させた。……そこで即日判じて良民としてやった。次いで宗室の親族が妾とし、それで一生を終えた)。

とあって、「出籍従良」とか「与之落籍」という表現は確かに官妓が賤民であったかのごとき印象を与える。しかしそもそも官賤民は国家の所有に属するものであり、その解放は皇帝の恩赦を通じてなされるはずのものである。[20] ところが、宋代の官妓は右の事例からも知られるように一地方官の裁量や恣意によって解放されており、これはかつてわが国に見られた芸者や娼婦の身請けと同様の事柄に属している。官妓は妓籍という特別な戸籍に付けられ、[21] かつ賤視されていたことから、妓籍から一般庶民の戸籍に移ることを「従良」と言い「落籍」と称し

ていたにすぎないのである。ちなみに、李元弼『作邑自箴』巻六「勧諭民庶牓」には次のような一節がある。

自来景蹟頑悪、載在文簿之人、如肯改悔不作前非、却服業次、願為良民者、仰経県自陳、待憑勘会所犯・後来行止、当議除落頑悪姓名。

（これまで素行が悪く、官の帳簿に載せられている者で、もし悔い改めて前非をなさず、仕事に従事し、良民となるのを願う者がいれば、県へ出頭して申し出させ、犯歴とその後の素行を調査し、頑悪なる者としての姓名を取り除くか否かを議すのを待たせよ。）

すなわち前科者（や素行の悪い者？）は官司の特別の文簿に姓名が登録されており、もし彼らが前非を悔い改めて「良民」となるのを願い出れば、所定の調査を経てその姓名を除くというのである。ここに言う「良民」は賤民に対するそれではなく「堅気の人間」というほどの意味である。この例からも知られるように、官妓が妓籍に付され、そこから一般庶民の戸籍に移されることを「出籍従良」などと表現されていたことは、官妓に対する特別の管理と社会的な賤視を示すものではあっても、彼女らが賤民であったことを示すものではないのである。

次に、宋代の雑戸について検討しよう。『長編』巻五三、咸平五年（一〇〇二）十二月壬戌朔条に、

石隰副都部署耿斌等言、準詔、徙河西投降雑戸、隷石州平夷等県、給以閒田。今州界絶無曠土。

（石隰副都部署耿斌等が言った、「詔によって、河西の投降した雑戸を石州平夷等の県に移住させ、耕作者のいない田を給することにしました。しかし、今州には全く耕作者のいない田はありません」と。）

とあるのは、雑多な人種の戸という意味であろう。雑戸の語のこうした用法は唐代以前の史料にも見ることができる。(22) あるいはまた先に見た雑類と同じく、化外の地に住む者という意味であったかもしれない。しかし『清明集』に見える次の二例は、明らかにこれとは異なる用例である。まず同書巻一二、懲悪門、姦穢「士人因姦致争、既収坐罪名、且寓教誨之意」に、

阿連原係伝十九之妻、淫蕩不検、背夫従人、与陳憲・王木姦通、争訟到県、蒙前政綦大卿併其夫勘断、押出県界。迹其所犯、係是雑戸。

（阿連はもと伝十九の妻で、慎しみなく淫蕩で、夫に背き他人に従い、陳憲・王木と姦通し、争いは県に至り、前任の綦大卿が夫とともに処罰し、県界から追放した。その犯歴を辿れば、雑戸に相当する。）

とあり、阿連の犯した姦罪はその犯歴を辿ると雑戸に相当するとの判断が見える。また同書、同門、姦穢「因姦射射」には、

淫濫之婦、俾軍人射以為妻。此固有之。当職昔在州県、屢嘗施行。第三人以上、方為雑戸。或原来無夫、或夫不願合、無可帰宿之人、官司難於区処、方可為此。

（淫乱の婦人は、軍人に弓射競技をさせて妻とする。これはもとよりあることである。私は昔州県に官となっていた時、しばしばこれを行ったことがある。ただ三人以上と姦淫を犯せば、はじめて雑戸となすのである。元来夫がなく、あるいは夫が夫婦でいることを願わず、身を寄せるところがない者で、官司が処置し難い場合に、はじめて軍人の妻となすのである。）

とあり、淫乱の婦女で元来夫のない者、あるいは夫が離婚を願う者で、帰すべきところがない者は射試で好成績を得た軍人に与えて妻とするが、三人以上と姦通罪を犯した者は雑戸となすと言われている。以上の事例に言う雑戸とは、姦通罪に対する一種の刑罰として特定の身分的地位が与えられたところの、いわば身分刑なのであるが、幸いその実体を明らかにすべき史料が残されているので次に掲げよう。前節に一部引用した方回『続古今攷』巻三六「酒漿籩醢醯塩冪奄女奚」に、[23]

紫陽方氏曰、……近代法之不善者、宦官進子、宮無罪之人。良人女犯姦三人以上、理為雑戸、断脊杖、送妓楽司収管。是以州軍無行之弟子、世世養女、為侍官司筵席祗応。穿髻紅大、衣服冠佩、送迎朔望、随衆唱喏。

如男子、今日遂無之。

(方回曰く、……近世の法律で良くないものに、宦官として子供を差し出す時に、罪のない子供を宮刑とすることがある。また、良人の娘が三人以上と姦通罪を犯せば、裁いて雑戸となし、脊杖に決し、妓楽司に送って収管することがある。このことから州軍の素行の悪い妓女は、代々娘を養育し、官司の宴席に侍り接待する。紅く大きな簪をもとどりにつけ、衣服冠を飾り付け、一日と一五日に送迎し、皆と一緒に敬意を唱和する。男子の宦官については、今日はついにいなくなった。)

とあり、三人以上と姦罪を犯して雑戸とされた者とは官妓にされるということと同義であった。[24] 官妓の出自には、右に「世世養女」とあるように世襲による者、一定期間金銭で身を売り官妓となる者のほかに、姦罪に対する刑罰の一種として雑戸=官妓とされた者がいたわけである。[25] 『長編』巻三四七、元豊七年(一〇八四)七月丙寅の条に、

詔、除名均州編管人前漳州軍事判官練亨甫、移彬州編管。坐与有服兄劼同取雑戸女穢濫也。

(詔す、「均州に編管されている前漳州軍事判官練亨甫を除名し、彬州に移して編管せよ」と。有服の堂兄劼とともに雑戸の娘を取って姦淫した罪に坐したのである。)

とあり、同書巻三五〇、元豊七年一二月庚寅条に、

河北西路提挙常平胡僧孺衝替。坐前任陝西転運司勾当公事姦雑戸也。

(河北西路提挙常平胡僧孺を衝替させた。前任の陝西転運司勾当公事の時に雑戸を姦淫した罪に坐したのである。)

とあるように、雑戸との姦淫を示す記事は少なくないが、それも雑戸とは官妓であったとの理解に立てば、不思議なことではないであろう。また、『長編』巻四八三、元祐八年(一〇九三)四月戊午条に、

御史中丞李之純言、……欲乞、如国初之制、復行禁榷珠、其抽解之外、尽数中売入官、以備乗輿宮掖之用。

申行法禁、命婦品官大姓良家、許依旧制装飾者、令欲(就)官買、雑戸不得服用、以広好生之徳、而使民知貴賤之別、莫敢踰僭。

(御史中丞李之純が言う、「……国初の制度のように、真珠の専売を行い、抽解するもののほかは、すべて中売して官に入れ、乗輿宮掖の用としたい。法令を言い渡し、命婦品官・大姓良家は旧来通り装飾するのを許し、官から買わせ、雑戸には使用させないこととし、生き物を憐れむという徳を広め、民に貴賤の区別を知って、僭越なことをしないようにさせたい」と。)

とあって、(26) 雑戸に対する装飾品としての真珠の使用を禁じようとの提言が見えるが、これも雑戸が官妓の別称であることによって雑戸と真珠の関係が自ずと理解されることになるのである。(27)

以上検討したように、宋代の雑戸とは、雑多な人々というほかに、特に官妓を指して用いられた語であった。唐代の官賤民としての雑戸は州県に繋属され一定期間上番する者であったが、州県への繋属と官司への服役という点では宋代の官妓も共通する性格を持っていた。この共通性が雑戸という同一の呼称となって継承されたのであろうと思われる。

結　論

唐宋変革期は、身分制史においても重大な変革期であった。唐代における良賤制の完成と宋代におけるその消滅という一事が、変革の大きさを象徴している。宋代に一旦消滅した良賤制は、しかし続く元・明・清の各王朝で復活し継承されてゆく。元朝は遊牧社会の伝統から多くの俘虜を奴婢とし、それが犯罪没官の官奴婢とともに臣下へ給賜されて私奴婢を発生させた。しかし、その主要な舞台は華北以北であったと考えられる。続く明朝は漢民族王朝でありながら、良賤制をめぐる事情は復古的な色彩を帯びていた。明律は唐律を範として制定されたが、その中には良賤と主奴に関する法律も含まれている。その背景には俘虜や犯罪没官者の官奴婢化という政策のほかに、官奴婢の功臣への給賜という事実が存在した。また、明律における庶民の奴婢保有禁止規定には、庶民の家族労働力にのみ基づく均質な経営体を支配基盤にするという朱元璋の復古的(唐朝的)理念が表明されているが、しかし明律は単に理念化された唐朝への復古にのみ貫かれていたわけではない。明律の中の雇工人律は、宋代に形成され元代へと引き継がれたいわゆる雇傭人法の整備と統一化の表われであって、これは庶民の経営体にも家族労働力以外の労働力が包み込まれていたことの紛れもない反映であり承認である。この雇工人律に反映しているところの他人の労働力がどのような性格を持っていたか、すなわち、単なる家内労働であったのか、あるいは農業や手工業部門における生産労働であったのかは未解明の興味ある課題である。一方、清代に至ると、宮崎市定氏が展望したように、賤業・賤視によるさまざまな社会的差別がついに法制化され、新たな賤民身分が生み出されてくる。その実際については経君健氏の優れた研究があるので、ここでは多言を要しない。[28]ただ、この過程は明代に開始された可能性がある。

以上のような歴史過程は、[29]今後より精確に把握され深められなければならないが、それは実証のレベルだけでなく、そうした歴史過程が各王朝のどのような支配理念の反映であり、中国社会のいかなる性格によるものであるかという〝意味〟をも問うものでなければならないであろう。宋代以降の中国身分制史研究はまだ緒についたばかりなのである。

(1) 一九七一年原載、同氏『宮崎市定全集』第一一巻(一九九二年、岩波書店)、所収。
(2) 柳田節子「宋代専制支配と農民—雇傭人と奴婢—」(『歴史学研究』別冊、一九七七年度大会報告、一九七七年、青木書店、所収)、同氏「宋代の地客—雇傭人身分に関連して—」(『学習院大学文学部研究年報』三一、一九八四年)、同氏「宋代的雇傭

人和奴婢」(鄧広銘・漆俠編『国際宋史研討会論文選集』一九九二年、河北大学出版社、所収)。以上三篇は改稿のうえ「宋代の地客」、および「宋代の雇傭人と奴婢」と題し、同氏『宋元社会経済史研究』(一九九五年、創文社)に収録されている。柳田氏の所説が説得性を得るためには、少なくとも次の諸点が明らかにされなければならないであろう。第一に、唐代の奴婢と宋代の奴婢はなぜ異なる出自と性格を持つのか、第二に、宋代の奴婢と明代の奴婢および雇工人とはどのような関連を持つのか、第三に、雇傭によって発生する奴婢と客戸範疇で捉えられる雇傭人とは何を基準に法的社会的に区別されていたのか。

(3)　もちろん、良民を売買して奴婢となすこと、および債務に准折して奴婢となすことを禁ずる法律は存在する。しかし、かかる法律は、売買等を通じて人身を保有することを禁止したものであって、売買や債務への准折によって良民の奴婢身分への転落が生じえたことを示すものではない。かかる法律上の「奴婢」の語は、売身や人質を通じて他人に人身を保有され、その使役に服していた者が、社会的に「奴婢」等の賤称をもって呼ばれ、あたかも奴婢身分の者と同様の境遇下に置かれていたがゆえに、いわば便宜的に使用されていたにすぎないのである。一方、『文献通考』巻一一、戸口考二、奴婢の項には、開宝二年(九六九)の詔に「非理致死」の奴婢の処置について、および咸平元年(九九八)の詔に「逋欠官物」の代償に奴婢の価を充てることを禁ずる旨のことが見えている。これらの奴婢は北宋初まで残存した法身分としての奴婢であったかも知れない。ただ、『文献通考』の「奴婢」の項に特徴的なのは、咸平元年以降、法身分としての奴婢である可能性を持つ者に関する法律が全く収録されていないことである。

(4)　一例を示せば、『清明集』巻一二、懲悪門、豪横「為悪貫盈」に、
按律、諸詐為官私文書、以取財物者、准盗論。又律、恐喝取財、準盗論、加一等、従杖者、鄰州編管。又律、準盗論、流三千里。又勅、諸被追私逃者、加本罪二等。

(5)　本書第一章、また後に本文に引く『宋会要』刑法四―四、大中祥符元年正月六日の詔、『宋史』巻二〇〇、刑法志、徽宗の条、参照。

(6)　本書第一章、参照。

(7)　費袞の解説は『唐六典』巻六「都官郎中員外郎」の条、ないし『唐会要』巻八六「奴婢」の条に拠ったものであろう。なお仁井田陞『唐令拾遺』(一九三三年原刊、一九六四年再刊、東京大学出版会)戸令第九、四一甲、参照。

(8)　私奴婢の姓の有無について、仁井田陞『支那身分法史』(一九四二年、東方文化学院)九三一頁や濱口重国『唐王朝の賤人制度』(一九六六年、東洋史研究会)一二頁に引く唐の張鷟『朝野僉載』の記事では、奴僕の放良の際に主人の姓が与えられた

ことになっており、宋の孫逢吉『職官分紀』巻一九、大理卿「対奴従良賜主姓」には、北宋中期の人范鎮の『東斎記事』を引いて、

太祖時、雷徳驤判大理寺、因奏事問以律、奴従良賜主姓如何、或以為文誤是否。対曰、不然、蓋慮後世或通婚姻故也。

と見え、前引の『東軒筆録』における太祖と雷徳驤の問答は、奴僕の放良の際の賜姓をめぐるものとされている。『東軒筆録』の「遂与本家姓」という部分も、以上からすれば「解放の際には主姓を与えた」と解釈すべきであろう。なお、奴婢の姓の有無については尾形勇『中国古代の「家」と国家』(一九七九年、岩波書店)九三頁以下を参照。なお尾形氏著書一〇五頁の注(30)に引く、宋代の奴婢が有姓であったかのごとく記す史料については、すでに官奴婢の存在すら意識下になく、私奴婢が存在しないという条件下でのものであり、唐代以前とは状況が異なっていることに注意すべきであろう。また尾形氏の引く清の徐珂『清稗類鈔』巻八二、奴婢類の「奴婢之解釈」に、「後則価買而依主人之姓、亦曰奴」とあるのは、唐代以前の伝統的奴婢とは異なる新たな性格を持つ奴婢なのであって(本書第八章、参照)、比較の際には注意を要する。

(9) 濱口氏注(8)前掲著書の主篇第四章「唐法上の没官」二六五〜二六六頁、参照。

(10) 良民の没官を経ずに公式に法身分としての奴婢が発生するのは清代に至ってからである。本書第八章、および経君健「関于清代奴婢制度的幾箇問題」(『中国社会科学院経済研究所集刊』五、一九八三年)、参照。

(11) 史料中の「有官」二字は、宮崎市定「王安石の吏士合一策—倉法を中心として—」(同氏『宮崎市定全集』第一〇巻、一九九二年、岩波書店、所収)一二二頁に従って補った。ただし補うにあたって宮崎氏が『長編』巻四〇九、元祐三年三月甲子の条を引いている点は首肯できるが、その句読は「宗室嫁娶、緦麻以上須両世、祖免須一世有官」とすべきであろう。

(12) 荒木敏一『宋代科挙制度研究』(一九六九年、東洋史研究会)第一章「解試」七八頁。

(13) 本書第五章、参照。

(14) 岐路はしばしば路岐とも記されている。道の交叉する人通りの多い所で演じていたのでこの名が生じたのであろう。

(15) 荒木氏注(12)前掲著書第一章「解試」、参照。

(16) 唐代に賤民が科挙に応じえなかったことはほぼ疑いない。応試の禁止あるいは許可に関わる規定がともに見あたらないことは、そうしたことが問題にすらならなかったことを示すものであろう。しかし、清代には新たな賤民身分の設定に伴ってであろう、賤民の応試を禁止する規定が定められている。瞿同祖『中国法律与中国社会』(一九四七年原刊、一九八一年再刊、中華書局)第四章「階級(続)」二二一頁、参照。また、唐代にも雑人が官途についていたことは、元結『元次山文集』巻七「問

進士」に、

今商賈賤類、台隷下品、数月之間、太者上汚卿監、小者下辱州県、至於廊廟、不無雑人。

とある。

(17) 教坊については、岸辺茂雄「宋代教坊の変遷及び組織」(『史学雑誌』五四―四、一九四三年)、呉自牧『夢粱録』巻二〇「妓楽」、参照。

(18) 『清明集』巻一三、懲悪門、譁徒「譁鬼訟師」に、

当職昨領州軍、已聞婺州有金・鍾二姓人。……金千二係勢家幹僕之子、鍾炎係州吏鍾曄之子。……以獰幹黠吏之子、而又冒名郡庠、冒玷郷挙。此虎而翼者也。

とあり、幹僕の子金千二は州学の生員となっていたが、これは科挙に備えてのことであろう。

(19) 曾我部静雄「宋代の公使銭と官妓」(一九六四年原載、同氏『宋代政経史の研究』一九七四年、吉川弘文館、所収)。

(20) 注(7)前掲の諸史料、参照。

(21) 曾我部氏注(19)前掲論文所引の、楊簡『慈湖先生遺書』巻一六「論治務」、参照。

(22) 濱口氏注(8)前掲著書の主篇第五章「官賤人の由来についての研究」、参照。

(23) 『清明集』巻一四、懲悪門、姦悪「把持公事、欺騙良民、過悪山積」に、

趙秀、本是官妓、脱籍与唐梓為小妻、……欲決脊杖十二、押下雄楚寨、与戍兵射、給多中者為妻。

とある。かかる例はほかにもしばしば見受けられ、宋代には婦人の犯罪に対する刑罰(行政処分ないし身分刑)の一種として軍人の妻とすることが行われていたのである。

(24) 以上の点については、曾我部氏注(19)前掲論文の注(17)、参照。

(25) ほかに、『清明集』巻一二、懲悪門、姦穢「兵士失妻、推司受財、不尽情根捉」にも、姦罪を犯した官妓の阿葉なる者に対し、「阿葉、徒二年、籍為官妓、押下浦江県拘管、毋令東西」と断じられている例がある。また、犯罪者ではないが、『宋会要』刑法二―八八、宣和六年(一一二四)正月一三日条に次のような例が見える。

秦鳳路経略安撫使郭思奏、訪聞管下州県、将人戸籍充楽人百戯人、尋常筵会接送、一例有追呼之擾。……詔、州県輒抑勒人戸、充楽人百戯人社火者、杖一百。

(26) 「令欲官買」の部分は、『宋会要』刑法二―三九の同年月日条によって「令就官買」と改められるべきである。

(27) 引用を省いた前半部分には、

按嘉祐勅、猶有品官民庶裝飾真珠之法。至熙寧元祐編勅、即行删去。竊以、承平日久、風俗恬嬉、以華麗相高、而法禁縦弛、至於閭閻下賤、莫不僭踰、以逞私欲。

とあるので、あるいはここに言う雑戸は本論で述べた雑類・雑人と同義であるかも知れない。その可能性は否定できないが、ここでは一応官妓と解しておく。

(28) 経氏注(10)前掲論文。

(29) 以上の論述は、本書第一章および第五章に基づく。

第五章　宋代の士人身分

はじめに

本章に言う身分とは、国家体制、分業関係、階級関係、血縁関係、「共同体」、人種(民族)らを契機として区別・類別された人間あるいは人間集団の社会的ないし法律的地位である。中国史に即して言えば、国家体制を契機とする身分区分は、君‐臣、良‐賤、官‐民、分業関係は、士、農、工、商、階級関係は、主‐僕、主‐佃、血縁関係は、尊‐卑、長‐幼、「共同体」は、客家、蛋民、人種(民族)は、元朝の蒙古人、色目人、漢人、(南人)といった事例が即座に想起されるであろう。

これらの身分は、多くの場合政治的に編成された縦の序列関係として、したがって法的社会的な権利・義務の差別として現象するが、その中でも最も基本的な身分区分は、秦漢帝国の成立時より清代までを限ってみれば、君‐臣、良‐賤、官‐民の三区分であったと言ってよい。皇帝を頂点とする専制的な国家体制を契機に形づくられる身分区分が、通時的に中国社会の基本的な身分秩序を構成していたという、言ってみれば極めて当然とも思われる点を、さしあたり中国史における身分秩序の特徴の一つに数えておくことにまず異論はないであろう。

ところで、右の基本的三区分の中の官‐民の関係は、言うまでもなく官僚身分を持つ者と庶民との身分関係であるが、この官‐民の関係は多くの場合士‐庶の関係と互換可能である。「士」とは、既述のように本来分業関係を契機に他と区別された身分であり、例えば、『清明集』巻九、戸婚門、違法交易「叔偽立契盗売族姪田業」に、

観黄貢士所為、使人羞愧無地。士戴円履方、学古問道。所以異於凡民者、以其仁義存焉耳。

（黄貢士の所為を見ると、人に恥ずかしくてどうしようもない思いをさせる。士はこの世に生きて、古えを学び道を問う者である。凡人と異なる所以は、仁義がここに存するからなのである。）

とあるように、「士」が凡民＝庶民と区別されるのは、彼らが儒教的教養の修得と倫理的徳目の実践とを当為とする者だからなのである。しかしながら、そうした知的道徳的価値を体現している者こそが政治的統治者たりうるという旧中国社会の支配的イデオロギー（＝儒教的価値観・理念）は、本来分業関係に基づくところの士‐庶の関係を、政治的支配と被支配の関係である官‐民の関係へと制度的に転化させる。こうして、統治する階級としての士と統治される階級としての庶という身分区分は、官‐民の身分区分とほぼ同義のものとして、中国史を貫く基本的通時的シェーマとなるのである。(2)

宋代史料においても、周知のごとく官僚身分を有する者はしばしば「士大夫」と呼ばれており、この場合、官‐民と士‐庶とは全く同じ身分関係を意味する。ところが同時に、少なからぬ宋代史料には、士大夫とは区別され庶民とも区別された「士人」、「士子」、「士類」といった語句が頻出し、その結果、官‐民と士‐庶の身分区分には大きなズレ、不一致部分が生じてくるのである。その理由はこうである。宋代における科挙制度の整備と進士及第者に対する高い官職の保証とは、官立・私立の学校の普及とも相まって、科挙の受験を目指す膨大な数の読書人を生み出した。愛宕松男氏の試算によれば、宋代の礼部における中央試（省試）の受験者数は一万名に近

く、州で行われる地方試(解試)のそれは毎回十数万名に達したであろうという。(3)科挙の及第者数は、平均して二、三年に一度、数百名を限度とするから、大多数の受験者は当然のことに無官のまま社会の中に滞留せざるをえないことになる。これら官僚身分を持たない読書人が、宋代には士人、士子等と呼ばれていたのである。彼らは、官‐民の身分区分からすれば「民」でありながら、士‐庶の身分区分からすれば「士」なのである。

宋代史料に見える士人、士子の語句に最も早く、また唯一着目したのは酒井忠夫氏であった。酒井氏は一九六〇年に『中国善書の研究』(国書刊行会)を著し、その第二章「明末の社会と善書」の中で次のように指摘している。

「明末には生員を主として挙人等を含めた読書人で官僚になっていないものに対し、士、士子、士人、衿士の用語が行われていた」(八三頁)

「士子、士人の語は既に宋代にも用いられているが、明末における如く、郷紳と並べて士人を何らかの関連的意義をもって考える如き用例は現われていなかったということができる」(八五頁)

「明制では、生員、挙人は本籍地出身を本体とする。このことは南宋以後おこって来た官僚の郷居植党の風を一般的な傾向とするに至った。しかも明制では生員、挙人は一種の学位身分であって一度得た資格は固定化し、社会的地位を示すことにもなった。この点は宋代の解試挙人は臨時的のもので州の解試に及第した時に、中央の省試に一回限り応ずる権利を得るに止るのとは大いに異っていた。このような科挙制度自体から、明代では郷里社会では、官僚以下挙人生員等が一連の縦に連る社会的身分として意識されたのである」(九三頁)

宋代の挙人の資格は臨時的なものにすぎないという酒井氏の指摘は、宮崎市定氏の『科挙』(一九四六年、秋田屋)(4)の解説を踏まえてなされたものであるが、こうした理解は、宋制と明制との相違としてすでに常識的知見に属していると言ってよいであろう。確かに宮崎氏や酒井氏が指摘するように、宋代の挙人や生員は固定化した終身身分ではなかった。しかし、それはあくまでも解試、省試、殿試という科挙試の階梯上の資格に限定した場合に妥当する理解であって、挙人や生員の社会的地位、法的身分という側面から問題にするならば、明代と酷似した、あるいは明代に先行する実質を備えた彼らの身分像を描き出せるように思われるのである。したがって本章では、従来酒井氏以外にはほとんど論及されることのなかった宋代の挙人・生員を中核とする読書人＝士人の身分像を具体的に明らかにしようとするものである。

なお、本章の作業は当初重田徳氏に代表される明清代の「郷紳支配」論(5)を強く意識しつつ進められたのであるが、宋代の士人身分に関する研究の蓄積は皆無に近く、それゆえ本章での検討は極めて基礎的な段階から出発せざるをえなかったため、宋代社会の構造論ないし特質論には及んでいない。今後の課題としたいと思う。

一　士人の社会的身分

1　「士人」の用語例

管見の限り、宋代史料に士大夫と記される者のほとんどは官僚身分を持つ者であり、それ以外の読書人は士人、士子等と呼称されていた。士人、士子の中核をなすのは、科挙に応じて官僚の地位を得ようとする挙人、監生、生員であり彼らを士人、士子と呼ぶ用例は『宋史』の選挙志、『宋会要』の選挙部、『文献通考』の学校考、選挙考といった史料群に枚挙に暇のないほど検索することができる。しかし、官僚身分を持たない者を士大夫と言い、

逆に官僚身分を持つ者を士人と呼ぶ用例がないわけではない。例えば、蘇轍『欒城集』巻二五、墓表銘「伯父墓表」に、

蘇氏自唐始家于眉。閲五季、皆不出仕。蓋非独蘇氏也。凡眉之士大夫、修身于家、為政于郷、皆莫肯仕者。

（蘇氏は唐代から始めて眉州に住んでいる。五代の時期は皆官として仕えることがなかった。それはひとり蘇氏に限らない。およそ眉州の士大夫は、身を家に修め、郷里のために政治を行い、皆あえて官に仕える者がなかった。）

とあるのは、官途につかない読書人を士大夫と呼ぶ例であり、洪邁『容斎四筆』巻九「書簡循習」に、

近代士人、相承於書尺語言、浸渉奇猥。雖有賢識、不能自改。……予守贛時、属県興国宰詒書云、瀲水有駆策、乞疏下。瀲水者、彼邑一水耳。郡中未嘗知此、不足以為工、当言下邑属邑足矣。

（現在の士人は、手紙の言葉に世間で用いないような言葉を相い承けて用いている。賢く見識ある人でも自ら改めることができない。……私が贛州の知事だった時、属県の興国県の知事が手紙を送ってきて言うには、「瀲水に妙案があります。許可をいただきたい」と。瀲水なるものは、彼の県の一つの川にすぎない。州では未だかつてその名を知らず、文章の巧みさを示すに十分とは言えない。下邑・属邑と言えば十分である。）

と見えるのは、知県をも含めて士人と記す例である。また、黄震『慈渓黄氏日抄分類』巻七八、公移一、詞訴約束の中の「詞訴次第」と題する一項には次のように見える。

国家四民、士農工商、応有詞訴、今分四項。先点喚士人聴状。吏人不得単呼士人姓名、須称某人省元。其為士而已貴与蔭及子孫有官、用幹僕聴状者、随附士人之後、幹僕却呼姓名。然須有本宅保明方受。[6]

（国家の四民、士農工商のあらゆる訴状は、今四項目に分ける。まず士人を呼んで訴えを聞く。吏人は士人の姓名を呼び捨てにしてはならず、必ず某人省元と呼ばねばならない。士人で官僚身分を持つ者と蔭が子孫に及んで官がある者で、執事を代理にして訴状を出す者は、士人の後に受け付け、執事は姓名を呼ぶ。ただし必ず本宅の身元保証が

あってはじめて受け付ける。）

ここでは、同じく士・士人と呼ばれながらも、「某人省元」と称される者と、幹僕に訴訟を代理させる権利を持つ官僚身分の者とが明確に区別されている。[7]「省元」とは、言うまでもなく語義としては省試第一名及第者の謂であるが、宋代史料では挙人を「郷貢進士」と言い、太学生を「国学進士」、州県学生員を「国学待補生」、科挙を目指す読書人を「進士」と呼ぶことも行われており、[8]ここでも「省元」は無官の読書人一般に対する尊称として用いられているにすぎない。

以上のように、官僚身分の有無を問わず士大夫と士人の語が通用される例も見受けられるが、既述のように、宋代史料に士人、士子と記される者の圧倒的多数は未だ官僚身分を持つに至らない読書人であった。そこで以下に、前掲の史料群および酒井氏の挙例以外から若干の用例を示しておくことにしよう。

王栐『燕翼詒謀録』では官僚をしばしば士大夫と記しているが、その巻一「革帯之制」に、

国初、士庶所服革帯、未有定制。……太平興国七年正月壬寅、詔、三品以上銙以玉、……八品九品以黒銀、……流外官・工商・士人・庶人以鉄・角二色。

（国初、士庶が身につける革帯には、まだ定制がなかった。……太平興国七年正月壬寅に、詔して、「三品以上の銙は玉を用い、……八品九品は黒銀を用い、……流外官・工商・士人・庶人は鉄・角の二種類を用いる」こととした。）

とあり、品官や工商・庶人とは区別された士人の語が見え、同書巻二「貢士得贖罪」に、

旧制、士人与編氓等。大中祥符五年二月、詔、貢挙人曾預省試、公罪聴収贖、而所贖止於公罪徒。

（旧制に、士人と庶民とは同等であった。大中祥符五年二月、詔して、「貢挙人でかつて礼部の試験を受験した者は、公罪は贖を許すが、贖するところは公罪の徒罪までとする」と定めた。）

とあるのは、挙人を士人と呼ぶ例であり、同書巻四「卑幼朞喪免妨試」に、

旧制、朞喪百日内妨試、尊卑長幼同。士人病之、多入京冒哀、就同文試。

（旧制に、朞喪百日以内は科挙試を受験できず、尊長・卑幼の喪でも同じであった。士人はこれを不便とし、多く京に来て喪を冒し、試験を受けていた。）

と見えるのは、科挙の受験生一般を士人と記す例である。宋代の科挙試や大学の入試は、明制とは異なって、一般に学籍を持たない者にも応試の途が開かれていたから、(9)監生や生員以外にも士人と呼ばれる読書人が少なかった。趙升『朝野類要』巻二「混補」にも、

天下士人、不限有無学籍、皆得赴試本経。

（天下の士人は、学籍の有無を問わず、皆科挙試に赴き本経の試験を受験できる。）

とあり、混補、すなわち太学の入試に府州県学の生員以外の者の受験をも認める制度を解説する中で、受験生一般を士人と称している。『夷堅志』補巻二「呉任鈞」には、

政和間、学校方盛、諸州士子坌集泮宮、出必冠帯。

（政和年間、学校が盛んとなり、諸州の士子は太学に集まり、出かける時は冠帯を身につけた。）

とあって、太学生を士子と言っている。『夷堅三志』壬巻一「鄒状元書夢」には、

泰寧鄒景初応龍為士人時、詣大乾廟焚香、……次年春、乃魁天下。

（泰寧の鄒応龍字景初が士人であった時、大乾廟に参詣して香を焚いたことがあった、……翌年春に、科挙の状元となった。）

とあり、同書壬巻一〇「漢卿丹桂」にも、

斉三傑為士人時、習業於霊芝門東桂林野圃。……及秋試掲榜、斉独預薦、明年登科。

（斉三傑が士人であった時、霊芝門の東桂林野圃で勉強していた。……解試の合格発表の時、斉は一人合格となり、

翌年科挙に合格した。）

とあって、科挙試合格以前の人物を「士人であった時」と称している。このように『夷堅志』では、明確に官僚身分を持たない知識人、とりわけ生員や挙人を士人と特定した称謂が用いられているのである。

ところで、すでに述べたように、あるいはまた、黄榦『勉斎集』巻三三、判語「太学生劉機罪犯」に、

行已有恥、則謂之士、郷党称弟、則謂之士。劉機既為士人、又嘗遊太学、自合動循礼法、恪守士行。今乃専鶩豪、縦陵蔑閭里。……行検如此、便使読書破万巻、文章妙天下、亦何足以歯於為士之列。淮人本醇質、士子亦皆重厚。劉機但以太学之故、而所為狂悖、乃如此。

（行いに恥があれば、すなわち士と言い、郷党が弟と称すれば、すなわち士と言う。劉機は士人であり、またかつて太学に学んだのであるから、自ずと礼法に従い、士としての行いを慎むべきである。今しかるに威勢を専らにし、ほしいままに閭里を虐げている。……こうした行いであれば、万巻の書物を読破し、文章が天下に有名となっても、士人の列に並べることはできない。淮の人は本来醇朴で、士子もまた皆重厚である。劉機はただに太学生であったことで、行為が凶悪であること、このようである。）

とあるように、士たることの本質的要件は、儒教的教養の修得と道徳的実践とに求められる。官僚としての地位や学籍の有無は、本来士たることの必要条件ではない。それゆえ、朱熹『朱子語類』巻一三「力行」に、

士人、先要分別科挙与読書両件孰軽孰重。若読書上有七分志、科挙上有三分、猶自可。

（士人は、先に科挙と読書とのいずれが軽くいずれが重いかを分別せねばならない。もし読書に七分の志があり、科挙に三分があれば、それでよろしい。）

とあり、洪邁『容斎三筆』巻六「賢士隠居者」に、

士子、修己篤学、独善其身、不求知於人、人亦莫能知者、所至或有之。予毎惜其無伝。

（士子で、己を修め学を篤くし、独りその身を善くし、人に知られることを求めず、人もまた知ることができない者は、至る所にいる。私は常にその人の伝記がないことを残念に思っている。）

とあるように、挙業を主要な目的にせずに「読書」に励み、あるいは挙業を事とせずに学問と修身に努める者もまた、士人と呼ばれ士子と言われていたのである。

以上の若干の挙例のほか、以下の行論中に引用する事例からも容易に窺い知られるように、科挙の階梯を歩む挙人や生員、あるいは儒教的教養を備えた読書人を宋代には、特に北宋末から南宋代には士人、士子と呼んでいた。官僚＝士大夫とは区別され、庶民とも区別された士人、士子なる呼称の一般的成立は、宋代に官僚身分を有する者と庶民との中間に一群の読書人階層が形成されたことと直接対応するものと言えよう。

2　士人の地位と活動

それでは、かかる士人層の社会的地位、郷里社会――ここでは行政区画としての県を想定しておく――における身分序列は、当時どのように意識されていたであろうか。

前節に掲げた「詞訴次第」では、聴状の際に無官の士人に対しては「某人省元」なる尊称をもって称呼すべく地方官が吏人に申し付けていたのであったが、『清明集』巻一二、懲悪門、把持「把持公事、趕打吏人」には、

当職自到任以来、於士類毎加敬礼、至於仮儒衣冠者、或例借以辞色。

（私が着任して以来、士類に対しては常に敬礼を加え、儒者の衣冠を身につけている者には、例として言葉遣いや態度を慎んできた。）

とあり、士人は地方官に「敬礼」をもって遇される存在であった。「儒の衣冠を仮る者」とは、挙人や生員の資

格を持たない在野の読書人と思われるが、彼らに対しても一定の敬意が払われていたことが知られよう。朱熹『晦庵先生朱文公集』巻一八、奏状「奏巡歴至台州、奉行事件状」には、賑恤の実施に関して、

仍詢訪到土居官員士人、誠実練事為衆所服者、一県数人、以礼敦請、令与州県当職官、公共措置。

(なお、当地に居住している官員・士人で、誠実で熟練し皆が敬服している者を一県当り数人訪ねて、礼を尽して懇請し、州県の現職の官とともに一緒に措置する。)

という一節があり、同書巻九九「社倉事目」にも、社倉の運営に関して、「臣と本郷土居の官員および士人数人、同共に掌管するに係り」、「なお本郷土居の官員・士人の行義有る者と本県官を差し、同共に掌管せしめ」といった記述が見られる。すなわち、賑恤や社倉といった地方行政・福祉活動において、士人は、そのすべての者ではないにせよ、「衆の服する所と為る者」、「行義有る者」として地方官から「礼を以て敦請」され、地方官や土居の官員とともに中心的役割を担っているのである。なお、朱熹の文集では「土居官員」は「郷官」とも言われており、これは明清代の「郷紳」と同じく、退職・請暇中の官僚に対する郷里社会での呼称であろう[10]。賑恤に関してはさらに、『慈渓黄氏日抄分類』巻七八、公移一「四月初十日、入撫州界、再発暁諭、貧富升降榜」にも次のような一節がある。

急糶者富室也。待糴者飢民也。官司既不以文移滋吏奸、則通此脉絡於公私上下之間者、郷曲好誼之士也。右請貴寓之賢・学校之英・郷閭岩穴抱道未仕之彦、各以天地民物為心、各以父母郷邦為念、以義理感動郷之富者、以恩威開諭郷之貪(貧)者、以施行之未当・事宜之未悉、告為州県之耳目不接者。

(急ぎ売り米するのは富室であり、買い米を待つのは飢民である。官司はすでに文書を出すことによって胥吏の悪事を助長させないようにしている以上、公私上下の間にこの脈絡をつけることができるのは、当地の情誼に厚い士人である。右、当地の官人、生員、在野の読書人にお願いし、各人天地・民衆を心として、各人郷里に父母たることを心

とし、義理をもって当地の富者を感動させ、恩威をもって当地の貧者に諭し、不適当な措置、不十分な事柄を、情報として得られない州県官に伝えてほしい。）

「郷曲好誼之士」として賑恤における最も枢要な役割が期待されているのは、「貴寓之賢」＝郷官、「学校之英」＝生員、「郷閭岩穴抱道未仕之彦」＝在野の読書人、の三者である。右の著者黄震がここで、行政機構を通じてではなく、あえて郷官と士人に依拠して賑恤を行おうと企図したのは、郷官・士人の郷民に対する少なからぬ影響力と指導力とがあったればこそであろう。宋代以降知県を「父母」ないし「父母官」と呼ぶことが行われることは周知の事実であるが、ここでは、郷官・士人をも「郷邦に父母たる」者と位置づけているのである。

士人の身分序列についてはさらに、『宋会要』刑法三―三〇、紹興三〇年（一一六〇）八月二四日の詔に、

比来省部人吏、随事生弊、命官士庶、理訴公事、法雖可行、賄賂未至、則行遣迂廻、問難不已。

（近頃中央官庁の胥吏は、事ごとに悪事を行い、命官士庶が訴え出ると、法としては行うべきことでも、賄賂がなければ、執行を引き延ばし、難癖をつけて止まない。）

とあり、中央政府のレベルにおいてではあるが、命官・士・庶という連称が認められる。郷里社会のレベルでは、『清明集』巻一、官吏門、禁戢「禁戢部民挙揚知県徳政」に、

当職素聞風俗不美・放譁健訟、未敢以為信。然再入邑境、便有寄官員士人上戸范文呉銗等六十七人、糾率郷民五百余人、植朱梩長槍一条、掲白旗於其上、遮道陳詞。……及披攬状詞、不過挙揚知県政績。

（私はもとよりこの地は秩序が乱れ、騒ぎ立てて裁判沙汰を続ける土地柄だということを聞いてはいたが、未だ本当にそうだとは信じていなかった。しかし再び県境に入ると、寄居の官員・士人・上戸の范文・呉銗等六七人が郷民五百余名を率いて、朱色の柄の長槍一本を立て、白旗をその上に掲げ、道を遮って訴状を差し出した。……訴状を見てみると、知県の政治実績を顕彰したいというにすぎなかった。）

とあり、寄居官員・士人・上戸六七名が郷民五百余名を糾率し、知県の徳政の顕彰を求めたことを記している。[11]これは著者史弥堅が知建寧府の時のことと思われるが、官員・士人・上戸という連称は郷里社会における身分序列を示すものであろうし、同時に彼らの郷民に対する指導力の大きさを教える史料でもある。[12] 士人の郷里社会における身分的地位をより具体的に明示するのは『江蘇金石志』巻一五所収の「金壇県嘉定甲申粥局記」である。そこには、嘉定甲申（一二二四）の年に金壇県で行われた賑恤の経緯と捐資者、捐資額の一覧表とが刻まれており、捐資者は順に、知県以下現職・退職の官僚一四名、「郷貢進士」＝挙人四名、「国学進士」＝太学生一名、「国学待補生」＝府州県学生員九名、「玉蝶」＝宗室趙氏の枝派二名、「将仕郡」「進義副尉」など恩蔭による授官者およびその子孫五名、「進士」＝在野の読書人一五名と府学諭一名、「邑人」＝庶民一五名、僧侶一名、道士一名、である。[13] この記載順序は、疑いなく県レベルにおける社会的な身分序列を反映するものであろうし、さらにこれによって、士人の中にも挙人‐太学生‐府州県学生員‐在野の読書人という序列関係が存在していたことも明らかとなる。

以上のように、士人は官僚身分保持者に次ぐ身分的地位を有する者と意識され、地方官から「敬礼」を払われると同時に、郷民に対しても賑恤等の活動を通じて指導者的役割を果していた。すでに引用文によって示しておいたように、酒井忠夫氏は明末との比較において、宋代には官僚・郷紳と士人とが、郷里社会における縦の身分序列関係にあるものとして未だ意識されていなかったと推測していた。しかし、以上の検討結果は、遅くとも南宋代の郷里社会においては明末と酷似した身分序列関係が形成されていたことをわれわれに教えるのである。

ところで、士人の社会的活動には、すでに見た賑恤や社倉の運営のほか、府城の造築、[14]州県学の建設、[15]在地の祠廟に対する朝廷への賜額の要請[16]といった面でもその指導者的役割が確認される。すでに森正夫氏は、南宋代の福建漳州の士人陳淳が、「居住する漳州地方の銅銭と紙幣との交換、官塩の割当販売、海盗の防衛をはじめ、地域社会の民衆の直面するさまざまな問題の所在を具体的に分析し、漳州行政当局への提案を通じてその解決を目指した」ことを紹介しているが、(17)『清明集』巻一、官吏門、申儆「勧諭事件於後」の「崇風教」にも、

温陵人材之淵藪、名徳聞望、相継不絶。近入郡境、士友投書頗多。其間蓋有議論懇至・深切事情、益知此邦士風之盛、誠非他処可及。

(泉州は人材の豊かな所で、徳望ある人物を相次ぎ輩出している。最近州境に入ると、士人の投書がすこぶる多かった。その中には懇切な議論や深刻な事情が書いてあり、ますますこの土地の士人の態度が立派であること、まことに他処と比べものにならないことを知った。)

とあり、南宋代の泉州においても、森氏の紹介した陳淳と同様の士人の活動が活発に行われていたことが知られるのである。こうした士人の社会的諸活動が、どのような社会的、経済的、あるいは政治的状況を背景に行われたのかはなお未解明の課題である。ただ以上の検討から、士人の社会的諸活動を支えた主要な基盤の一つが、士人という彼らの社会的身分的地位であったことはほぼ疑いないと思われる。また、士人の内面的志向という点から言えば、「修身斉家治国平天下」という儒教の実践目標は、最終的には官僚としての地位獲得によって達成されるものであろうが、未だ官途につくをえない士人にとっては、さしあたり「士」たることの自覚に基づき「政を郷に為す」(前掲『欒城集』)という形で実践されていったのではないかと推測される。

以上はしかし、社会的存在としての士人の〝正〟の側面、肯定的な活動である。士人は同時に〝負〟の側面を有し、社会的に否定的な役割を果してもいたのであった。『勉斎集』巻三三、判語「張日新訴荘武離間母子」(太平州)に、

荘武福州人、自称曾請郷挙。観其詞気字画、不類士人。……毎追到官、則先為凶暴之状、以陵駕長官。雖宇文侍郎以法従之、貴亦不免於無礼、官司亦毎以士類、而曲貸之。……荘武見係編管之罪人、以士類之故、且

免其断治。

（荘武は福州の人で、自らかつて解試を受験したと称している。しかしその言葉遣いや文字を見ると、士人には見えない。……官に召喚するごとに、まずは凶暴な態度で長官を侮辱する。宇文侍郎が法で処罰しようとしたが、高い地位の官員でも無礼な目に遭うことを免れず、官司もまた毎度彼が士類であることから、曲げてこれを赦している。……荘武は現に編配された罪人であるが、士類であるがゆえに、しばし処罰を免じる。）

とあり、荘武は福州より編管された罪人であり、かつ地方官を陵駕する等の罪行を重ねていたにもかかわらず、士人であることによって常に処罰を免れ、右の著者黄榦自身も「士類の故を以て、且く其の断治を免」じているのである。荘武の所業が士人という身分的地位に立脚したものであることは明白である。同様の事情は、同書同巻「為人告罪」（新淦県）にも窺われる。

本県毎遇断決公事、乃有自称進士、招呼十余人、列状告罪。若是真有見識士人、豈肯排立公庭、幹当閒事。況又為人告不可恕之罪、則決非士類可知。牓県門、今後有士人輒入県庭、為人告罪者、先勘断門子及本案人吏。

（本県が判決を出し執行するごとに、進士と自称する者がいて、十余名を呼び込み、次々と訴状を提出して罪を告発する。もしこれが本当に見識のある士人であれば、どうして県の公庭に並び、どうでもよいことに口出しするであろうか。ましてやまた人のために許し難い罪を告発するとあれば、決して士類ではないことがわかる。県門に牓示し、今後士人が妄りに県庭に入り、人のために罪を告発した場合は、まず門番および本件担当の胥吏を処罰する。）

すなわち、士人十余人は集団で県の公庭に排立し他人の訴訟を代行しているのであるが、その対策としては、当の士人に対してではなく門子と人吏に対する処罰が示されているにすぎない。士人に対する地方官の譲歩と困惑ぶりは蔽うべくもない。同書同巻「徐莘首賭、及邑民列状論徐莘」（吉州管下）にはまた、

本県実縁敗壊之久、姦豪得志、細民被害。歴考其尤者、則寄居中蓋有其人、而士人則徐莘是也。徐莘僥倖一挙、本不足道、乃恃強狠大、為一県之害。両経県道牓示、尚不悛改。去年又与寄居扶同、論訴県道、権県已被行遣、合干人亦被断配。自此愈見恣肆。本県雖訪聞本人頗為民害、然人戸不敢論訴、亦且暫已。

（本県はまことに政治が長い間乱れていたことによって、勢力ある悪党が思いを遂げ、力のない者が被害を受けている。その最も凶悪な者をつらつら考えてみるに、寄居官にその人物がおり、士人ではすなわち徐莘がそれである。徐莘はまぐれで解試に合格したが、それはもとより言うに足らない。しかるに勢力に任せて悪事をなし、一県の害となっている。二度県から牓示が出たが、なお改悛していない。去年にはまた寄居官とぐるになり、県政を論訴し、権知県はすでに処分され、関係者もまた配流された。これよりいよいよやりたい放題である。本県では当人がすこぶる民衆の害となっていることを聞き知ってはいるが、しかし民衆はあえて告発しないので、また放って置くだけなのである。）

とあり、挙人の徐莘は寄居官と扶同して県政を告発し、その結果、知県は罷免され、関係者も配流されたという。宋代に官僚の寄居（本籍地外居住）が一般的風潮として認められ、寄居官の地方行政に対する干渉の弊が見られたことは竺沙雅章氏によって指摘されているが[18]、ここには寄居官と士人の結託による県政への持続的で強力な介入が示されている。

こうした士人の地方行政への介入や郷民に対する迫害の事例は、裁判関係史料を中心に少なからず見出すことができるが[19]、かかる士人の活動基盤は、彼らの郷里社会における身分的地位だけでなく、士人と寄居官・郷官との、あるいは士人相互の政治的結合関係であったかに推測される。例えば、前掲の事例では、士人十余人が集団で県庭に排立し、また徐莘なる挙人は寄居官と結託して県政に介入していた。さらに、『清明集』巻一三、懲悪門、譁徒「譁鬼訟師」には、

当職昨領州軍、已聞婺州有金鍾二姓人。……金千二係勢家幹僕之子、鍾炎係州吏鍾曄之子。狼貪虎噬、種習相伝。以獰幹黠吏之子、而又冒名郡庠、冒玷郷挙。此虎而翼者也。称州県無如我何、棒不到我喫、所以敢於出入州県、敢於欺圧善良、敢於干預刑名、敢於教唆脅取、敢於行賕計嘱。金千二曾造楼閣県衙、為本県断治毀拆、鍾炎招陳俏陳論、為本州下学屏斥。……並合黥配、以為将来之戒、以士友曾為之請、当職曾許之末減、金千二決脊杖十五、編管二千里。鍾炎免申礼部駁放、更免勘、決竹篦二十、編管一千里、免監贓。即日押行。

（私は先頃州軍の長官となっていた時、すでに婺州に金・鍾の二姓の者がいることを聞いていた。……金千二は勢力家の執事の子であり、鍾炎は州の胥吏鍾曄の子である。狼や虎のように欲深く、その血統は伝えつながっている。獰猛な執事・入れ墨の刑を受けた胥吏の子でありながら、州学の生員となっており、解試合格者に名を連ねている。これは虎に翼をつけた者のようである。「州県は私をどうすることもできず、刑罰を与えることもできない」と称し、それであえて州県庁に出入し、あえて善良な者を欺き苦しめ、あえて刑罰に干与し、あえて教唆恐喝し、あえて賄賂を渡して頼み事をしている。金千二はかつて楼閣を造って県の役所を望み、本県が処罰し取り壊しを行い、鍾炎は陳俏の告発を受け、本州が学校に送って除籍とした。……両名ともに入れ墨のうえ配軍とし、将来の戒めとすべきだが、士友が以前に彼らのために懇請し、私もかつて彼らを減刑にしてやったことがあるので、金千二は脊杖十五、編管二千里とする。鍾炎は礼部に上申して挙人の身分を剝奪することは免じてやり、さらに取り調べを免じて、竹篦二十、編管一千里とし、贓物は強制取り立てを免じる。即日護送せよ。）

とあり、婺州の州学の生員金千二と挙人の鍾炎は、「州県我を如何ともする無く、棒も我が喫に到らず」と豪語し、州県行政への干与や郷民の欺圧等々悪事の限りを尽していた。しかし、彼らに対する刑罰はここでも大幅に減じられており、その理由の一つは、当地の「士友」が彼らの減刑を請願したからであるとされている。また、同書巻一一、人品門、士人「引試」にも、

胡大発特郷下一豪横耳。身為隅官、乃敢擡轎呵殿、輪門恐嚇、騙取財物。本合徒断、姑照擬、勘杖一百、編管鄰州。……拠学士郷貢進士鍾俊等列名箚状、乞将胡大発免管事、奉台判、以諸士友之請、特免押遣、帖送州学、聴読半年。

（胡大発はただの当地の一勢力家にすぎない。自分は隅官でありながら、駕籠に乗り行列を従え、次々と門戸を恐喝し、財物を騙し取っている。本来徒罪とすべきであるが、しばし原案に照らして杖一百、隣州に編管とする。……学士挙人鍾俊等が連名で書状を出し、胡大発を編管することを免じるよう乞うてきた件につき、上官の判断では、「多くの士友が懇請してきたので、特に護送を免じ、帖文を出して州学に送り、半年間読書させる」とあった。）

と見え、杖一百、隣州への編管と断じられた胡大発は、「郷貢進士」＝挙人の鍾俊等複数の「士友」の請願によって、州学における聴読半年へと減刑されているのである。以上の二つの判語には、士人相互の、あるいは「士友」の中に郷官や寄居官も含まれていたとすれば士人と郷官・寄居官との結合関係が、地方行政権力の一部をなす刑罰権の行使に対して強い牽制力と影響力とを有していたことが示されていると言ってよいであろう。(20) 同書巻一四、懲悪門、匿名書「匿名榜連粘暁諭」にはまた、

照対、今月初二日、拠衙探収到匿名榜一道、説知県通関節、納苞苴事。当職伏読、不勝敬服。必是此邦士友、欲相警戒成就之美意。……今連粘原榜在前、併備述心事暁諭、使是非曲直、昭然如日、与此邦賢士大夫公議之。

（以下のことが判明した。今月二日、役所の間諜が匿名の張り紙一枚を手に入れたが、そこには「知県が請託を受けて賄賂を受け取った」と書いてある。私は拝読し、敬服にたえなかった。これはきっと当地の士友が、互いに身を戒めて立派に政治を行うようにしたいとの好意であろう。……今もとの張り紙を〔新しい紙の〕前に張り付け、併せて私の考えを詳しく述べて明らかに民衆に諭し、是非曲直をはっきりとさせ、当地の士大夫とこれを議論することにす

る。)

とあり、匿名の榜文によって情誼を通じ賄賂を受け取ったと告発された知県は、この問題を当地の「賢士大夫」と「公議」すると宣言している。「賢士大夫」が具体的にどのような人々を指しているか確認できないが、南宋代の地方行政が在地の「士友」「賢士大夫」の協力と同意なしには容易に遂行され難いものであったことを示唆する事例である。

以上、本節では士人の郷里社会における社会的身分的地位と士人の諸活動とを検討した。賑恤や社倉の運営が郷官や士人の協力を得て円滑に遂行されることと、寄居官や士人が地方行政に介入し、時には知県の罷免という事態までも惹起することとは、いわばメダルの表裏である。そしてメダルの本体は、郷官、寄居官と士人との郷里社会における身分的地位であり、彼らの政治的結合関係であろう。

二　士人の法的身分

宋代における士人の身分は、単に社会的身分として成立していたに止まらない。士人は法律上に、とりわけ役法と刑法の上で庶民とは異なる取り扱い＝優免を受けることによって、一層自らの身分的地位を確立していたのであった。以下、そのことを役法と刑法とに分けて述べることにしたい。

1　役法上の優免

『宋史』巻二〇〇、刑法志二、熙寧四年(一〇七一)条に、

王存立言、嘉祐中、同学究出身為碭山県尉、嘗納官贖父配隷罪。請同挙人法、得免丁徭。帝憫之、復賜出身、仍与注官。

(王存立が言う、「嘉祐中、同学究出身が碭山県尉となり、かつて官を納めて父の配隷の罪を贖いました。どうか挙人の法と同じく丁徭を免じていただきたい」と。皇帝はこれを憐れみ、また出身を賜り、なお官に注することを許した。)

とあり、「得免丁徭」の部分を『文献通考』巻一七一上、刑考一〇「贖刑」には、「而るに郷県丁役を免ぜず、願わくは挙人の例に同じくせられんことを」と記している。すなわち、その開始時期は確定しえないまでも、北宋中期熙寧四年以前から、挙人の資格を得た者は「挙人法」と呼ばれる法令に基づき丁役が免除されていたのである。なお、丁徭・丁役とは夫役ではなく差役一般を意味する。そのことは行論中に明らかとなるであろう。また、同書巻一五七、選挙志三、崇寧三年(一一〇四)条には、

始定諸路増養県学弟子員。大県五十人、中県四十人、小県三十人。凡州県学生、曾経公私試者、復其身、内舎免戸役、上舎仍免借借、如官戸法。

(はじめて諸路で増員した県学の定員を定めた。大県は五〇人、中県は四〇人、小県は三〇人。およそ州県の学生で、かつて公私の試験を受けた者は、本人の徭役を免除し、内舎生は戸役を免除し、上舎生はさらに借借を免除すること、官戸の法のごとくとする。)

とあり、州県学(の外舎生)で公・私の試験を経た者は本身に対する役を免じ、内舎生は戸役を、上舎生は官戸と同じく戸役と借借とが免除される。(21)私試とは学校における月末試験、公試は年末試験である。また、外舎、内舎、上舎とは、熙寧四年(一〇七一)に開始された大学三舎法を元符二年(一〇九九)に府州県学にまで及ぼした制度で、

学生の地位は私試・公試の成績に応じて外舎、内舎、上舎へと上昇してゆく。右の規定は崇寧三年に科挙が廃止され(宣和三年(一一二一)復活)、学校の三舎法を通じて官僚が選抜される事態に伴って出されたものであろう。なお、これ以前に州県学の生員に対する役法上の優免規定が存在したか否かは不明である。

ところで、章如愚『群書考索』後集巻二八、士門、学法類では、右の規定を崇寧四年三月戊戌条に掲げており、『長編』拾補巻二三、崇寧三年正月己丑条では、県学の定員が定められたことのみを記しているので、正確には崇寧三年に県学の定員が定められ、翌年に州県学の生員に対する役法上の優免規定が追加されたのであろう。(22) また、『群書考索』には右の規定に続いて、「其応挙得免丁人、自依旧」という一句が追加規定されている。これは、科挙廃止以前に挙人の資格を得ていた者は、旧来通り丁役を免除するという意味にほかならず、役法上の挙人の資格が固定化した終身資格であったことを示すものである。挙人は科挙の階梯からすれば、通説のごとく解試合格から省試受験に至るまでの臨時的な資格にすぎなかったが、役法と次項で述べる刑法のうえでは終身資格、終身身分だったのである。

崇寧四年三月の規定は、翌四月に優免の幅がやや縮小されることになる。『群書考索』後集巻二八、士門、学法類の同年四月壬子の詔に、

諸州県学生、試補入学、経試終場、及自外舎升内舎者、免身丁、内舎仍免役(借)借、升上舎、即依官戸法。其三月八日指揮勿行。

(諸て州県学の学生で、試補を経て入学し、最終試験を経て、外舎から内舎へ上った者は、身丁を免じ、内舎生はさらに借借を免じ、上舎に上れば、官戸の法に依れ。三月八日の指揮は行ってはならない。)

とあり、公私の試験を経て内舎生となる資格を得た外舎生は身丁を、内舎生は身丁と借借とを免じ、上舎生は官戸と同等の優免と定められている。「官戸の法」とは、同書同巻・大観元年(一一〇七)三月甲辰の詔に、

諸斎長、諭以八行考士為上舎上等、其家依官戸法、中下等免戸下支移折変借〔借〕身丁、内舎免支移身丁。[23]

（諸て斎長は、諭して八行の考士を上舎上等とし、その家は官戸の法に依り、中下等の者は戸下の支移・折変・借借・身丁を免じ、内舎生は支移・身丁を免ぜよ。）

とあるのを見れば、戸役、支移、折変、借借の免除を言うのであろう。なお、以上の諸例に言う身丁とは、身丁銭ではなく丁役である。そのことは、『文献通考』巻四六、学校考七、郡国郷党之学の政和七年（一一一七）条に、

給事中毛友言、比守郡、見訴役者言、富家子弟、初不知書、第捐数百緡銭、求人試補入学、遂免身役。

（給事中毛友が言う、「近頃知州を務めましたが、役につき訴える者が言うには、「富家の子弟は全く書物を知らず、ただ数百貫の銭を提出して、人に求めて試補して入学し、ついには身役を免じられています」と。）

とあって、身役の免除を得るために賄賂による不正入学を行う富家の子弟の存在を伝えており、したがって身丁とは身丁の役にほかならない。

さて、宣和三年（一一二一）に科挙が復活すると同時に、三舎法は大学に行われるのみとなるが、[24]南宋代にも挙人や学生は役法上の優免を受けていた。[25]『宋会要』食貨一四―三〇、免役、紹興一九年（一一四九）八月一二日条に次のようにある。

宗正寺丞兼権尚書司封員外郎王葆言、国家役法、応女戸単丁与夫得解挙人太学生、並免丁役。頃緑議者歴陳丁役之弊、遂有募人充役指揮。……得解挙人、名已登於天府、是有可貴之資也。今乃同籍於役人、則非所以貴之矣。太学生、身已隷於上庠、是有可肄之道也。今乃心累於執役、則非所以肄之矣。

（宗正寺丞兼権尚書司封員外郎王葆が言う、「国家の役法では、あらゆる女戸・単丁と礼部試受験の挙人・太学生は、すべて丁役を免除されます。近頃議す者が丁役の弊害を次々と述べたことによって、ついに人を募って役に充てるという指揮がありました。……礼部試受験の挙人は、名前はすでに中央政府に登録されており、貴ぶべき資格がありま

す。今は役人と籍を同じくしており、これではこれを貴ぶ所以ではありません。太学生は、身は太学にあり、学習すべき道があります。今はしかるに心は役に苦しめられており、学習するどころではありません」と。）

王葆の上言から窺えるように、紹興七年に戸部は従来免役特権を与えられていた女戸、単丁戸、挙人等に対し、本人に替わって「募人充役」すべく指揮を下したのであった[26]。太学生も同時に「募人充役」とされたのであろう。しかし、この指揮は王葆その他の反対論によって若干の修正が施されることとなる。同書食貨一四―三一、免役の紹興一九年九月二三日条に、

権知饒州陳璹言、欲望特詔有司、許当役保正副長、除情願自応役之人、聴其従便外、並許雇人代役、官司不得追呼正身。……戸部言、……今来臣寮奏請、得解挙人并見係太学生、如係実得解及曾経省試之人、単子一身、別無兼丁、欲乞与免充役。若因特旨及応恩賞免解、即合依已降指揮、募人充役、官司不得追正身。従之。

（権知饒州陳璹が言う、「特に有司に詔して、役に当っている保正副長は、自ら役に当ることを望んでいる者はその希望に従うこととし、その他は人を雇って代役するのを許し、官司は本人を呼び出さないようにしていただきたい」と。……戸部が言う、「……今時の臣僚の要請で、礼部試を受験する挙人ならびに現に太学生である者は、もし本当に礼部試を受験し、およびかつて礼部試を受験したことのある者で、単独の男子で別に成丁がなければ、役に充てるのを免除したい。もし特別の聖旨およびあらゆる恩賞によって解試を免除された者は、すでに下した指揮によって、人を募って役に充て、官司は本人を〔役に〕呼び出さないことにしたい」と。皇帝はこれを裁可した。）

とあり、省試へ解送された挙人、省試を経験した太学生は、単丁の場合に限って免役とし、戸内に二丁以上ある挙人・太学生、特旨免解と恩賞免解の挙人は従来通り「募人充役」と定められている。以上から知られるように、南宋代の太学生の免役特権は三舎法による取士の時期に比べて大幅に縮限されたのであるが、この時期州県学の生員が役法上どう扱われていたかは現在のところ不明である。太学生にして単丁以外「募人充役」であったとす

れば、免役特権を与えられなかったか、せいぜい「募人充役」止まりであったと推測される。

ところで、以上の諸史料に言う丁役・身丁とは、右の陳壔の上言中に見られるように保正長や保正副などの役目に関わるものである。本来これらの役は戸の資産・物力の高下に応じて割り当てられる戸役であるが、差充の対象となるのは基本的に戸内に二丁以上ある戸である。したがって、例えば徽宗朝の上舎(上等)生が戸役を免除されるのに対し、挙人や州県学の内舎生が丁役を免除されるというのは、本人(正身)の差充を免除するということであって、戸役自体が免じられるのではない。この点において、時代による変化はあるものの、一般に、戸役自体が免除される官戸に比べれば挙人や生員の特権の幅は小さく、一方、女戸や単丁戸でなければ就役を免れえなかった庶民に比べれば挙人・生員の特権的地位は明白である。こうして、役法上においても官戸‐士人(挙人・生員)‐庶民という身分序列の存在が認められるのである。

なお、先に役法上の挙人の資格は終身的なものであることを述べたが、生員の資格は必ずしも終身的なものではなかった。『群書考索』後集巻二八、士門、学法類、崇寧四年(一一〇五)閏二月庚午条に、

提挙開封府界学事路瑗、……又言、已補試在学生、当免身丁。其請仮除籍之人、依旧応役。並従之。

(提挙開封府界学事路瑗が、……また言う、「すでに補試して在学している生員は、身丁を免じるべきです。休暇中と除籍になった者は、旧来通り役に充てたい」と。ともに皇帝はこれを裁可した。)

とあり、崇寧四年以前から休暇中の生員と除籍された者とは免役特権にあずかりえなかったのである。生員の在籍年限は当初制限がなかったのであるが[27]、北宋末の大観元年(一一〇七)に至り、県学の生員に関して次のような規定が設けられている。『宋史』巻一五七、選挙志三、同年の詔に、

県学生、三不赴歳升試、及三赴歳升試、而不能升州学者、皆除其籍。

(県学の生員で、三年歳升試に赴かず、および三回歳升試に赴くも州学に上れなかった者は、皆除籍する。)

とあり、年に一度行われる州学への進学試験に三度赴かなかった者、三度不合格となった者は除籍と定められている。一方、太学生の場合は、成績不良の者は北宋末で三年、南宋初で五年を限って太学は除籍とされ、州学へ返送されるという規定が残されている。(28) したがって、太学生の場合は成績不良の者でもより長く生員の身分は保持しえたことになる。

2　刑法上の優免

続いて、挙人・生員を中心に、士人に対する刑法上の優免規定を見ることにしよう。前節に一部分引用した『燕翼詒謀録』巻二「貢士得贖罪」に、

大中祥符五年二月、詔、貢挙人曾預南省試、公罪聴収贖、而所贖止於公罪徒。其後私罪杖亦許贖論。

(大中祥符五年二月、詔し、「解試合格者でかつて礼部試を受験した者は、公罪は贖を許すが、贖するところは公罪の徒までとする」とした。その後私罪の杖もまた贖を許した。)

とあり、南省＝礼部の省試を受験し(落第し)た挙人は、大中祥符五年(一〇一二)に公罪の徒罪までを贖することが許されている。公罪とは公務上の悪意のない犯罪を言い、私罪とは私人としての犯罪すべてと、悪意をもってする公務上の犯罪を言い、官僚以外の者の公罪とは科挙試の際の不正行為や職務遂行上の犯罪などがこれに該当する。ここには私罪の杖罪までの罪に対しても後に贖論が許された旨記されているが、それがいつのことであるかは確認できない。『燕翼詒謀録』には宝慶三年(一二二七)の自序が付されているのであるが、乾道五年(一一六九)正月より慶元二年(一一九六)二月までの勅令格式を編纂した『慶元条法事類』には、右とは異なる挙人の私罪贖論の規定が見える。すなわち、同書巻七六、当贖門、罰贖の名例勅に、

諸州県学生医生州職医助教、犯公罪杖以下、太学武学外舎生僧道、犯私罪杖以下、摂諸州助教翰林祇候曾得解及応免解挙人《武挙同》太学武学上舎内舎生僧道録、犯贓私罪《以上称私罪贓罪、並謂非重害者》公罪徒以下、御前忠佐、犯贓私罪公罪流以下、並贖(原注略)。

(諸て州県学の生員・医生・州職医助教が、公罪の杖以下の罪を犯した場合、太学・武学の外舎生・僧道が、私罪の杖以下を犯した場合、摂諸州の助教・翰林祇候・かつて解試に合格した者およびあらゆる解試を免除された挙人《武挙も同じ》・太学・武学の上舎・内舎生・僧道録が、贓私罪《以上に私罪・贓罪と称するのは、すべて重害でないものを言う》・公罪の徒以下を犯した場合、御前忠佐が贓私罪・公罪の流以下を犯した場合は、ならびに贖を許す。)

とあり、州県学の生員は公罪の杖以下、太学と武学の外舎生は私罪の杖以下、挙人および太学武学の内舎生・上舎生は贓私罪と公罪の徒以下の罪を贖することができたのである。一方、『清明集』巻一四、懲悪門、宰牛「宰牛者断罪拆屋」には次のような一節がある。

在法、曾得解人、止免公罪杖、而殺牛乃是私罪徒。

(法では、「かつて解試に合格した者は、ただ公罪の杖まで免除するに止める」のであり、殺牛はすなわち私罪の徒に当る。)

これは劉克荘の書判で、彼は景定二年(一二〇九)にはじめて官途についているから、もし右の書判における法の引用に誤りがないとすれば、慶元三年(一一九七)以降に挙人の贖論の範囲は縮減されたことになる。(29)『慶元条法事類』巻七六、当贖門、蔭贖、随勅申明にはまた、

淳熙拾伍年捌月弐拾陸日勅、刑部大理寺看詳、科場取中待補太学生、合比附外舎生、私罪杖以下、聴贖《謂非重害者》。国子監看詳、窃恐泛濫。欲将当挙取中待補人、以参年為限、有犯私罪杖以下、止許聴贖壱次。奉聖旨、依。

（淳熙一五年八月二六日の勅につき、刑部・大理寺の看詳では、「試験で合格し太学生になるのを待っている者は外舎生に比附して、私罪の杖以下の罪は、贖を許す《重害でないものを言う》」とある。国子監の看詳には、「そうすれば（贖を受ける者が）妄りに多くなる恐れがあります。合格し太学入学を待っている者は、三年を限度に、私罪の杖以下の罪は、贖を一度だけ許すことにいたしたい」とある。聖旨を奉じたところ、「（国士監の看詳に）依れ」とあった。）

と見え、淳熙一五年（一一八八）に、太学の入試に合格し入学を待つ待補生は、三年以内に一度限りという条件で太学外舎生と同じく私罪の杖以下の贖論が許されている。

以上のように、挙人・生員は刑法上一定の贖罪の範囲が定められていたのであるが、生員の学校内における軽微な犯罪は、学校の規則である「学規」によって処理されていた。『群書考索』後集巻二八、士門、学法類に、

政和三年七月癸巳、臣僚言、学生非実有真才、而至師長位、因而有所干請者。乞厳行糾挙冒濫恩愛、重不副教養期待之意。詔、有犯依学規、科犯論罰。

（政和三年七月癸巳、臣僚が言う、「学生で実際才能があるわけでもなく、師長の位につき、それで請託する者がおります。陛下の恩愛を妄りに受け、はなはだ陛下の教養期待の意向にそわない者を厳しく糾察していただきたい」と。詔し、「犯罪があれば学校の規則によって論罪科罰せよ」とした。）

とあり、学規による処罰の指示が見えるが、幸い周密『癸辛雑識』後集「学規」に、南宋の太学の学規が収録されているので、それを掲げよう。

学規五等。軽者関暇幾月、不許出入。此前廊所判也。重則前廊関暇、監中所行也。又重則遷斎、或其人果不肖、則所遷之斎亦不受、又遷別斎。必須委曲人情方可。直須本斎同舎力告公堂、方許放還本斎。此則比之徒罪。又重則下自訟斎、則比之黥罪。自宿自処、同舎亦不敢過而問焉。又重則夏楚屏斥、則比之死罪。

（学校の規則五等。軽いものは停学幾月とし、出入を許さない。これは前廊が判定する。重いものは前廊停学とし、

監中が行う。さらに重いものは宿舎替えとし、その人が実際に不肖であれば、移っていく宿舎の人もまた彼を受け入れず、また別の宿舎に移ってゆくことになる。だから必ず人情を尽してはじめて移れるのである。以後もとの宿舎の同宿の者が公堂に力説するのを待ち、はじめてもとの宿舎に帰ることができる。これは徒罪に比定される。さらに重いのは自訟斎に下す。これは入れ墨の罪に比定される。独居し独りで身の回りの世話をし、同じ宿舎の者もあえて訪ねたりはしない。さらに重いのは笞打ち退学であり、これは死罪に比定される。）

すでに宮崎市定氏が指摘しているように、(30) 最も軽い罰が「関暇」であれば、監中が行うのは「前廊関暇」ではなく「監中関暇」であろう。引用を省いた後半部分には、「夏楚屏斥」すなわち笞打ちの後放校処分とされた者について、「比より士歯にあずからず」と記されている。府州県学の学規もこの太学の学規と相似たものであったと思われる。こうした学規による処罰と一般の刑罰とがどのような関係にあったかについては、『群書考索』後集巻二八、士門、学法類の宣和三年（一一二一）六月庚申条に、

尚書省言、……学生近来在学殴闘争訟、至或殺人。蓋令佐不加治訓、州県不切挙察、提挙官失於提按、以致如此。不惟士失其行、亦官廃其職。今具下項。一、州県学生有犯、在学杖以下、従学規、徒以上、若在外有犯、並依法断罪。……。詔依。

（尚書省が言う、「……学生は最近学校で殴打したり争訟を起し、殺人に至る者もあります。というのは県官が訓戒を行わず、州県は摘発に努めず、提挙官は弾劾に不熱心で、それでこうした事態になったのです。士人がその行いを失するのみならず、また官もその職責を全うしておりません。今以下の項目を記します。一、州県の学生に犯罪があり、学校内で杖罪以下であれば、学規に従うが、徒罪以上の犯罪が学外で起れば、すべて法によって処罰する。……」と。「依れ」と詔があった。）

とあり、学校内における杖以下の犯罪につき学規による処罰が行われたことが知られる。

ところで、生員に限らず士人に関わる判語の中には、「教刑」と呼ばれる特殊な刑罰も存在していたことが認められる。例えば、『清明集』巻一〇、人倫門、叔姪「叔姪争業、令稟聴学職教誨」に、

示周徳成叔姪、仰即日稾《?》聴明朋友教誨、遂為叔姪如初。若或不悛、則玉汝于成者、将不得不従事於教刑矣。

(周徳成叔姪に判決文を示し、命じて即日(聡明な?)朋友(=学職)の教誨を謹んで聴き、叔と姪が初めのような関係とさせよ。もし改悛しなければ、玉汝・于成は教刑に従わざるをえない。)

とあり、「教刑」の語が見えるが、その具体的内容は、同書巻一二、懲悪門、把持「士人教唆詞訟、把持県官」の一節に、

揆之於法、本合科断、且念其職在学校、不欲使之倮膚受杖。姑従撻記、以示教刑。送学決竹篦十下罷、押下自訟斎。

(これを法に照らせば、もとより処罰せねばならないが、しばしその職が学校にあることを思い、これに肌をむき出して杖罪を受けさせたくはない。しばらくは鞭打ちにしたと記録し、教刑を言い渡す。学校に送り竹篦十に処し、自訟斎に連行せよ。)

とあり、『清明集』巻八、戸婚門、遺囑「仮偽遺囑以伐喪」に、

范瑜本合照已判、勘杖編管、以明堂赦恩適至、而范族尊長及小范佑神承議、合辞有請、姑従軽、送州学、決竹篦二十、聴読三月放。

(范瑜はもとよりすでに出た判決に照らし、杖罪のうえ編管とすべきであるが、明堂の恩赦がたまたま至り、しかも范の一族の尊長および承議郎の范佑神がともに請託してきたので、しばし軽い処分とし、州学に送って、竹篦二十に処し、三カ月読書させて後解放する。)

とあるように、州県学の自訟斎[31]における一定期間の強制的な学習改過が教刑であった。教刑には、見られるよう

に学校における笞打ち刑が伴っている。

この教刑は、本罪を免れるという点で、明らかに刑法上の優免の一部を構成するものであるが、教刑の適用を受けるのは必ずしも挙人や生員に限定されていたわけではない。教刑の適用対象は読書人＝士人であり、地方官によって士人と認められた者は教刑という刑法上の優免にあずかることができたのであった。例えば、『清明集』巻一一、人品門、士人、「士人充攬戸」に、

観操舜卿所供、亦粗有文采。但既是士人、便不応充攬戸。既充攬戸、則与県吏等耳。……所当究竟重断、以其粗知読書、姑与押下県学、習読三月、候改過日、与揖毀攬戸印記、改正罪名。

（操舜卿の供述書を見ると、またおおかた文才がある。ただし士人である以上は、攬戸に当るべきではない。すでに攬戸に当っておれば、県の胥吏と同等であることになる。……徹底的に重く処罰すべきところではあるが、おおかた読書を知っているので、しばらく県学に連行し、三カ月読書させ、改心するのを待って、攬戸の印鑑を壊し、罪名を改正する。）

とあり、攬戸の操舜卿は「粗かに読書を知る」士人であるがゆえに、県学における習読三月の教刑に処せられており、同書同巻、士人「士人以詭嘱受財」には、

王徳元却不曾勘招。仮称僉庁館客一節、但以其計置県吏、随人奔徙。此亦狗彘之不若。姑亦従軽、決竹篦二十、押下州学聴読。請本学輪差人、監在自訟斎、不得放令東西、満歳呈。仍監贓。

（王徳元はかつて取り調べと供述に応じていない。僉庁の館客と偽り称している点については、県の胥吏に取り入って、人の後をついて走り回っているにすぎない。これは犬や豚にも及ばない。しばらくまた軽い処分とし、竹篦二十に処し、州学に連行して読書させる。本学に頼んで人を輪番に当て、自訟斎に監禁しておき、解放してあちこち行かせることのないようにさせ、一年が経ったら上申してよこせ。なお贓を強制取り立てする。）

とあり、士人の王徳元は州学の自訟斎における一年間の聴読とされている。また、陳淳『北渓大全集』巻四七、箚「上傅寺丞、論民間利病六条」の第一条には、

此間民俗、大概質朴畏謹。然其間亦有姦雄健訟為善良之梗、使不獲安息者。……凡有詞訟者、必倚之為盟主、謂之主人頭。此其人或是貢士、或是国学生、或進士困於場屋者、或勢家子弟宗族、或宗室之不羈者。……前政趙寺丞知其然、当聴訟時、灼見有此等人、便厳行懲断。其在士類者、則善処之自訟斎《斎在州後園》、窮年不与帰。人因畏戢、不敢健訟。

（この辺りの民俗は、大概質朴で慎ましやかである。しかし中には悪事に長け訴訟好きで善良な者の妨げとなって、安息を得さしめない者がいる。……およそ訴訟を行う者は必ず彼らに依存して盟主となし、これを主人頭と言っている。その人はあるいは挙人であり、あるいは生員であり、あるいは科挙受験で合格しない者であり、あるいは勢力家の子弟や一族の者であり、あるいは宗室の悪事をなす者である。……前任の趙寺丞はそうであることを知って裁判の際に、こうした人がいるのを見るや、厳しく懲罰を行った。その士類である者は、よくこれを自訟斎《斎は州の役所の後園にある》に入れ、いつまでも帰るのを許さなかった。人々は取り締まりを恐れ、あえて頑な訴訟を行わなかった。）

とあり、教刑の対象となるのが挙人や州県学の生員、また「進士」＝科挙を目指す読書人といった士人であったことが明確に示されている。ただし、教刑の対象となるのが士人であったということは、士人の犯罪がすべて教刑に処せられたということではもちろんない。残された判例から推測する限り、士人の犯罪に教刑を適用するか否かは、地方官の自由裁量権の範囲内にあり、教刑適用に際し準拠すべき法令は存在しなかったように思われる。

ところで、士人の諸活動が士人という身分的地位を基盤とするものであり、彼らの犯罪に対しても、実際の裁判の場では士人なるがゆえの免断や減刑が行われていたことについては、すでに前節でも述べておいた。その際、

挙人や生員といった有資格者の場合はともかく、在野の読書人の場合、被告人を士人と認めうるか否かは、前掲の明版『清明集』「士人充攬戸」に見られるように地方官の判断に委ねられていたようである。『清明集』巻九、戸婚門、取贖「典買田業合照当来交易、或見銭或銭会中半取贖」にも、

今拠僉庁所擬、李辺合勘杖一百。但其状首、自称前学生、意其或是士類、遂欲免断。就観李辺前後状詞、皆是斉東野人之語、無一毫詩書意味。安得附於儒生之列。……儻於此時、又獲幸免、則凡醜類悪物、好行凶徳之人、稍識丁字者、皆得以士自名、而恣為悖理傷道之事、官司終不得而誰何矣。

（今僉庁の判決原案を見ると、李辺は杖一百とすべきである。ただその訴状の頭に、前学生と自称しており、その意図は彼はあるいは士類であるから、ついに執行は免除してもらいたいということであろう。そこで李辺の前後の訴状を見てみると、皆これ斉東野人の語であって、これっぽっちも詩経・書経の味わいがない。何で儒生の列に付すことができよう。……もし現在また幸いに免罪となれば、あらゆる醜悪な人物や凶悪なことをする者で、やや文字を知っている者は、皆士人であると名乗れることになり、ほしいままに道理にもとり天道を傷つけることを行い、官司はついに誰何することができなくなってしまおう。）

とあり、士人と認めうるか否かは地方官の判断にかかっていたこと、士人であると認められることによって一般に刑罰の減免が行われていたことが明瞭に示されている。士人であるか否かの判断のためには、「引試」と呼ばれる認定試験も行われていた。『清明集』巻一一、人品門、士人「引試」に、

胡大発、……本合徒断、姑照擬、勘杖一百、編管鄰州。余並照擬行。本司已於淳祐九年十月初八日、将胡大発毛徳引断、内胡大発称是士人、習詩賦。遂当庁出給訟終凶詩引試。拠胡大発答、……。尋呈奉台判、粗通、姑免勘断、重究竹篦二十。

（胡大発は、……本来徒刑に処せらるべきだが、しばらく判決原案に従い、杖一百とし、隣州に編管する。他の者は

すべて原案通りに処分する。本司はすでに淳祐九年一〇月八日に、胡大発・毛徳を連行して判決を言い渡したが、胡大発は「自分は士人であり、詩賦を習った」と称した。そこで官の面前で「訟すれば終に凶たり」という詩を出題して、引試した。胡大発の答案は、……。次いで上呈して判断をいただいたところ、「おおかた通じている、しばらく執行を免じ、重く竹箆二十に処せ」とあった。)

とあり、「訟すれば終に凶たり」と題する試問に対する胡大発の詩は「粗通」と判断され、よって士人と認められた胡大発は減刑を得ているのである。同書同巻、士人、「又(引試)」にはまた、

照条、合是徒配、以係士人、且与末減、勘杖一百、編管鄰州。余並照擬行。尋押上呉敏中、当庁引断、拠称乞引試、遂勒試。呈奉台判、文理粗通、姑与免受大杖、改決竹箆二十。致死受財、此是何等刑名。徒降而朴、所以許其改過而不失於為士者。意亦厚矣。切宜自勉。

(法律に照らすと、徒配とすべきであるが、士人であることをもって、しばし減刑とし、杖一百、隣州に編管とする。余人はすべて原案通り執行する。次いで呉敏中を連行して来て、官の面前で判決を言い渡したところ、「引試をお願いしたい」とのことなので、ついに試験を受けさせた。上呈して判断をいただくと、「文理おおかた通じる、しばらく大杖を受けるのを免じ、改めて竹箆二十に処せ」とあった。人を致死に追い込んで財を受けるというのは、これはどんな刑罰になるのか分かっているか。徒罪が減刑されて笞打ち刑になったのは、改心して士人であることを失わさせないためなのだ。思いやりは厚いものがある。切に励めよ。)

とあり、徒罪を犯した呉敏中は、当初士人であることをもって杖一百、隣州への編管へと減刑されたのであるが、引試を乞い、その結果「文理粗通」との判断を得て、最終的には竹箆二十にまで減刑されている。これによれば、引試は士人たる資格を有するか否かの判断のためだけでなく、被告人=士人の才能・学力の高下を判断するためにも用いられていたのである。

以上のような教刑、あるいは引試などに基づく士人に対する刑法上の優免は、彼らに改過自新の途を歩ませ、才能ある者を育成しようとする理念に基づくものであろう。『清明集』巻一二、懲悪門、姦穢「貢士姦汚」には、そうした理念が明確に示されている。

王桂王栄兄弟習儒、倶登名於天府、号郷曲之英、預賢能之選者。……王桂係犯私罪徒、郷挙不免、且従軽典、送学夏楚二十、仍令屏出院。毋貽嶽麓之羞。

（王桂・王栄兄弟は儒学を学び、ともに中央政府に挙人として名前が登録されており、郷里の英才と称され、科挙の選抜にあずかる者である。……王桂は私罪の徒を犯したが、礼部試に送られるはずの者であるから、しばらく軽い刑罰に従い、学校に送って笞二十に処し、書院は除籍とする。嶽麓書院の名を辱めることのないようにせよ。）

すなわち、徒罪に相当する姦罪を犯した挙人の王桂は、夏楚二十、学籍剝奪という処分に止められているのであるが、その理由は王桂の才能からして再び「郷挙免れず」との判断がなされたからなのである。[32] しかしながら、才能ある者の育成という一事をもってしては、刑法上の士人に対する優免、とりわけ実際の裁判の場における優免の大きさを説明し尽し難いようにも思われる。そこには、統治する階級としての「士」という儒教的イデオロギー、士人は「士」の一部を構成するという観念の存在もあずかっていたのではなかろうか。[33]

なお、本章では監生の法律上の優免については全く論及しなかった。それは、宋代の監生は七品以上の品官の子孫であり、[34] 彼らは父祖の蔭を役法・刑法のうえで受ける権利を有していたからである。

結　論

宋代の官僚に寄居の風潮があったことは、しばしば説かれるところである。しかし同時に、南宋に至り、士大夫の郷居植党の傾向が強まったことも指摘されている。[35] 朱熹や黄震の文集中に、郷居の士大夫や士人の影響力に依拠した賑恤や社会の施策が見られ、郷官なる呼称が生れたのも南宋代であった。士大夫は次第に郷里社会と結びつきを強めつつあったのである。

一方、宋代の科挙は、寄応、すなわち本籍地外での応試も一定の条件下で認められてはいたが、しかし本籍地取応はほぼ一貫した原則であり、(36) それだけに科挙を目指す士人と郷里社会との結びつきは強かったと推測される。北宋中期以降、全国的に州県学が設置され、新法党政権下で三舎法が行われるに至って、挙士の機関たる学校は次第に取士の機関へと変化していったが、そのことは、太学や州県学の生員が官僚に次ぐ身分的地位を持つ者であるとの意識を社会的に醸成・定着するにあずかって力があったであろう。また、一旦廃止された三舎法を復活した徽宗朝に、生員に対する役法上の優免規定が集中的に制定され、上舎(上等)生が官戸と同等の優免を与えられているのは、国家体制上における生員の身分的地位の高さを反映するものであろう。徽宗朝の初期より一時中断していた科挙は、宣和三年(一一二一)に復活するが、科挙試の中で解試に及第した挙人はほぼ宋一代を通じて差役が免除され、刑法上も官戸に次ぐ優免=贖論が許されていた。宋代の挙人は、科挙試の階梯からすれば、通説のごとく明制とは異なって臨時的な資格にすぎなかったが、社会的法律的には固定化した終身身分だったのである。

以上のような挙人・生員は、宋代に新たに成立した社会的階層としての無官の読書人層――士大夫や庶民とは区別して士人・士子なる特定の呼称を与えられていた階層――の中核を構成するものであり、郷里社会においては、現職官僚や郷官に次ぐ身分的地位を持つ者として、在野の士人や庶民の上位に位置していたのである。挙人や生員の資格を持たない在野の読書人といえども、士人として庶民より高い身分的地位を占めていたことは言うまでもない。かかる身分的地位と士たることの自覚に基づき、士人は、一方では郷里社会の当面する諸課題の解決のために、地方官や郷官とともに指導者的役割を果していた。しかし他方では、彼らは自らの身分的地位を利用して州県行政に干与し、郷民に重大な被害を与えてもいた。士人の身分的地位は州県における裁判の場にも反映している。士人は士人であるがゆえに刑罰の減免を受け、地方官は士人に優待的判決を与えることによって、士人の体面と社会的地位の保持とに腐心していたかにすら見えるのである。

ところで、酒井忠夫氏は本章の「はじめに」に示した論攷において、「明末の郷紳、士人の差別意識は、科挙制度から来る社会的身分を表示するものである」（九三頁）と述べ、さらに「郷紳、士人は制度上も社会上も旧中国社会における支配階級をなすものであり、指導層的役割を果すものである」（九五頁）とも指摘している。あえて単純化して言えば、酒井氏の指摘する論点の一層の敷衍と展開の先に、重田徳氏の「土地所有に基づかぬ支配」としての「郷紳支配」論が構築されていると言ってよいであろう。私見によれば、「郷紳支配」論が提起された根本的な理由は、旧中国の地主がついに領主化することがなかったという一事に係っていると思われる。地主は地主であることのみによっては郷里社会の社会的ないし政治的支配者たりえなかったのであり、仮に地主が経済的富や物理的暴力による事実上の在地支配を実現していた場合があるにしても、支配の正当性を確保するためには、官僚や士人（挙人・生員）として集権的国家機構の中に自らの地位を得なければならなかったのである。宋代の郷官や士人の経済的基盤がどのようなものであったかは未解明の課題であり、別途に検討されねばならないが、宋代における士人の社会的法的身分の成立は、士人の諸活動のあり方とともに、明末以降に成立するとされるいわゆる「郷紳支配」の原型が、すでに南宋社会に成立しつつあったことを示唆するのではなかろうか。

宋代の郷官や士人のいわば正当化された支配が、地主制と国家支配との関連で、どのような構造と特質を持っていたかが今後究明されなければならない。

（1）『名公書判清明集』は東京静嘉堂文庫に宋版本不分巻が所蔵されているが、上海図書館に明版本一四巻本、北京図書館に明版本一〇巻本(巻一～巻一〇の残本、版本自体は同一)が所蔵されていることが一九八三年にわが国にも紹介された。私は一九八五年復旦大学留学中に、上海図書館で一四巻本のマイクロフィルムを、北京図書館で一〇巻本の原本を閲覧する機会を得、さらに一四巻本のマイクロから一部分を写真複写する便宜を与えられた。この場を借りて、復旦大学、上海図書館、北京図書館の関係各位にお礼申し上げたい。静嘉堂所蔵の宋版本は、若干の判語の出入を除きほぼ完全に明版本の巻四、五、八、九に相当する。

なお、明版本の紹介と書誌学的研究については、陳智超「明刻本《名公書判清明集》述略」(『中国史研究』一九八四―四)、参照。また、明版本の写真版からの電子複写を京都大学人文科学研究所、東京大学東洋文化研究所に寄贈してあるので、希望者は閲覧されたい。

(2) この点については、さしあたり、谷川道雄「中国社会の構造的特質と知識人の問題」(『思想』五八二、一九七二年)、『中国士大夫階級と地域社会との関係についての総合的研究』(昭和五七年度文部省科学研究費補助金総合研究(A)研究成果報告書、一九八三年)、参照。

(3) 愛宕松男『アジアの征服王朝』(『世界の歴史』第一一巻、一九六九年、河出書房新社)二四一頁以下。

(4) 同書三八～三九頁。また『宮崎市定全集』第一五巻(一九九三年、岩波書店)四一頁。

(5) 重田徳「郷紳の歴史的性格をめぐって―郷紳観の系譜―」(一九七一年原載、同氏『清代社会経済史研究』一九七五年、岩波書店、所収)、同氏「郷紳支配の成立と構造」(一九七一年原載、同右著書、所収)。

(6) この「詞訴次第」は、表題のごとく訴訟受理の順番を示したものであるが、ここには士、農、工、商の次に「雑人」が置かれており、雑人とは、伎術、師巫、游手、末作(「末作謂非造有用之器者」)、牙儈、舡稍、妓楽、岐路、幹人、僮僕等であるとされている。ほかに軍人と僧道も以上の者と区別して言及されているが、当時の分業関係に基づく身分区分と社会的な身分序列意識の一端を窺わせる興味深い史料である。

(7) 官僚身分保持者が幹人に訴訟を代理させる権利を有していたことは、『清明集』巻四、戸婚門、争業上「繆漸三戸訴祖産業」にも、「発挙之家、雖許用幹人」云々と見えており、そうした権利は元・明代にも継承されていた。瞿同祖『中国法律与中国社会』(一九八一年、中華書局版)二一七頁、参照。

(8) 宮崎市定「宣祖時代の科挙恩栄宴図について」(一九六三年原載、同氏『宮崎市定全集』第一五巻、一九九三年、岩波書店、所収)に、唐代では、進士とは進士科に応ずる志願者を言い、国子進士、郷貢進士とはそれぞれ国子監の試験、地方の州の試験に合格して科挙に応ずる資格を得た受験者の意味であったことが述べられている。同時に宮崎氏は、「宋以後、進士という名は次第に科挙合格者をさす時にだけ用いられるようになり、合格前の受験者に対しては別に貢士とか挙人とかいう名が用いられることになってきた」とも指摘しているが、行論中に掲げる史料からも知られるように、郷里社会では挙人や太学生という用語と並行して、唐代と同じく郷貢進士や国学進士という呼称も行われ、科挙の受験者を進士と呼ぶことも行われていたのである。

（9）宋・明代の科挙については、宮崎氏注（4）前掲著書、荒木敏一『宋代科挙制度研究』（一九六九年、東洋史研究会）、宋代の太学については、宮崎市定「宋代の太学生生活」（一九三一年原載、同氏『宮崎市定全集』第一〇巻、一九九二年、岩波書店、所収）、参照。

（10）明代に郷紳が郷官とも呼ばれていたことは周知の事実であるが、宋代の場合、郷官なる呼称は必ずしも土居の官員を指すとは限らないので注意を要する。例えば、『勉斎集』巻三二、公状「漢陽軍管下賑荒条件」に、

一、毎村選税戸一人為郷官、郷官所掌一郷之事。五家為一小甲、五小甲為一大甲、四大甲為一都、選一人為都正、掌百家之事。郷官都正、皆択税戸有物力者為之。

とある。郷官なる語が土居の官員に対する呼称として一義的に定着していない背景には、宋代官僚の寄居の風潮があったであろう。

（11）『清明集』巻三、賦役門、催料「頑戸抵負税賦」に、上戸に関する次のような興味深い記述がある。

趙桂等抵負国税、数年不納。今追到官、本合便行勘断、懲一戒百。当職又念、爾等既為上戸、平日在家、為奴僕之所敬畏、郷曲之所仰望。若一旦遭撻、市曹械繫、則自今已後、奴僕皆得侮慢之、郷曲皆得欺虐之、終身擡頭不起矣。当職於百姓身上、毎事務従寛厚、不欲因此事、遽生忿嫉之心。各人且免勘断。

ここには、上戸は奴僕の敬畏するところであり、郷曲の仰望するところのものであるとの認識が示されているが、地方官は税賦を数年間納入しなかった上戸を免罪にしてまで、そうした在地の秩序を維持しようとしているのである。士人の郷民に対する優越的地位が原理的に士人という社会的身分にあったとすれば、上戸の奴僕や郷民に対するそれは経済的力量であったと言いうるであろう。郷里社会における社会的身分的序列関係は、そうしたいくつかの要素が複雑に絡みあって形成されていたと考えられる。

（12）『勉斎集』巻三四、雑著「禁詩軸綵旗榜文」にも、

当職不才、冒領大邑、惟恐疎繆得罪也。……近来城郭郷村人戸、乃有作為詩頌、造旗背負、以相褒誉。不惟不足当此虚名、抑使人戸重有所費。……除已告示士子、今後不得復為外、仍給榜暁諭。各宜知悉。

とあり、士子の主導による知県の徳政顕彰の動きが記されている。森正夫氏の御教示によれば、こうした動きは明代にも認められるとのことであるが、その意図と背景はなお不明である。

(13) この間の経緯については、劉子健(梅原郁抄訳)「劉宰小論―南宋一郷紳の軌跡―」(『東洋史研究』三七―一、一九七八年)、参照。

(14) 『勉斎集』巻二八、公箚「与制帥辞依旧知安慶府」、巻三一、公状「再辞依旧兼知安慶府申省」、「三辞依旧知安慶府申省」。

(15) 川上恭司「宋代の都市と教育―州県学を中心に―」(梅原郁編『中国近世の都市と文化』一九八四年、京都大学人文科学研究所、所収)、参照。

(16) 『両浙金石志』巻一三「宋霊顕廟賜額勅牒碑」。

(17) 森正夫「宋代以後の士大夫と地域社会―問題点の模索―」(『中国士大夫階級と地域社会との関係についての総合的研究』昭和五七年度科学研究費補助金総合研究(A)研究成果報告書、一九八三年、所収)。

(18) 竺沙雅章「宋代官僚の寄居について」(一九八二年原載、同氏『宋元仏教文化史研究』二〇〇〇年、汲古書院、所収)。なお、本論文注(63)には、米穀の受納の際に土居官・寄居官と士人とがその一部を略取することを示す史料が掲げられている。

(19) 『勉斎集』巻三三、判語や『清明集』、参照。以下の行論中にも少なからぬ事例を引用してある。なおちなみに、北宋末の李元弼『作邑自箴』巻一「処事」に、

挙人係与在県公人親者、難為接見。預戒庁吏、取知委状《謂不曾預薦者》。

とあるのは、挙人による県政への干預の弊害が、すでに北宋末に顕在化していたことを示唆するものであろう。

(20) 『晦庵先生朱文公集』巻七四、雑著「増損呂氏郷約」も、一定の政治勢力として、あるいは郷里社会の指導者層として、郷官と士人の結合関係が存在していることを前提に作成されていたように思われる。

(21) 「借借」とは、官司による強制的な物資・資材の借り上げである。宮崎市定「借借の解」(『アジア史研究』第四巻、一九六四年、東洋史研究会、所収)、参照。

(22) このことは、本論次掲の『群書考索』後集巻二八、士門、学法類、崇寧四年四月壬子条に、「其三月八日指揮勿行」とあることからも証される。

(23) ここに言う「八行考士」とは、大観元年三月甲辰の詔で「孝、悌、忠、和、睦、婣、任、恤」の八行に応じて太学への入学を許し、また学生をランク付ける制度に基づくものである。『宋史』巻一五七、選挙志三、『群書考索』後集巻二八、士門、学法類、『江蘇金石志』巻一〇「大観聖作之碑」、参照。
(24) 『宋史』巻一五七、選挙志三、宣和三年条に、「詔、罷天下州県学三舎法、惟太学用之課試。開封府及諸路、並以科挙取士」とある。
(25) 宋代の生員が役法上の優免を受けていたことは、曾我部静雄「明の関節生員と納粟監生」(同氏『中国社会経済史の研究』一九七六年、吉川弘文館、所収)にも簡単な言及がある。
(26) 『宋会要』食貨一四―二七、免役、紹興七年閏一〇月一四日条。
(27) 『文献通考』巻四二、学校考三、太学の慶暦二年(一〇四二)四月の詔に、「国子監太学天下州県学生、更不立聴読日限」とある。
(28) 『宋史』巻一五七、選挙志三、崇寧五年条、および『文献通考』巻四二、学校考三、紹興一八年条。
(29) 『慶元条法事類』巻七四、刑獄門四、比罪の名例勅に、
諸応比罪者《謂犯編配、応当贖、及誣告出入之類》配沙門島比流弐阡里、……編管移郷比徒壱年。其本罪徒以上、仍通比、満肆年者比流弐阡里。……聴用官当減贖、不在除名之例《官当者准徒陸年、応贖者理銅伯斤》、命官勒停衝替、挙人永不得応挙、流外品官勒停。

とあり、挙人は比罪に基づく贖論も許されていた。この場合、命官が勒停等の処分を受けることと、挙人が応挙の資格を失うこととが並列的に扱われていることは、挙人という資格が刑法上特権的性格を持つものであったことを物語っている。
(30) 宮崎氏注(9)前掲論文、参照。
(31) 南宋の太学の自訟斎は、伊藤東涯『制度通』の「宋国子監図」の中に見え、宮崎氏注(9)前掲論文にも転載されている。自訟斎は時政を誹議した士人を収禁する場所としても使用されていたことが、『文献通考』巻四六、学校考七、政和三年条の馬端臨の按文中に記されている。
(32) 『勉斎集』巻三三、判語「龔儀久追不出」には、解試が近いという理由で士人を免罪にしている例がある。
龔儀自称士人。豈応不畏名義、不畏条法、以至於此。合将龔儀重行勘断、念其自称士人、秋試在近、且与免罪、踈枷押下安下人葉万卿保管、伺候理対公事。

(33) 本論中に引用した『清明集』巻一一、人品門、士人「士人充攬戸」には、「但既是士人、便不応充攬戸。既充攬戸、則与県吏等耳」という一節があり、同書巻三、文事門、学校「学舎之士、不応耕佃正将職田」にも、
但李癸発、衣儒衣冠、名在学籍、而乃耕佃正将職田、則是以学校之士子、而作正将之荘佃也。何無廉恥、如此邪。

とあり、当時攬戸や佃戸(李癸発は撲佃戸であろう)となることは、士人にふさわしからざることと考えられていたのである。なお、州県学生員が係官の田産の佃賃や坊場を請け負うことを法的にも禁じられていたことは、『宋会要』崇儒二―二八、郡県学、政和六年六月五日条に見える。

(34) 『宋史』巻一五七、選挙志三の冒頭に、「凡学皆隷国子監。国子生、以京朝七品以上子孫為之、……太学生、以八品以下子弟若庶人之俊異者為之」とある。

(35) 瞿宣穎『中国社会史料叢鈔』(一九三七年、商務印書館)甲集下冊「郷貫」の条、酒井忠夫「明末の社会と善書」(同氏『中国善書の研究』一九六〇年、国書刊行会、所収)、竺沙氏注(18)前掲論文、参照。

(36) 荒木氏注(9)前掲著書。

(37) 重田氏注(5)前掲論文。

第六章　唐宋間身分編成原理の転換

はじめに

本章は、唐代の部曲・客女と宋代の人力・女使とを素材にして、唐宋の間に身分編成上の原理的転換があったことを論証しようとするものである。ただ本章では、そうした転換をもたらした歴史的原因を、社会経済史的側面からではなく、国家秩序の構成原理、すなわち支配理念のあり方という側面から説明づけようと試みるにすぎない。

一　部曲身分研究の視点

唐代の部曲・客女(以下部曲で代表する)に関する研究はおびただしい数量に達しているが、その主要な論争点は次の二点に集中していると言ってよいであろう。第一に、唐律に規定されている部曲身分の形成史について。

例えば、南北朝期における部曲すなわち私兵の社会的地位の漸次的低下と唐代におけるその法制化＝賤民化という沈家本氏や何士驥氏の説[1]と、私家の兵士＝賤民が地位向上した結果として奴婢の上位に位置する上級賤民としての部曲身分が形成されたとする濱口重国氏の説[2]の対立がそれである。第二に、部曲身分に表現されているところの唐代の社会構成、階級関係をどう捉えるかに関して。例えば、唐代の私人の下における荘園労働者＝農奴の法身分が部曲だとする宮崎市定氏の説[3]と、部曲は階級的には奴隷と規定すべきだとする仁井田陞氏や山根清志氏の説[4]の対立がそれである。

もとより、部曲に関する研究は複雑多岐に及んでおり、右の二点はその主要かつ周知の論点を単純化して例示したにすぎないが、こうした論争の際に用いられた史料ないしは史料操作には、次のような特徴を見てとることができる。まず第一の論争点について言えば、そこでは部曲ないし何らかの私的隷属民が未だ法律上に特定の身分として規定されていない段階である魏晋南北朝期の諸史料と、明確に身分規定がなされた段階である北周・唐代の部曲に関する諸史料（主に唐律の諸条文）とを、どのように系譜的、論理整合的につなげて理解すべきかに主眼が置かれており[5]、第二の論争点については、もっぱら唐律の部曲に関する諸条文の分析と理解の仕方が見解の分岐をもたらしているのである。こうした史料操作の特徴は、改めて言うまでもなく、唐律上に部曲の法的行為能力や犯罪に対する刑罰があれほどまでに詳細に規定されているにもかかわらず、唐律以外の史料には部曲という語すらほとんど現われないという史料的な制約、ないしは奇妙な史料の残存の仕方によるものである。唐代の社会的存在としての部曲を明らかにすべき史料は奇妙と思えるほどに欠少しており、それゆえ従来の諸研究は、唐代以前の社会的存在としての部曲（ないしは後に部曲身分へと収斂してゆくであろうと予測された私的隷属民）と唐代の法身分的存在としての部曲とを比較考察するよりほかなく、また、唐代の部曲の法身分的性格から部曲の社会的、経済的、階級的性格を推論するよりほかなかったのである。

しかしながら、右のような比較と推論という手法が成立するためには、唐代社会に一定の構成的比重をもって部曲なるものないしは唐律上に部曲と表現されるものが存在し、彼らの社会的存在形態や彼らの取り結ぶ社会的諸関係が一定程度実態に即した形で法律上に反映していたという前提が必要であり、事実、従来の諸研究は自覚的にあるいは暗黙の裡にそうした理解を前提にしてきたと言ってよいのである。社会的存在としての部曲とその法身分とに関するこうした理解の仕方を、ここでは仮に「帰納的反映論」と名付けておくことにしよう。

私はこうした「はじめに部曲ありき」という「帰納的反映論」を疑うことから出発する。もちろん私は唐代社会に部曲が存在しなかったと主張するのではない。唐律に規定された部曲なるものが社会的にも存在したことは、今世紀に発見された西域の戸籍残簡から見ても疑いを入れない事実であり、また、唐律の部曲に関する諸規定が社会的存在としての部曲を身分的に規制したことも事実であろう。ただ私は「帰納的反映論」をもってしては説明しえない問題が少なからず残るのではないかと疑うのである。例えば、唐朝は何ゆえに上級賤民としての部曲身分の設定を必要としたのか、何ゆえに唐律以外の諸史料には部曲の語句すらほとんど見出せないのか、何ゆえに宋代には部曲身分が消滅するのかといった問題は、「帰納的反映論」からは積極的に提示されえず、提示されたとしても、従来の研究史が示すように異論の再提出を防ぐことができないのではないかと考えるのである。

本章における以下の所論は、「帰納的反映論」と対称すれば「演繹的設定論」とでも名付けるべきもので、唐代の部曲の法身分は、現実に存在した私的隷属民の隷属性が法制上に反映したものではなく、唐王朝の支配理念のあり方から演繹的に設定され成立したと理解するものである。こうした理解の仕方は、後述するように、ひとつには部曲とは何かという問題をあくまでも唐律の諸規定から法律的に確定しようと試みた結果得られたものであり、ひとつには奴婢を国家的身分と捉える西嶋定生氏の研究[(6)]に学んだものであるが、こうした視点の転換が問題点をどこまで解明しているかは、大方の御批判を待つほかない。

二　唐律上の部曲

唐律には名例律をはじめ多くの部曲に関する条文が存在し、部曲の法身分的性格はそれらの条文を分析した従来の諸研究によってほぼ解明され尽したと言ってよい。そこでここでは部曲とは何かという問題を、いかなる法律的手続きを経て部曲身分が成立するかという点から検討しておきたい。

『唐律疏議』巻一二、戸婚「放部曲奴婢還圧」に、

諸放部曲為良、已給放書、而圧為賤者、徒二年。若圧為部曲、及放奴婢為良、而圧為賤者、各減一等。即圧為部曲、及放為部曲、而圧為賤者、又各減一等。各還正之。

（諸て部曲を解放して良民となす時に、すでに放書を与えた後で圧して奴婢とした場合は、徒二年とする。もし圧して再び部曲とした場合、および奴婢を解放して良民となし、圧して再び奴婢とした場合は、各々一等を減じる。もし〔奴婢を良民とした後に〕圧して部曲となし、および奴婢を解放して部曲とした後に圧して奴婢とした場合は、また各々一等を減じ、部曲・奴婢は解放当初の身分とする。）

とあり、傍点部分を疏議は、

及放為部曲者、謂、放奴婢為部曲客女、而圧為賤者。

（および解放して部曲となすとは、奴婢を解放して部曲・客女となし、圧して奴婢となすことを謂う。）

と解説し、またこの疏議の冒頭には奴婢の解放手続きとして、

依戸令、放奴婢為良及部曲客女者、並聴之。皆由家長給手書、長子以下連署、仍経本属申牒除附。

（戸令によると、「奴婢を解放して良民および部曲・客女となす場合は、すべてこれを許す。いずれも家長から親書の書き付けを与え、長子以下が連署し、なお所属の官庁にその旨文書を提出して戸籍の記載替えを行え」とある。）

と見えている。私奴婢の身分解放には国家権力による臨時的、強権的な解放措置を別にすれば、法律的には(1)主人による解放、(2)奴婢自身による贖身、という二つのケースがあったのであるが、右の規定は(1)のケースに該当するもので、ここには、主人が奴婢を解放して良民となす場合と部曲・客女となす場合とがありえたこと、いずれの場合にも長子以下の者が連署した手書を解放する奴婢に与え、所属の官庁に申牒して戸籍上の記載変更を行うという手続きが必要であったことが示されている。ここで注目しておきたいのは、解放された私奴婢が良民身分を獲得できるか、あるいは部曲身分に止まるかは、もっぱら主人の意志に関わっていたという点である。

(2)の奴婢自身による贖身のケースについては、右の律文・疏議に続く問答に、次のように見えている。

問曰、放客女及婢為良、却留為妾者、合得何罪。

答曰、妾者娶良人為之。拠戸令、自贖免賤、本主不留為部曲者、任其所楽。況放客女及婢、本主留為妾者、依律無罪、準自贖免賤者例、得留為妾。

（問う、「客女および婢を解放して良民とし、しかるに留めて妾とした場合には、何の罪に当るか」。答える、「妾とは良人を娶って妾となすのである。戸令によれば、「奴婢が自ら贖身し、主人が留めて部曲（・客女）としなかったならば、本人の自由である」とある。ましてや、客女および婢を解放し、主人が留めて妾となす場合は、律では罪とならず、自ら贖身して賤民から解放された者の例に準じて、留めて妾となすことができるのである」。）

これによれば、贖身によって本来良民へと身分解放されるべきはずの奴婢であっても、その解放は無条件に行われるのではなく、主人が留めて部曲・客女となさない場合という条件の下ではじめて良民となることができたのであった。したがって、(2)のケースにおいても(1)のケースと同様に、私奴婢が良民身分へと上昇しうるか部曲身分への上昇に止まるかは、もっぱら主人の意志によって決定されていたのであり、「主人の意志」とは、ここでは、贖身の奴婢を引き続き自己の下に留め置くか否かという形で現われてくるのである。

『唐律疏議』巻六、名例「官戸部曲官私奴婢有犯」の疏議には、「部曲とは私家の有する所を謂う」とあり、また周知のように部曲は主家の戸籍に附籍されていた。それゆえ、(1)のケースにおいて、主人が私奴婢を解放して部曲となすというのは、依然として旧奴婢の人身(人格および肉体)を保有し続けようとする意志の表現であったはずである。とするならば、(1)および(2)のケースを通じて、部曲とは解放された私奴婢の、依然として主人の下に留め置かれた者であるとの概念規定を与えることができるであろう。部曲身分の成立を示す唐律条文は以上に尽きるが、これに従う限り部曲身分の成立契機は、出生による再生産を除けば、主人が私奴婢を解放して部曲となすこと、および主人が贖身の私奴婢を引き続き保有し続けることにあったと考えるほかなく、それ以外の従来の諸研究が想定してきたような部曲身分の成立契機や発生径路——例えば衣食の途を絶たれた幼孤＝良民の収養、あるいは経済的困窮や身分的隷属による良民身分からの転落下降——は、すべて唐律の許容するところではなかったのである。

良賤の間、および賤人の上下種別間において、上へ解放されることはあり得るが、合法的に下へ押し下げる手段はないという原則が律全体を貫いている。新たに賤人が生ずるのは、律について見るかぎり、出生による再生産を除いては、反逆縁坐によって「没官」されて官奴婢となる場合だけである。

という滋賀秀三氏の指摘は(7)、部曲身分についても当然のことに完全に妥当する。唐律には官私の賤民が何種類か登場するが、それら賤民は唐律による限りすべては官奴婢から出発する。官奴婢が恩赦によって解放されて官戸となり、官戸がさらに一段解放されて雑戸となる。官戸の一部が特殊技能によって工戸・楽戸となり、さらに一段解放されると太常音声人となる。一方私賤民は、官奴婢が皇帝の下賜を通じて民間に流出し私奴婢が成立する。

そして私奴婢が一段解放されたのが部曲であったことはすでに見た通りである。

さて、右に見た部曲身分の成立契機とそれに基づく概念規定とは、唐律以外の史料によっても傍証することができる。『大正新脩大蔵経』四五巻、諸宗部二、所収の道宣の輯叙にかかる「量処軽重儀本」に、

一謂施力供給、二謂部曲客女。已前二件、雖良賤乃分、而繫不繫別。……第二部曲者、謂、本是賤品、賜姓従良、而未離本主。本主身死、可入常住、衣資畜産随身所属、不合追奪。

（一つには施力供給、二つには部曲・客女がある。この二種類は、良と賤とは異なるが、繫属されるとされないという点では異なる。……第二の部曲なる者は、思うに、本来奴僕であって、姓を賜り良人となってもまだ主人の下を離れないでいる者である。主人が死ねば、常住に入れるべきで、衣資・畜産など彼に属するものは奪い取ってはならない。）

とあり、部曲とは解放された私奴婢の未だ旧主人の下を離れずにいる者と述べている。ここには「姓を賜り良に従う」とあって、あたかも部曲が良民であったかのごとくに記されているが、それは先の唐律の規定と同じく、奴婢が放良されても従来通り主人の下に留まる場合には良民ではなく部曲身分たらざるをえないという法的な規定によるものであろう。「已前の二件、良賤乃ち分かたると雖も、繫ぐと繫がざるとは別なり」とあるように、著者道宣自身が部曲が賤民であったことを明確に認識している。右の史料は貞観一一年（六三七）に書かれたものであるが、部曲身分の成立に関するこうした法的な規定は、北朝期の史料にも系譜的に遡ることができる。周知の『周書』巻六、武帝本紀、建徳六年（五七七）一一月の詔に、

自永熙三年七月已来、去年十月已前、東土之民被抄略、在化内為奴婢者、及平江陵之後、良人没為奴婢者、並宜放免、所在附籍、一同民伍。若旧主人猶須共居、聴留為部曲及客女。

（永熙三年七月以後去年一〇月以前に、東方の民で捕虜となって国内で奴婢となっている者、および江陵を平定して

後、良人で没官されて奴婢となっている者は、すべて解放し、居住地で戸籍につけて庶民とせよ。もし旧主人がなおも共居を求めるならば、旧主人の下に留めて部曲・客女となすことを認める。）

とあり、俘獲奴婢と没官奴婢とを放良し、現住地で編戸良民として籍に附せという指示に続いて、もし旧主人が解放の対象となる旧奴婢との共居を引き続き求める場合は、旧主人の下に留めて部曲・客女となすのを聴せ、という指示が付帯されている。ここに言う「部曲及び客女」が唐律に言う部曲・客女と同じく賤民であったか否かは速断できないが、放良された奴婢一般が良民として登籍されることと対比すれば、「留めて部曲及び客女と為す」とは彼らを主人の戸籍に附籍することであったに相違なく、また「民伍」とは区別された「部曲及び客女」という呼称――おそらくは疑いなく身分呼称――が、唐律におけると全く同様に放良された奴婢の人身が主人によって保有され続けることによって生ずるという構造からすれば、すでにこの段階で部曲は賤民として法的に位置づけられていた可能性が高いと言わねばならない。ということは、保定三年（五六三）に頒たれた周律とそれに続く隋律には、唐律に系譜的に先行する部曲身分に関する諸規定がすでに存在していた可能性が高いということでもある。

ところで、右の詔について、尾形勇氏は、没落良民の再良民化としてだけでなく、「（イ）私権力のもとに、なおかつ残留する者あれば、これらの民を一定の「枠」のなかに強制的に組み込み（「部曲・客女」としてのみ存立し、あるいはのみ残留することを差許す）、（ロ）同時に、歴史的に一貫して「私権力に再生産を委ねた者」としての「家兵」なる私的権力として機能していた「部曲」を、はじめて公的な名称として転用することにより、これらの民にあらためて「非良民」の観念を附与し、（ハ）のちに、この「非良民」たる「部曲」が、身分制のなかに整備・規定されて、「上級賤民」の位置に定着するに至る路を開いたもの」と理解し(8)、山根清志氏は、「ここにいう部曲および客女は、私権力として生成・発展してきた在地の身分関係（「奴婢」・「部曲」などへの私的・独自な支配の実態)の作用に対して、新たな政策的対応の形をとった律令的権力の国家意志が一定の助長・規制を加えることで成った、その意味で二次的・国家的な身分でもあり、かつての「部曲」=家兵とは性格が異なる」と述べている。(9) また竹浪隆良氏は、この詔による「部曲・客女身分が、その設定以前においては社会的身分としての奴婢になってしまうような人々に対するある程度の歯止めになった」とし、「部曲・客女身分を設定することによって北魏においては把握することができなかった民を身分秩序のなかに包摂することを可能にした」と評価している。(10)

私は、建徳六年の詔を、諸氏の指摘のように、私権力の下に残留する者に部曲・客女という新たな枠を設けて身分秩序の中に取り込むべく意図されたものと理解することには全く異論はない。ただ問題とすべきことは、この詔によって部曲・客女という新たな身分を付与されたのは、社会的に存在する私的隷属民一般——例えば尾形氏の言う(ロ)、山根氏の言う「私権力」下の身分的隷属民、竹浪氏の言う「社会的身分としての奴婢」——ではなく、西魏・北周と東魏・北斉の過去四〇年余りにわたる対外戦争という政治的な契機によって生じた俘獲奴婢と没官奴婢の中の、解放後もなお旧主人と共居する者に限定されているという点である。この詔は、社会的経済的契機に基づく良民の私的隷属民化に対応した措置でもなければ、家兵として私的権力を支えてきた者たちに対する国家の身分序列化でもない。あるいはこれら解放されるべき奴婢が現実には家兵として活動していた可能性を排除できない以上は、そうした者をも対象としていたとしても、それを過大に評価することは史料の語るところから遊離した議論とならざるをえないことになろう。なぜなら、この詔は、あくまでも解放されるべき奴婢の中の、なお旧主人の下に留め置かれる者についてのみ部曲・客女となすと語っているにすぎないからである。従来の諸研究によっても、私的な支配隷属関係を解体し、良民=編戸の民を創出しようとする国家権力の意志は見出せても、私的隷属民=良民を部曲として身分秩序の中に編成したとする明証は一例として提示されたことがない。そうした史料が見出せないのは、魏晋南北朝から隋唐までの国家権力にはそうした政策志向が存在しなかったからであって、われわれはそこにこそ注目すべきではなかろうか。(11)

以上の考察から、われわれは、唐律上の部曲とは解放された私奴婢の、なお旧主人の下に留め置かれた者以外ではないと結論しなければならない。そのことを端的に示すのは、宋代に部曲身分が消滅するという周知の事実である。すでに本書第一章および第四章において考察したように、宋代には官奴婢は存在したが私奴婢は存在しなかった。したがって私奴婢の解放過程に生ずるところの部曲身分は、宋代には存在すべくもなかったのである。同時にまた、部曲が私奴婢の解放過程に生ずる身分であったということは、部曲身分の発生径路が極めて狭隘で限定的なものであったことを意味し、また解放された私奴婢が良民となるか部曲に止まるかがもっぱら「主人の意志」に関わっていたということは、部曲身分の発生が個別的かつ偶然的な要素に左右されていたということを意味する。唐律以外の唐代史料中に部曲に言及すること極めて稀であるというこれまた周知の事実は、右に述べた理由から、賤民中に占める、あるいは私的隷属民――現実としてこれらの者は必ずしも賤民とは限らない――の中に占める部曲の数量・比率が相対的に過小であったことによると考えられる。(12) 部曲は「奴婢」や「奴僕」と呼称されていたから史料に現われないという理解があるが、(13) そうだとしても部曲以外の私的隷属民もまた「奴婢」や「奴僕」と呼ばれていた可能性を排除できない以上は、「奴婢」や「奴僕」を部曲に等置することには限りない曖昧さが常につきまとうことになる。

右のような私の理解は、その論理的な帰結として、部曲を唐代の主要な直接生産者と見なす見解、および一定の構成的比重をもって存在した私的隷属民(例えば農奴)の隷属性が法身分上に反映したのが部曲身分であるとする見解をともに否定するものとならざるをえない。部曲身分は国家によって上から設定された身分であって、社会的現実を法制の側が捉えた結果生じたものではないのである。

さて、以上の所論が認められるとして、それでは私奴婢が一旦解放されながらも、旧主人の下に留め置かれるということがなぜ部曲という賤民身分をもたらすことになるのか、この場合部曲はなぜ良民であってはならないのかという疑問が生じよう。この問題に答えるためには、さしあたり、部曲とは国家的身分であるということ、および国家的身分とはどのような概念であるかということを確認しておかなければならない。

三　国家的身分

唐代以前の社会を対象とする奴婢制と良賤制の研究に画期的な地平を切り開いたのは、西嶋定生氏の「中国古代奴婢制の再考察—その階級的性格と身分的性格—」であった[14]。西嶋氏はその中で、「中国の奴婢制を普遍的概念としての奴隷制との対比において理解しようとする手法をひとまず放棄して、中国社会の構造に内在する性格からその社会の一部分を占める奴婢の性格を理解し、これによって中国の奴婢制の特殊具体的な性格を把握してみよう」と述べ、その結果、「中国古代の奴婢とは身分であり、しかもその身分は国家的身分として規定されたものである」、「このことは一方において奴婢を無媒介に階級としての奴隷に等置することを否認するものであるとともに、他方において奴婢身分が主人と奴婢との間に存在する階級関係によって一義的に規定されているのではなくして、皇帝と小農民との間に存在する階級関係によって規定された身分であることを示すものである」との結論を示したのであった。

この西嶋氏の研究は、良賤制を身分制度そのものとして中国社会の構造の中に位置づけようとした点において、それ以前の賤民制度に偏しがちであった諸研究の水準を大きく引き上げた労作というべきものであったが、そこにはなお次のような問題点も残されていたのであった。

第一に、奴婢とは身分であり無媒介に階級としての奴隷に等置すべきではないという論点、および奴婢身分は主人と奴婢との間の階級関係によって一義的に規定されたものではないという論点はいずれも説得的に提示されており、当然首肯されるべきものであろう。しかし、奴婢および奴婢をも含むところの良賤身分を、「皇帝と小農民との間に存在する階級関係によって規定された身分」と結論づける部分は、論文全体の論理展開からしていかにも唐突な論理的飛躍であるとの印象を免れない。すでに引用文によって示したように、西嶋氏は身分関係と階級関係とを峻別するという方法に拠りながら、奴婢とは国家的身分であるという論点から一転して、皇帝と小農民との間の階級関係なるものによって奴婢制を説明してゆくのである。もしも西嶋氏の言う「中国社会の構造に内在する性格」が究極的に「皇帝と小農民との間に存在する階級関係」を意味するのであれば、従前の諸研究と西嶋氏の研究との差異は、結果として、基本的な階級関係を主人と奴婢の間に置くか、皇帝と小農民との間に求めるかの相違にすぎないものとなるであろう。西嶋氏はまた、皇帝の形成する礼的秩序に包摂された者が良民であり、そこから除外された者が賤民であるとして、良賤の区別を礼的秩序から説明づけたのであるが、良民が礼的秩序に包摂されるということと、皇帝と良民（＝小農民）との間に階級関係が存在するということとは、仮に歴史的事実としてそうであったにせよ、全く次元の異なる事柄であって、「無媒介に」「等置」できないはずのものである。

西嶋氏の研究がはらむ第二の問題点は、いわゆる国家的身分の概念に関わるものである。西嶋氏の言う国家的身分とは、唐代の律令のごとき国家の法令によって規定された身分との意味づけが与えられているのであるが、この概念規定はなお曖昧で不十分なところがある。というのは、例えば宋代の佃客や人力・女使の身分もまた国家の法令によって規定されたものにほかならず、西嶋氏に従えばこれらもまた国家的身分としなければならないであろう。おそらく西嶋氏の言わんとされたところは、国家的身分とは、例えば奴婢の身分について言えば、主人と奴婢との間に存在する階級関係の帰納的反映として法律上に規定されたものではなく、国家の人民支配の体制上に必要と認められ、その結果国家の側から演繹的に設定された身分であるということであろう。西嶋氏が皇帝の人民支配の原理を礼的秩序に求め、この礼的秩序から良賤の区別を説かれたのは、右のような理解に基づくものであろう。とするならば、再び第一の問題点に立ち戻ることになるが、西嶋氏は国家ないし皇帝の人民支配というものを、皇帝と小農民の間の階級関係へと一面的に帰結させるべきではなかったのである。奴婢(賤民)身分が階級関係の帰納的反映でないとすれば、良民(小農民)身分もまた階級関係の帰納的反映ではありえないはずだからである。先に西嶋氏の研究に論理的飛躍があると評したのは、以上のような意味においてである。

右に検討した西嶋氏の研究を承けて、ここでは、国家的身分の概念を次のように規定しておきたい。国家的身分とは、単に国家の法令によってその身分的地位が、すなわち法的な行為能力や犯罪に対する刑罰また国家への負担や義務などが規定された身分を意味するものではなく、国家の制度、法令、政策などを深奥で規定づけた支配理念に基づいて演繹的に設定された身分である、と。唐代の良民や賤民の身分は、こうした意味において国家的身分であった。唐代の律令は、良賤身分およびそこに含まれる諸階層の身分を区別し統制すべく制定されまた機能するのであるが、律令それ自体が良賤制を創出したのではない。唐代の良賤制は、唐王朝の支配理念――その内容はしばらく措くとして――の身分編成上の一実現形態であり、律令は法制度上の一実現形態であると理解されなければならない。西嶋氏が提唱した礼的秩序についても、唐朝的支配理念の礼制上の一実現形態であると考えるべきであろう。礼的秩序の及ぶ範囲と良賤の区別が対応関係を持つというのは、そこに因果関係や規定被規定の関係が存したからではなく、両者がともに唐朝的支配理念という同一の源泉に発するものだったからであろう。

さて、以上のような意味において、唐代の良民・賤民は国家的身分であり、部曲もまた奴婢と同じく良民に対する（私）賤民と位置づけられた国家的身分であった。部曲が国家的身分であるということは、部曲の身分は、現実に部曲が取り結ぶ社会的諸関係や彼らの存在形態が法制上に反映して成立したものではないということ、あるいは個別具体的で多様な主人と部曲との関係は、部曲身分に何らの影響も及ぼさないということを意味する。『唐律疏議』巻一二、戸婚「養雑戸等為子孫」には「無主」の部曲が見えるが、これは主人の有無という契機が部曲身分に何らの変動を与えるものでないこと、部曲身分が主人部曲関係の帰納的反映ではなくして、国家的身分として演繹的に設定されたものであることを示す好材料である。

こうして部曲身分が国家的身分であったとするならば、従来しばしば試みられた唐律の諸規定から部曲の階級的性格を分析し、そこから唐代の階級構成や社会構成を推測するという手法は、大きくその意味を失うものとならざるをえないであろう。とはいえ、私は部曲の法身分からその階級的性格を分析すること自体を否定するつもりはない。それは有効であり有意義でもある。なぜなら、良賤身分およびそこに含まれる諸階層の法身分は、唐王朝の支配理念に基づいて設定されたものではあるが、彼らの現実社会における身分統制は律令の規定に基づいて行われるのであり、その限りにおいて各々の身分の有する階級的性格は律令の上に反映しているはずだからである。

四　部曲身分と唐朝的支配理念

唐律によれば、部曲とは解放された私奴婢のなお旧主人の下に留め置かれた者であり、その身分は国家的身分と規定すべきものであった。ここでわれわれは、先に留保していた問題に再び立ち戻らなければならない。すなわち、一旦解放されながらも、旧主人の下に留め置かれるということがなぜ部曲という賤民身分をもたらすのか、この場合なぜ部曲は良民であってはならないのかという問題である。

堀敏一氏は、先の建徳六年の詔によって、「国家は奴婢の解放にあたって、これを良人として解放しきるわけにいかず、旧主人の解放された奴婢にたいする支配を認めて、良人と奴婢の中間に位する部曲・客女という新しい身分を設定せざるをえなかったのである」として旧奴婢に対する主人権の強さを指摘しているが[15]、そしてこの指摘は、私奴婢から良民へではなく部曲・客女への上昇に止まる唯一の契機が主人の意志に関わるという本章の検討結果とも一致するのであるが、それでもなお北周や唐朝が部曲・客女を賤民と位置づけたのはなぜかという問題は残るのである。

結論的に述べるとすれば、部曲身分が国家的身分であり、しかも賤民として位置づけられていたということこそが、唐王朝の支配理念の、身分編成上における集中的な表現であったと思われる。解放された私奴婢が旧主人の下に留まるということは、単に生活をともにすることではない。部曲は「転事」に象徴されるように主人によってその人身が保有され、主人の使役に供される。そこには明らかに人格的な支配隷属関係、階級関係が存在する。一方、唐律によれば、良民が他者の人身を保有しうる対象は、賤民である部曲・客女と私奴婢に限定されていた[16]。良民は賤民を保有し人格的に隷属せしむることはできるが、他の良民を保有し人格的に隷属せしむることはできないというのが唐律の原則である。したがって、良民に保有される者は賤民以外ではありえず、私奴婢の解放された者であっても、なお旧主人の下に留め置かれた(すなわち保有される)者であれば良民たりえないのである。部曲身分にまつわる右のような構造から唐朝的支配理念を探れば、次のように定式化しうるであろう。唐王朝の支配理念は、良民が他の良民を労働力として保有し、それを通じて形成される良民間の支配隷属関係、および生産手段の所有と非所有に基づく良民間の階級関係をともに原理的に否定する。すなわち、良民は良民である限り均しく皇帝と直接的な関係の下にあらねばならない、と。通常言われるところの一君万民思想ないし斉民制とは、こうした理念の表現であろう。そして、こうした支配理念の存在が、奴婢とも良民とも異なる上級賤民としての部曲身分の設定を要請したのであり、部曲が賤民たる直接的かつ根本的な理由は、彼らが主人を介して皇帝と間接的な関係の下に置かれていたことにあると考えられるのである。

同時にまた、右のような支配理念のあり方からすれば、現実に賤民的状況下にある良民、すなわち他の良民に保有され人格的に隷属せしめられている良民は、特別の許可と条件による以外、すみやかに原状に回復されなければならない。「私属」や「浮逃戸」を再び編戸化しようとする唐朝の政策基調は多くの史料によって確認されるのであるが(17)、ここでは特別の許可と条件を具体的に示す事例として、周知の史料を一つだけ示しておこう。『旧唐書』巻五、高宗本紀、咸亨元年(六七〇)一〇月癸酉条に、

大雪、平地三尺余、行人凍死者、贈帛給棺木。令雍・同・華州、貧窶之家有年十五已下不能存活者、聴一切任人収養為男女充駆使、皆不得将為奴婢。

(大雪で平地でも三尺あまりあり、旅人で凍死した者には帛と棺木を給した。雍州・同州・華州に命令し、貧しい家で生活できない年一五以下の者があれば、一切自由に他人が収養して男女とし、使役に充てることを許すが、しかし奴婢としてはならない。)

とあり、「年十五已下の存活する能わざる者」という条件を付して、「一切任《まま》に人の収養し男女と為して駆使に充つるを聴す」という許可を与えているが、「皆将って奴婢と為すを得ざれ」とあるように賤民身分とすることは禁じられている。この「男女と為して駆使に充」てられる者を部曲身分の者と見なす見解があるが(18)、そうした理解は、第一に部曲身分の法的成立要件を無視するものであり、第二に何ゆえに「部曲客女と為」すとではなく

「男女と為」すと記されているかを説明しえないであろう。唐朝権力はここで、良民間の支配隷属関係は認めないという理念的原則と、他の良民に収養されなければ存活しえない良民の存在という現実的要請とから、妥協的かつ臨時的な方策として、合法的な形式である「男女」、すなわち義男・義女という擬制的家族員の形式での収養を許可したのであると理解すべきであろう。[19] よってこの「男女」は依然として良民である。同書同巻、咸亨四年正月甲午条には続いて、

詔、咸亨初、収養為男女及駆使者、聴量酬衣食之直、放還本処。

（詔す、「咸亨の初年に、男女として収養し使役に充てていた者は、これまでの養育費を主人側に支払い、解放し生家へ返すことを認める」と。）

とあり、唐朝権力は先の措置が臨時的なものであったことを表明し、良民間の支配隷属関係の解体と「男女」の原状回復とを期待しているのである。

さて、以上のように、唐代の人民は唐王朝の支配理念に従って良民と賤民とに区分されていた。良民とは、皇帝と直接的な関係にある者であり、賤民とは、良民を介して皇帝と間接的な関係にある者である。雑戸や官戸また官奴婢等の官賤民は、その所有主体が私人ではなく官衙ではあったが、やはり皇帝との関係からすれば官衙を介して間接的な位置にあったと見ることができるであろう。

ところで、一部前述したように、唐朝の支配理念は良賤制という身分制度にのみ実現されたのではない。土地制度としての均田制、税役制度としての租調庸制、法律制度としての律令制等々は、すべて唐朝的支配理念の具体的な実現形式であったと考えるべきものであろう。堀敏一氏はかつて、「均田制の崩壊後、部曲・客女の実態が消滅してしまうのは、均田制という支配体制と不可分の関係においてつくられた身分であったからであろう」と述べていたが[20]、良民は均しく給田を受け等しく一定の税役を負担するという、唐代の身分制度と土地・税役制

度との対応関係は、唐朝的支配理念を同一の源泉とするゆえに見られたのではなかろうか。「良民は良民である限り均しく皇帝と直接的な関係の下にあらねばならない」という唐朝的支配理念は、その「直接的な関係」の具体的表現として、均田制に基づく給田や租調庸制に基づく税役賦課となって現われたと考えられるのである。それゆえ部曲身分の消滅は、部曲身分の設定を必要とした唐朝的支配理念の否定として、支配理念に基づく身分編成原理の転換として説明されなければならない。私は先に、宋代には私奴婢が存在しなかったがゆえに、私奴婢の解放過程に生ずる部曲身分は再生すべくもなかったと述べたが、そしてそれは論理的には誤りではないけれども、部曲身分消滅の本質的原因は、宋代における唐朝的支配理念の否定と、それに伴う身分編成原理の転換とにあったのである。もはやわれわれは、宋代の状況へと目を転じなければならない。

五　雇傭人身分と宋朝的支配理念

周知のように、宋代史料には傭賃や人力・女使といった語句が頻出する。これらの語句の意味するところは、法的形式的には「雇傭された良民」であり、われわれもまた通常雇傭人と呼び慣わしているのであるが、当時の雇傭関係が近代的な資本と賃労働との間における労働力の売買としての雇傭関係と質的に異なることは言うまでもなく、当時の「雇」、「傭」、「雇傭」等の語で表わされる関係の実質は、最も進んだ形態でも人身の――労働力のみならず人格をも含むところの――賃貸借、多くは人身の質入や債務の肩替わりとしての人質であり、さらには人身の売買をもその内に含むものであった。それゆえ、雇主と雇傭人との間には人格的な支配隷属関係が存在し、両者の間には社会的には「主僕の分」――主人と奴僕との身分差――があるとされ、法律上にも雇主の雇傭人に対する犯罪は凡人間の刑罰よりも軽く罰し、雇傭人の雇主に対する犯罪は凡人間の刑罰よりも重く罰するという不平等な格差が定められていたのである。(21)

こうした宋代の雇主と雇傭人との関係は、そこに人格的な支配隷属関係が存在し、社会的にも法的にも不平等な取り扱いを受けるという点で唐代の主人と奴婢・部曲との関係に類似した側面があり、『文献通考』巻一一、戸口考二「奴婢」の天禧三年(一〇一九)条にも、

大理寺言、按律、諸奴婢有罪、其主不請官司而殺者、杖一百、無罪而殺者、徒二年。又諸条、主殴部曲至死者、徒一年、故殺者、加一等。其有愆犯、決罰至死、及過失殺者、勿論。自今人家傭賃、当明設要契、及五年、主因過殴決至死者、欲望加部曲一等、但不以愆犯而殺者、減常人一等、如過失殺者、勿論。従之。

(大理寺が言う、「律には、「諸て奴婢に罪があり、主人が官司に請わずに殺した場合は、杖一百とし、罪がないのに殺した場合は、徒二年とする」とある。また別の条文には、「主人が部曲を殴って死亡させた場合は、徒一年とし、故意に殺した場合は、一等を加える、落度があって懲戒して死亡させた場合、および過失で殺した場合は、無罪とする」とある。今後、人家の雇傭人は、明確に契約を立て五年経った後に、主人が雇傭人を過分に殴って死亡させた場合は、部曲に一等を加えることとし、落度がないのに殺した場合は、常人から一等を減じることとし、もし過失で殺した場合は無罪としたい」と。皇帝はこれを裁下した。)

とあり、主人の傭賃に対する殺人の罪を定めるのに際して奴婢・部曲の法が勘案されているのである。

しかしながら、唐代の奴婢・部曲と宋代の雇傭人との間には、身分的性格の上で決定的な質的相違が認められる。第一に、奴婢・部曲の身分が主人と奴婢・部曲との具体的な関係のあり方から何の影響も受けることがなかったのに対し、雇主と雇傭人との法律上の不平等は雇傭関係の存在自体からただちに発生するのではなく、その雇傭関係が具体的にいかなるものであるか——例えば右の史料では雇傭契約を結んでより五年を経ているか否

か——を勘案して後定められていたのであった。第二に、奴婢・部曲の身分が法身分であると同時に社会的身分でもあったのに対し、社会的に傭賃や人力等と呼称される雇傭人のすべてが法律上の傭賃や人力の身分に該当するわけではなかった。再び右の史料によって解説すれば、社会的に傭賃と呼称されている者でも、雇傭契約締結より五年未満であれば雇主に対する法律上の従属的地位は発生しないのであり、したがって、宋代の雇傭人には社会的身分と法身分との間に絶えず一定のズレが存在していたのである。第三に、奴婢と部曲は良民に対する賤民として位置づけられ、その身分は世襲的な終身身分であったのに対し、宋代の雇傭人はあくまでも良民であり、その身分は雇傭関係の解消によって消滅するという相違も認められるのである。(22)

以上のような奴婢・部曲の身分と雇傭人の身分との相違点は、結局のところ、前者が国家的身分として演繹的に設定された身分であるのに対して、後者は、良民内部の私的支配隷属関係の中から一定の相対的基準を抽出することによって帰納的に定立されたものであるという、各々の身分編成原理の相違に由来するものである。すなわち、宋代のいわゆる雇傭人の法身分は、良民の階層分化によって生じた私的な支配隷属関係の存在を宋朝権力が体制的に容許・公認し、それを法制上へ反映・昇華させることによって成立したものにほかならない。宋代には雇傭人のほかに佃客の法身分もまた形成されるが、(23)唐代社会にも宋代の雇傭人や佃客に類似した私的隷属民が存在したことは紛れもない事実である。しかし、唐朝権力は私的隷属民(=良民)をその主人(=良民)と身分的に差別して取り扱う法令を成立せしむることはついになかったのであり、そして、それが唐朝的支配理念の然らしむるところであったことはすでに述べた通りである。これに反して、宋朝権力が良民内部の支配隷属関係の存在を容認し、私的隷属民の隷属性や存在形態に応じて雇傭人と佃客の法身分を創出したということは、換言すれば、良民は現実に展開している社会的諸関係や階級関係により適合的な身分秩序を構成しようとしたということは、良民は皇帝と直接的な関係の下にあらねばならないとする唐朝的支配理念の明白な否定であり放棄である。部曲・客女と人力・女使の身分的性格の相違は、宋代における唐朝的支配理念の否定と、それに伴う身分編成原理の転換によって基礎づけられていたのである。すでに唐朝的支配理念を放棄し、良民内部の私的支配隷属関係の存在を公認した宋朝権力にとって、私奴婢と部曲の身分を設定すべき理由は完全に失われていたはずである。宋代に部曲身分が消滅するという周知の事実は、こうして、唐朝的支配理念から現実に適合的な支配秩序を構成するという宋朝的支配理念への転換によって、そしてそれに伴う身分編成原理の転換によってもたらされたのである。

ところで、唐宋の間に右のような支配理念の転換が生じ、宋朝権力が良民内部の階級関係を身分秩序の中に取り込んだ結果として、良民と賤民との身分区分＝良賤制は本来の意義を著しく失ったように思われる。良賤制は唐朝権力の人民に対する政治的支配の根幹をなしており、それゆえ唐朝の政策基調は良民を確保すること、賤民的状況に置かれている良民を編戸として皇帝との直接的な関係下へ回復することとなって現われてくるのであるが、すでに良民の階層分化を所与の前提とする宋朝権力にとっては、良民を確保することではなくして担税戸＝主戸を確保すること、良民の賤民的状況への転落を防止することではなくして合法的手段を通じた私的支配隷属関係の形成へと政策基調が転換しているのである。良賤制は確かに宋代にも継承されたが、賤民としては官奴婢が存在しただけであり、単なる形式的名称として他の良民に保有されている良民を「奴婢」や「賤」と呼称していたにすぎない(24)。良賤制は、宋代には形骸化した形式的名称としてのみ辛うじて生きながらえていたと言っても過言ではないのである。ここで私は、西嶋定生氏の次のような問題提起を想起する。西嶋氏は皇帝と小農民との間に基本的な階級関係が存在し、そこから良賤制が生み出されたという理解を示した後に、次のように指摘している。

以上のように考えられるとすれば、唐末以後の佃戸制の形成についても再考が必要であろう。……佃戸制の形成は良賤制を否定するものではなく、良賤制は清朝に至るまで存続するのである。それゆえ佃戸制の形成が時代区分の標識となる画期的な性格をもつものとされるならば、そこでは当然奴婢身分を重要な国家身分とするところの国家体制、すなわちその外延に奴婢身分の設定を伴うところの皇帝と小農民とを基軸とする国家構造が佃戸制の形成と対応しかつ関連して如何に変革されるかが考察されなければならないであろう。(25)

確かに西嶋氏の言われるように、佃戸制の形成は形式的には良賤制を否定するものではなかった。しかし、良賤制を生み出した（正しくは継承・整備した）唐朝的支配理念は、佃戸制の形成を重要な一構成部分とするところの良民内部の私的支配隷属関係の展開の前に、ついに宋朝権力によって否定され放棄されたのであった。西嶋氏の問題提起がはらむ最も大きな問題点は、以上の考察を終えた私には、「皇帝と小農民とを基軸とする国家構造」という理解、皇帝と小農民との間に基本的階級関係が存在し、それが良賤制を生み出したとする理解の仕方にあると思われるのである。「皇帝と小農民とを基軸とする」のは「国家構造」ではなくして国家秩序の構成原理＝支配理念ではなかったかと思われるのである。われわれは、良賤制が固定不変の支配制度ではなく、その意味と機能とを歴史的に変化させつつ清朝まで存続したということに十分留意しなければならない。

ところで、現実に適合的な支配秩序の構成という宋朝的支配理念は、身分編成のうえでは雇傭人や佃客の法身分を形成せしめたが、土地制度の面では私的土地所有の公認に、(26)税役制度では租調庸制に替わる両税法の継承に、法制度としては律令格式に替わる勅令格式の採用にと、諸分野にわたって広汎に認めることができる。むしろわれわれは、宋朝的支配理念に従って右のような諸変化が生じたのではなく、現実社会の歴史的展開が宋朝をして唐朝的支配理念の放棄を余儀なくさせたと言うべきであろう。ただ宋朝には宋朝独自の支配理念が存在したはずであり、それは単に「現実に適合的な支配秩序の構成」といった現実迎合的な側面だけでなく、一方では現実を統制し改変しようとする側面をも併せ有していたはずであるが、現在の私にはこれ以上その実質に迫ることはできない。後考に期したいと思う。

結　論

本章は、唐代の部曲・客女と宋代の人力・女使とを素材とし、各々の身分的性格の比較を通じて、唐から宋へと支配理念の転換、それに伴う身分編成原理の転換が生じたことを論理のレベルで、したがって抽象的な次元で考察してみたにすぎない。用いた史料も周知のものばかりであり、もし本章に採るべきところがあるとすれば、それは視点と分析方法の転換以外ではないであろう。

ところで、ごく一般的に言って、法や制度・政策は、現実の社会構造や社会的諸関係に追随し適合してゆこうとする側面と、現実をあるべき姿と思念された方向へ改変し統制してゆこうとする側面とを持っている。宋朝のように君主権が強化され集権的な支配体制が確立された段階で、私的な支配隷属関係が国家秩序の一部を形づくる法制の分野へ浸透し（あるいは吸収され）、相対的に君主権が制約されていたと考えられる唐朝において、私的支配隷属関係を排除し、社会的諸関係を頑なに理念的な形態へ改変し維持しようとしたということは、一見矛盾する現象であるかに見える。この矛盾するかに見える現象を、本章では支配理念のあり方という方向から解きほぐそうとしたのであるが、しかし唐朝的支配理念と言い宋朝的支配理念と言っても、それらはアプリオリに存在するものではありえない。それらがどのような社会状況の中から、どのような人々によって形成され現実化されようとしたかという問題が残されている。またそうした支配理念が何ゆえに生み出されたのかという問題も残っている。この問題を解く糸口は、ひとつには思想史的な方法によって、いまひとつには経済構造の変化に対応する政策史的方法によって得られるのではないかと予想される。(27) それがわれわれに残された史料の性格からして、最も可能かつ有効な方法であろうと思われる。

（1）沈家本「部曲考」（『沈寄簃先生遺書』歴代刑法考、刑法分考一五）、何士驥「部曲考」（『国学論叢』一―一、一九二七年）。
（2）濱口重国「唐の賤民、部曲の成立過程」（一九五二年原載、同氏『唐王朝の賤人制度』一九六六年、東洋史研究会、所収）。なお濱口氏は賤民としての部曲の前身を私兵にのみ求めているわけではない。その点については同氏の同右著書、参照。
（3）宮崎市定「部曲から佃戸へ―唐宋間社会変革の一面―」（一九七一年原載、同氏『宮崎市定全集』第一一巻、一九九二年、岩波書店、所収）。
（4）仁井田陞『支那身分法史』（一九四二年、東方文化学院）第八章、同氏『中国法制史研究―奴隷農奴法・家族村落法―』（一九六二年、東京大学出版会、一九八〇年補訂）、山根清志「唐における良賤制と在地の身分的諸関係」（『歴史学研究』別冊特集、一九七七年）、同氏「唐の部曲の性格をめぐる議論と問題点」（『福井大学教育学部紀要』社会科学三四、一九八四年）。
（5）そうした志向性を持つ近年の論考に、堀敏一『中国古代の身分制―良と賤』（一九八七年、汲古書院）がある。
（6）西嶋定生「中国古代奴婢制の再考察―その階級的性格と身分的性格―」（一九六三年原載、同氏『中国古代国家と東アジア世界』一九八三年、東京大学出版会、所収）。
（7）律令研究会編・滋賀秀三訳註『訳註日本律令五、唐律疏議訳註篇一』（一九七九年、東京堂出版）一六五頁。
（8）尾形勇「良賤制の展開とその性格」（『岩波講座世界歴史』第五巻、一九七〇年、岩波書店）三六二頁。
（9）山根氏注（4）前掲論文前者の四九頁。
（10）竹浪隆良「北魏における人身売買と身分制支配―延昌三年（五一四）人身売買論議を中心として―」（『史学雑誌』九三―三、一九八四年）三〇頁。
（11）この点については、唐長孺（川勝義雄訳）「魏晋南北朝の客と部曲」（『東洋史研究』四〇―二、一九八一年）、同氏（竹内実訳）「唐代の部曲と客」（『東方学』六三、一九八二年）、参照。
（12）こうした理解は、唐氏注（11）前掲論文後者の理解と一致する。
（13）日野開三郎「唐代の私賤民「部曲客女・奴婢」の法身分と生活実態」（唐代史研究会編『中国律令制の展開とその国家・社会との関係―周辺地域の場合を含めて―』唐代史研究会報告第Ⅴ集、一九八四年、所収）。
（14）西嶋氏注（6）前掲論文。
（15）堀敏一『均田制の研究』（一九七五年、岩波書店）第七章。なお私は旧奴婢に対する主人権の強さを否定しないし、それは唐律上の主人‐部曲関係に関する諸規定のうえに紛れもなく反映しているのであるが、主人権の強さそれ自体が部曲身分の設定をもたらしたとは考えない。その点は本文で後述する。また堀氏は本書の中で、部曲・客女の法律的成立過程については本章と同一の理解を示しながらも、その点を徹底することなく、尾形勇氏の批判(尾形氏注(8)前掲論文)を受けて、「身分制と中国古代社会―良賤制の見方をめぐって―」(『駿台史学』五〇、一九八〇年)を発表、次いで注(5)前掲著書第六章では「部曲・客女身分が成立する前提をみるために、魏晋南北朝時代のもろもろの隷属関係を分析する」(二五五頁)方向へと進んでいる。

(16)　唐律にはこれらのほかに「随身」なる者が見え、それについては濱口重国氏の研究(注(2)前掲著書九一～九七頁)があるが、その実体についてはなお不明な点が多い。「随身」は明清代の「長随」のごとく官僚や軍人に扈従する者ではなかったかと推測されるが、ここでは確言を留保して後考に待ちたい。

(17)　唐氏注(11)前掲論文、参照。

(18)　山根清志「唐の部曲客女身分に関する一考察―ペリオ漢文文書三六〇八号の理解にむけて―」(『一橋研究』三―一、一九七八年)、竹浪氏注(10)前掲論文。

(19)　『唐律疏議』巻一二、戸婚「養子捨去」によれば、異姓の男子は三歳以下で本生の父母が遺棄した者に限って収養が認められていた(女子は年齢不問)のであるが、ここでは一五歳以下とあって明らかに唐律に抵触する。しかし異常事態下での妥協的措置として法の拡大解釈が許られたのであろう。

(20)　堀氏注(15)前掲著書三九九頁。

(21)　以上の論述は、本書第一章による。

(22)　ただし、『長編』巻一七七、至和元年(一〇五四)一〇月壬辰条に、「詔、士庶之家、嘗更傭雇之人、自今毋得与主之同居親為昏、違者離之」とあって、旧雇傭人と旧雇主の同居親との通婚は禁止されていた。

(23)　佃客の法身分も雇傭人身分と同じく相対的基準に基づいて帰納的に定立されたものであるが、佃客の場合、雇傭人とは異なって社会的身分と法身分のズレは極めて小さい。それは雇傭人の存在形態が多様であるのに対して、佃客の存在形態は相対的に固定的なものだからである。しかし、例えば撲佃戸の場合、佃戸と呼ばれてはいても実際は官僚身分を有する者すらその中に含まれていたのであって、彼らは佃客法の対象とはならなかったであろう。

(24)　本書第一章、参照。

(25)　西嶋氏注(6)前掲論文一四四～一四五頁。

(26) 清の顧炎武『日知録』巻一〇「蘇松二府田賦之重」の末尾の次の一節を想起されたい。顧炎武は董仲舒と陸贄の言を引いた後、次のように記している(傍点引用者)。

夫土地王者之所有、耕稼農夫之所為、而兼并之徒、居然受利。望令凡所占田、約為条限、裁減租価、務利貧人。仲舒所言、則今之分租、贄所言、則今之包租也。然猶謂之豪民、謂之兼并之徒(原注略)。宋已下、則公然号為田主矣。

(27) 尾形勇『中国古代の「家」と国家』(一九七九年、岩波書店)は、この方面からする優れた達成である。

〈補記〉

堀敏一『中国古代の身分制—良と賤』(一九八七年、汲古書院)は、私の旧稿を批判して、次のように指摘する。

山根氏は良民の没落によって部曲が生ずる場合があると推測しているが、唐律令が良民から奴婢への転落を認めないのと同様に、部曲への転落を直接認めるはずがないのである。しかし良人を「略」すか「略売」するか「和誘」するかして部曲と為すことを禁じた規定があるのは(唐律疏議二〇賊盗、略人略売人条等)、そのような事実があり得たことを示している。また近年発表された吐魯番出土文書では、高宗・武周期以後、長安と西州に相当数の部曲・客女が存在したことが示されている(唐長孺「唐代の部曲と客」「唐西州諸郷戸口帳試釈」)。もし上記のような唐朝的支配理念によって部曲身分が設けられたとすれば、高橋氏とは逆に、当時現実に発生した奴婢以外の様々な隷属者が、部曲身分の名の下に存在を許されたということも、論理的には想定しうるであろう(三二四頁)。

私は唐代に部曲・客女が存在することを否定したことはなく、また部曲・客女に関する唐律の規定は、現実に存在した部曲・客女を規制したとも考えている。そのことは本章でも述べている。良人を略しまた略売して部曲となすことを禁じた法が存在するのは、確かにそうした径路で部曲とされた者が存在したことを示すであろう。しかし、そうした径路を経た者が存在し、部曲と呼称されていたとしても、それは唐律令が予定した部曲ではなく、違法な存在である。略人、略売人を禁じた法の存在は、そうした径路によって「部曲」と呼ばれるに至った者は、唐朝は部曲とは認めないという国家意志の表明にほかならない。また私は「もし良民に保有され隷属するものがあれば、それは賤民とされなければならない」と述べたが、それはあくまでも合法的な手段で「良民に保有され隷属するもの」でなければならず、堀氏が言うような「当時現実に発生した奴婢以外の様々な隷属者」を想定して発言したものではない。堀氏の言う「奴婢以外の様々な隷属者」は一体どのような存在であろうか。堀氏自身が「良民から……部曲への転落を直接認めるはずがない」と言っている以上、この「様々な隷属者」はもともと良民ではないことになる。ならば賤民であろうか。賤民ならば奴婢以外には考えられず、奴婢の中のある者が「部曲身分の名の下に存在を許された」という意味であれば、堀氏の理解は本章における私の理解と同じである。

第七章　明代の奴婢・義子孫・雇工人

一　明朝の課題

明朝は、合法的な私的隷属民として奴婢を設定していた。ここで言う「隷属」とは、他人によって人身を保有されていることを意味しており、こうした状態にある隷属民を本章ではまた服役労働者と呼ぶことにしたい。すなわち、奴婢とは法身分であると同時に、存在形態からすれば無期的な服役労働者と言うことができる。明朝は同時に奴婢の保有主体に関して、それ以前の王朝には見られなかった二つの特別な規定を定めていた。第一は、奴婢は功臣(公、侯、伯の爵位を持つ者)へ給賜するという規定であり、第二は、庶民の奴婢保有を禁止するという規定である。(1)第一の規定は奴婢の給賜対象、すなわち奴婢の保有主体の限定であるが、第二の規定は、庶民の奴婢＝「無期的な他人の労働力」を内に含まない経営体の維持、すなわち庶民の家族労働力にのみ基づくほぼ均質な経営体を支配基盤にしたいという洪武帝朱元璋の統治理念の反映であったと考えられる。

しかし、こうした規定は現実の歴史の進行との間に次第に矛盾を深めてゆくことになる。矛盾の第一は、功臣にあらず、かつ庶民にもあらざる官僚身分保持者の奴婢保有をめぐってであった。明代中期以降、官僚の家には人身売買あるいは投靠等によって多量の労働力が蓄積されていた。それらの無期的服役労働者はもとより法律上の奴婢ではなかった。明律に言う奴婢とは、反逆縁坐によって身柄を国家に没収された者、および明朝の対外戦争の際に俘虜となった者であり、それ以外の、例えば人身売買によって奴婢となる途は法理上完全に閉ざされていたからである。しかしながら、官僚の家に蓄積された労働力は、無期的服役労働者であったことから、社会的には一般に「奴婢」や「奴僕」と呼称されていた。前述のように、明律における庶民の奴婢保有禁止規定が、法身分としての奴婢ではなくして無期的な他人の労働力を対象にしていたのであるとするならば、官僚の家が保有する無期的服役労働者は法的にどう扱うべきかが問題となったのである。法律上には明記されていない官僚層の奴婢保有の可否と、現実に多量に蓄積されている無期的服役労働者の身分認定、これが明朝の解決すべき課題となっていたのである。

同様の問題は庶民層においても発生していた。庶民層における階層分化の進展は、朱元璋の意図に反して必然的に私的な支配隷属関係を形成する。当時、庶民の家に蓄積された無期的な他人の労働力は、明律を憚って「義男」・「義女」あるいは「雇工人」と呼ばれていたが、しかしこれらの義男・義女また雇工人が単なる形式的な呼称であることは誰の目にも明らかだった。こうした義子孫や雇工人という形式による無期的労働力の保有は、庶民の家だけでなく官僚の家においても見られたことで、それは後に示すかの万暦一六年新題例からも窺うことができる。

こうして、官僚層と庶民層とに保有されている無期的な他人の労働力を法的にどう扱うべきかが、明朝が直面した第一の課題となっていたのであった。

ところで、明律には奴婢と同時に雇工人なるものが設定されている。雇工人の保有主体には何らの限定がなく、したがって庶民もまた雇工人を保有しえたのであるが、それでは雇工人とはいかなる存在なのであろうか。

雇工人は、法的形式的には有期的な雇傭労働者であると言ってよいであろう。しかし、当時の「雇傭」とは、多くの場合単なる労働力の売買ではなく、人身の保有被保有を伴う関係であった。それゆえ主人および主人の有服親と雇工人との間には人格的な支配と被支配の関係が存在し、法律上にも家長と家族員との関係にほぼ相当する差別が設けられていた。(2)同時に、一口に有期的な雇傭労働とは言っても、その実態は極めて多様であった。雇傭期間で言えば、日雇いから月単位、年単位の雇傭、さらには終身の雇傭さえ稀ではなかった。また法的形式的には雇傭であれ、実質的には人身の賃貸借から質入、さらには人身の売買さえその内に含んでいたのであった。とするならば、いかなる形態の雇傭労働者が法律の予定した雇工人に該当し、いかなる存在が雇工人に該当しないのかが当然問題となったはずである。明律には雇工人の概念に関わる説明が一言も見あたらず、そのことが事態の混乱と深刻さを一層深めたかに推測される。何をもって雇工人と身分認定するのか、これが明朝の解決すべき第二の課題となっていたのである。

こうして、明代中期以降の法と現実との矛盾に基づくひとつの突出した問題は、官僚層や庶民層に保有されている私的な隷属民、すなわち法律上の奴婢とは異なるものの実質的には奴婢と同質の無期的服役労働者、および隷属の度合を段階的に異にする有期的な雇傭労働者を法的にいかに身分規制すべきかにあったと言うことができる。『明神宗実録』巻一九一、万暦一五年(一五八七)一〇月丁卯条の都察院左都御史呉時来等の上奏は、以上述べた明朝の課題に対する包括的な解決案であった。

律称、庶人之家不許存養奴婢。蓋謂功臣家方給賞奴婢、庶民当自服勤労、故不得存養、有犯者、皆称雇工人。初未言及縉紳之家也。且雇工人多有不同、擬罪自当有間。至若縉紳之家、固不得上比功臣、亦不可下同黎庶、存養家人、勢所不免。合令法司酌議、無論官民之家、有立券用値、工作有年限者、皆以雇工人論。有受値微少、工作止計月日者、仍以凡人論。若財買十五以下、恩養已久、十六以上、配有室家者、照例同子孫論。或恩養未久、不曾配合者、在庶人之家、仍以雇工人論、在縉紳之家、比照奴婢律論。……得旨、律例未尽条件、還会同部寺酌議来看。

(律に、「庶民の家は奴婢を存養することを許さない」とある。功臣の家にしてはじめて奴婢を給賞され、庶民はまさに自ら労働に服すべきで、それゆえ存養することができないという意味なのであるが、庶民の家で犯罪があると、皆奴婢ではなく雇工人と言っている。律には縉紳の家には奴婢保有の可否につき全く言及がない。かつ雇工人は多様であって、罪を定めるには自ずと違いがあるはずである。縉紳の家のごときに至っては、もとより上は功臣の家と同等に見ることはできないが、また下は庶民と同等とすることもできず、家人を存養することは勢いとして免れないところがある。法司に検討させるべきで、次のように提案する。「官・民の家を問わず、契約を立て賃金を定め、仕事に年限を取り決めている者は、皆雇工人として論罪する。賃金がごくわずかで、仕事が月決め日決めの者は、凡人として論罪する。購買した一五歳以下の者で恩養が長期にわたる者、一六歳以上で妻帯せしめられた者は、条例に照らして子孫と同じく論罪し、恩養を受けること短く妻帯せしめられていない者は、庶民の家では雇工人として、縉紳の家では奴婢律に比照して論じる」と。……皇帝の意向を得たところ、「律例の問題がある部分については、なお刑部・大理寺と会議して議定せよ」とあった。)

この提案は刑部・大理寺・都察院の議を経て、翌万暦一六年(一五八八)正月庚戌に上奏・裁可され(3)、新条例として頒布された。いわゆる万暦一六年新題例である。

『大明律集解附例』巻二〇、刑律、闘殴「奴婢殴家長」条の万暦新題例に、

今後官民之家、凡倩工作之人、立有文券・議有年限者、以雇工人論、止是短雇月日、受値不多者、依凡論。

其財買義男、如恩養年久・配有室家者、照例同子孫論、如恩養未久・不曽配合者、士庶之家依雇工人論、縉紳之家比照奴婢律論。

(今後官民の家では、およそ仕事に雇った者で、契約を立て、年限を議定している者は雇工人として論罪し、月決め日決めの短期の雇い人で賃金も少ない者は、凡人として論罪する。購買した義男で、恩養が長期にわたり妻帯せしめられた者は、条例に照らして子孫と同じく論罪する。もし恩養を受けること短く、妻帯せしめられていない者は、士庶の家では雇工人として、縉紳の家では奴婢律に比照して論罪する。)

この新題例では、まず雇傭労働者の中で雇傭契約を立て雇傭期間を議定している者は雇工人とするが、月日単位の短期雇傭者は凡人扱いとする。次に財買の義男で服役期間が長く妻を与えられている者は子孫と同じく扱い、服役期間が短く妻も与えられていない者は、士庶の家では雇工人とし、縉紳の家では奴婢に準じて扱う。以上が新題例の意味するところである。呉時来等の提案と新題例とはほぼ同じであるが、提案では財買の義男に関して庶民と縉紳とに区別されていた部分が、新題例では士庶と縉紳とに二大別されているという違いがある。新題例制定に至る間に、生員や挙人・監生といった身分を持つ階層、すなわち士人層の取り扱いが議論となったことが知られよう。

ところで、万暦一六年以前に、以上述べ来たったような、あるいは新題例が対象としているような有期的・無期的服役労働者がどう扱われてきたのかは、従来ほとんど明らかにされてこなかった。そこで以下に若干の例を示しながら、この点を検討することにしたい。

二　奴婢

嘉靖年間に兵部尚書の任にあった蘇祐は、『説郛続』弖第一九所収の『逌旋璅言』で、

今祖制、惟公(功?)臣家有給賞奴婢。其余有犯、男称雇工人、女称使女。在郷(卿?)大夫家且不得有奴婢、況士庶人乎。

(今祖宗の法制では、ただ功臣の家だけに奴婢を給賞することになっている。その他の者は、犯罪があれば、男は雇工人と称し、女は使女と称している。卿大夫の家でも奴婢を持てないのであるから、まして士庶の家ではなおさらである。)

と述べ[4]、官僚層は奴婢を保有できないとの認識を示している。龔大器『(新刊)招擬指南』巻首には、

律中諸条称奴婢、指功臣之家給賜者言。若庶民之家、止称義男、凡有所犯、比雇工人論。

(律の中の諸条文で奴婢と称しているのは、功臣の家に給賜された者を指して言うのである。庶民の家ではただ義男と称するのみで、およそ犯罪があれば雇工人に比定して論罪する。)

とあり、崇禎刊、彭応弼『鼎鐫大明律例法司増補刑書拠会』巻三、戸律、戸役「立嫡子違法」条には、

庶民是勲臣革爵者、原賜奴婢即当還官、存養在家、則坐杖罪。此説甚通。蓋百姓本無奴婢、自不必制律也。

(「〔律に言う〕庶民とは勲臣の爵位を削られた者であり、もと賜った奴婢はただちに官に返還しなければならず、家で存養していれば杖罪に坐すのである」。この説ははなはだ意味が通じている。というのは百姓には本来奴婢がおらず、自ずと律に規定する必要がないからである。)

とあり、律文に言う庶民とは勲臣の爵を革《けず》られたものであるとし、庶民となって後も奴婢を保有し続けることを律は禁じているという解釈を示している。これも功臣のみが奴婢を保有しうるとの認識である。北京図書館蔵、隆慶二年(一五六八)河南府重刊本、不著撰人『大明律疏附例』巻四、戸律「立嫡子違法」条に、

若庶民下賤之家、本当服勤即功、身自致力。其有僭分存養奴婢、而在家役使者、杖一百、即放従良。唐律云、放奴婢為良、而圧為賤者、還正之。此奴婢即当初給付功臣之人、其子孫許相買売。刑律所謂旧奴婢是也。但庶民不得有耳。或云、此乃絶売良人子女、而駆以奴婢之役者。若官奴婢、安可使之従良。誠若此言、則有官之家、乃可奴良人邪。刑律、奴婢無罪見殺、亦有当房人口悉放従良之文可証。

(庶民下賤の家のごときはもとより勤労に服し、自ら労働すべきものである。分を超えて奴婢を存養し、家で使役する者は、杖一百とし、ただちに解放して良人とする。唐律に、「奴婢を解放して良人としながら、圧して賤人とする者は、これを原状に戻せ」と言っている。この奴婢は当初功臣の家に給付された者で、その子孫は売買が許されている。刑律に言うところの旧奴婢がこれである。ただし庶民は保有することができないだけである。ある人が言うには、「これは良人の子女を絶売して、奴婢の仕事をさせる者である。官奴婢のごときはどうして良人に解放するということがあろうか」と。まことにこの言のごとくであれば、すなわち官僚の家は良人を奴とすることができるのであろうか。刑律に、「無罪の奴婢が殺された場合、奴婢の家族はすべて解放して良人となす」という文があり、証拠とできる。)

と見え、庶民の奴婢保有の禁止とは良人の子女を奴婢的に服役させることを禁じたものだという説に反駁して、この奴婢とは功臣の子孫が売買するもので、庶民はそれを買えないのだと述べるが、ここには言外に官僚の家は功臣の子孫から奴婢を購入し保有しうるとの判断が示されている。万暦四〇年序刊、王肯堂『王肯堂箋釈』巻四、戸律「立嫡子違法」条は、右の『大明律疏附例』の解釈に反駁し、

圧良為賤、既已非法。庶人而畜奴婢、尤非分也、故重杖之。或謂、此奴婢即当初給付功臣之人、其子孫売与庶民之家者。似太拘拘言。庶民之家不得存養奴婢、則縉紳之家、在所不禁矣。

（良人を圧して賤人とすることは、すでに違法である。庶人で奴婢を蓄えることは最も分を超えることであり、ゆえにこれを重杖にするのである。ある人が言うには、「この奴婢は当初功臣の家に給付された者で、その子孫が庶民の家に売与した者である」と。はなはだ問題ある発言と言うべきである。庶民の家は奴婢を存養できないが、縉紳の家は禁止されていないのである。）

と述べている。これらの議論は、当時庶民の奴婢保有禁止の本来の意図や奴婢とは何かをめぐって、法律学者の間にも認識の不統一があったことを示している。

これに対して、嘉靖四二年（一五六三）刊、雷夢麟『読律瑣言』巻四、戸律「立嫡子違法」条には、

庶民之家当自服勤労、若有存養奴婢者、杖一百、即放従良。庶民之家不許存養奴婢、則有官者而上、皆所不禁矣。故律言、奴婢殴家長、奴婢為家長首、冒認他人奴婢。豈尽為功臣言哉。但功臣之家有給賜者、而有官者皆自存養耳。問刑者、毎於奴婢之罪、遂引雇工人科之、誤矣。

（庶民の家は自ら勤労に服すべきで、もし奴婢を存養していれば、杖罪一百とし、ただちに解放して良人とする。庶民の家は奴婢を存養することを許さないが、官がある者以上は、皆禁止されてはいない。ゆえに律に次のように言っている、「奴婢が家長を殴る、奴婢が家長のために告訴する、他人の奴婢を自分の奴婢と偽りみなす」と。どうしてすべて功臣の家のためにだけ言っていることがあろうか。功臣の家には給賜された奴婢があり、官ある者には皆自ら存養する奴婢があるにすぎない。問刑する者は、常に奴婢の罪において、結局雇工人の律を引用してこれを科罪しているが、これは誤りである。）

とあり、功臣の家には給賜の奴婢があり、官僚の家には存養の奴婢があるとの立場から、問刑する者がそれらの

奴婢の罪に対して雇工人律を適用するのは誤りだと主張されている。同様の認識は右の『王肯堂箋釈』にも示されていたが、上海図書館蔵鈔本、不著撰人『大明刑書金鑑』(5)戸律「立嫡子違法」条の弁議にも、

存養奴婢者、重在庶民二字。男曰奴、女曰婢。庶民之家当自服勤労、安得存養、故以禁之。若有官而上者、皆所不禁也。故律言、奴婢殴家長、奴婢為家長首、冒認他人奴婢等項。豈尽為功臣之家言哉。但功臣之家有給賜者、而有官者皆自存養耳。問刑者、毎於奴婢之罪、遂引雇工人科之、其差誤甚矣。学者詳之。

(奴婢を存養するということにつき、重点は庶民の二字にある。男は奴と言い、女は婢と言う。庶民の家は自ら勤労に服すべきで、奴婢を存養できるはずはなく、ゆえにこれを禁じているのである。官ある者以上は、皆禁止するところはない。ゆえに律に「奴婢が家長を殴る、奴婢が家長のために告訴する、他人の奴婢を自分の奴婢と偽りみなす」といった項目がある。どうしてことごとく功臣の家のためにのみ言っていることがあろうか。ただ功臣の家には給賜の奴婢があり、官ある者には皆自ら存養する奴婢があるにすぎない。問刑する者は、常に奴婢の罪において、結局雇工人律を引用して科罪しているが、その過ちははなはだしいものがある。学者はこれをはっきりさせるべきである。)

と見えている。こうした官僚層の奴婢保有の可否をめぐる議論と解釈の分化は、明末に至るまで官僚層の奴婢保有に関して明朝が特に法的対応をなさなかったこと、別言すれば明朝は功臣以外の奴婢保有は認めないという立場を維持していたことを意味する。それゆえに、いずれの議論においても、現実に官僚層に保有されている無期的な服役労働者は、犯罪があれば雇工人として扱われていると語られているのである。万暦一三年(一五八五)序刊、舒化等『刻御製新頒大明律例註釈招擬折獄指南』巻三、戸律、戸役「立嫡子違法」条にも、

問刑者、毎於奴婢之罪、遂引雇工人科之、誤矣。

(問刑する者は、常に奴婢の罪において、結局雇工人律を引用して科罪しているが、これは誤りである。)

とあり、嘉靖から万暦に至るまで、一方に官僚層の奴婢保有は認められているという根強い意見がありながらも、

無期的な服役労働者は法廷の場では雇工人として扱われていたのであった。万暦一六年新題例においても、無期的な服役労働者であるところの財買の義男は、恩養久しく配合せられた者は子孫と同じく論じられ、恩養久しからず配合されていない者は士庶の家では雇工人として、縉紳の家では奴婢律に比照して論じることとされており、決して法身分としての奴婢としては扱われていないのである。奴婢律に比照される者が奴婢でないことは改めて言うまでもないであろう。

一方、庶民の家の無期的な服役労働者もまた法的には雇工人ないしは義子孫として扱われていたであろう。法理上庶民の家に奴婢は存在せず、雇工人と義子孫が存在しただけだからである。すでに見たように蘇祐は「其余有犯、男称雇工人、女称使女」と述べており、呉時来等もまた「有犯者、皆称雇工人」と報告している。そのことは実際の判決でも確認することができる。北京図書館蔵、崇禎五年(一六三二)刊、李日宣『讞豫勿喜録』は、崇禎三年以降河南巡按御史であった時の再審記録であるが、その巻一四、真陽県「一起雇工人姦家長妻斬罪一名」に、

会審得、王鞏方没身為江家奴、而江妻遂蒙面作傭人婦。問其従来、繇江即先失伉儷情、故江妻因絶廉恥道。然則妻固不成其為妻、而夫亦宜有是辱門之禍耳。今蒙面之主母既自雉経。豈没身之奴儕可久苟活。候詳至、即決。

(会審した結果、王鞏は身を売って江家の奴となり、江の妻は人目を忍んで雇い人の女となった。その所以を問うと、江は以前に夫婦の情愛を失い、ゆえに江の妻は廉恥の道を断ったことによる。ならば妻はもとより妻とはなっておらず、夫もまたこの門戸の恥となる災いがあって当然である。今、人目を忍んだ主人の妻は自ら首を縊ってしまった。身売りした奴は生きておれようか。詳文が至るのを待って、ただちに執行する。)

とあり、家長の妻と和姦した売身の奴僕王鞏は、表題にあるように雇工人が家長の妻を姦淫した罪で斬刑に処せ

られようとしているのである。

三　義子孫

明律が庶民の奴婢すなわち他人の労働力の保有を禁じていたことによって、現実に保有されている他人の労働力は多く雇工(人)あるいは義子孫という法形式をとって現われてくる。粛雍『赤山会約』「恤下」に、

民間、法不得蓄奴。供使令者曰義男・義婦。

(民間では法により奴僕を蓄えることができない。使用人は義男・義婦と言う。)

とあり、海瑞『海瑞集』興革条例「戸属」に、

奴僕。率土之濱、皆天子之民也。律止功臣之家賜之以奴。其余庶人之家、止有顧工人、有乞養義男。

(奴僕について。天下のすべての者は天子の民である。律に、「ただ功臣の家のみ奴を賜る」とある。その余の庶人の家はただ雇工人があり、養子にした義男があるだけである。)

とあるのはその証左である。

ところで、この義子孫に関して、明朝は万暦一六年新題例以前に、すでに法的な対応を行っていたことが知られる。しかもこの対応は万暦一六年新題例に直接連なる内容を持つものとして十分注目すべきものである。明律巻二〇、刑律、闘殴「殴祖父母父母」条に付された弘治一三年(一五〇〇)の問刑条例には、次のように規定されている。(6)

義父母殴殺故殺義子者、若過房在十五歳以下、曾蒙恩養、或十六歳以上、曾分有財産、配有室家者、依殴殺

乞養異姓子孫律坐罪。若過房雖在十五歳以下、恩養未久、或十六歳以上、不曾分有財産・配有室家者、依故殺雇工人律坐罪。其告義男夫婦殴罵者、行勘明白、亦依前擬歳数。若曾蒙恩養、及分有財産、配有室家者、取問如律。若恩養未久、及不曾分有財産・配有室家者、倶依雇工人殴罵家長律坐。

（義父母が義子を殴殺・故殺した場合、もし養子にした者が一五歳以下で、かつて恩養を被り、あるいは一六歳以上でかつて財産を分けてもらい、妻帯せしめられていれば、養子にした異姓の子孫を殴殺したという律によって論罪する。もし養子にして一五歳以下であるとはいえ、恩養を受けること短く、あるいは一六歳以上でかつて財産を分けてもらわず、妻帯もせしめられていない者は、雇工人を故殺したという律によって論罪する。義男夫婦が殴った、罵ったと告訴した場合は、調査の結果明白であれば、また前述の通り年数を問題とする。もし恩養を被り、および財産を分けてもらい、妻帯せしめられた者は、律の通り論罪する。もし恩養を受けること短く、およびかつて財産分けを受けず、妻帯せしめられていない者は、ともに雇工人が家長を殴り、罵ったという律によって論罪する。）

これは義父母が義子を殺した場合と義男夫婦の殴罵を告発した場合の規定であるが、ここには恩養の深浅、財産の分配と婚配の有無によって刑罰の軽重を定めるという考え方がすでに現われている。義子孫の祖父母・父母等に対する犯罪については、弘治年間の続例に、

義子於義父母及義父之祖父母父母、有犯殴罵及侵盗恐嚇詐欺誣告等項、果係十五以下、恩養年久、或十六以上、配有妻室、分有財産者、即同子孫、取問如律。如十五以下、恩養未久、或十六以上、未曾配有妻室・分有財産、及於義父母之期以下親并外祖父母、有違犯者、並以雇工人論罪。其義子後因本宗絶嗣、或応継軍伍等項、有故帰宗、而義父母与義父之祖父母父母無義絶之状、原分家財産・原配妻室不曾拘留、遇有違犯、仍以雇工人論。若犯義絶、及奪其財産妻室、与其余親属、不分義絶与否、並同凡論。

（義子が義父母および義父の祖父母・父母に対し、殴る・罵るおよび盗む・恐喝する・詐欺を行う・誣告する等の犯

罪があった場合、実際に一五歳以下で恩養を受けること長く、あるいは一六歳以上で、妻帯せしめられ、財産を分けてもらっていれば、子孫と同じく扱い、論罪は律の通りとする。もし一五歳以下で恩養を受けること短く、あるいは一六歳以上で妻帯せしめられておらず、財産も分けてもらっておらずして、義父母の期親以下の親族ならびに外祖父母に対し犯罪があれば、雇工人として論罪する。義子が養子となった後に生家で跡継ぎが絶え、あるいは軍に入隊する等の事情で、理由があって帰宗し、義父母と義父の祖父母・父母が義絶しておらず、もと分けてもらった家産や娶らせた妻を〔義父等が〕取り上げておらずして、たまたま犯罪があったならば、雇工人として論罪する。もし義絶している場合、および〔義父等が〕家産や妻を奪ってその他の親族に与えている場合は、義絶しているか否かを問わず、いずれも凡人として論罪する。）

と定められている。

次に、嘉靖一〇年（一五三一）序刊、王樵『讞獄稿』巻三、常鎮等処会審疏「故殺雇工」には、義子孫に関わる興味深い事例がある。本書は王樵が刑部署郎中の任にあった時、江南に赴き死罪と判じられた者を再審査した際の判決と報告である。

弍名、虞伯康・虞秀、倶直隷鎮江府丹徒県民。該伯康招、正徳十二年在官父虞鵬前去淮安府、有彼未到婦王氏、因荒将今故男朱貳漢比年六歳、受銀一両、過継与父為義男、改名虞通。嘉靖六年二月、伯康娶在官妻杜氏。後因門首開染、常在舗宿歇。嘉靖九年、父娶未到儲坦在官休妻馬氏与虞通為婦、与伯康各不合通姦情密。虞通不忿、因見杜氏独宿、亦向求姦、杜氏亦不合乗忿依允。在後毎見伯康在舗宿歇、不合使令在官使女妙能去約、虞通潜入姦宿。父義男在官虞秀・脱逃楊旺倶知、因勧伯康回房宿歇。嘉靖十年正月十六日夜、虞通窺伯康往外観燈、密与杜氏姦畢、出門間、伯康回、偶詢問、虞通語言慌張、将伊眼上打訖一挙青腫、恐醜含忍。因向虞秀等詢問姦情、要得捕捉。本年二月初八日、伯康潜躱楊旺房内、夜見虞通越墻欲進房内、伯康与楊旺開門、驚知脱走。初十日、伯康不合向虞秀・楊旺商説、虞通姦汚我妻、況又驚覚。捉他不住、莫等他先害我。今你幇我打死。虞秀・楊旺各不合聴従。本日晩計令楊旺・虞秀誘哄虞通、去五聖廟城上耍子、伯康跟随去彼、同将虞通乱打身死、丟棄城外。事発本府、楊旺遠逃。問議伯康家長之期親故殺雇工人、虞秀謀殺人、従而加功、各絞罪。杜氏姦家長之期親妻者、婦女減虞通絞罪一等、減等徒罪。馬氏和姦、杖罪。詳允杜氏等発落外、将伯康・虞秀監候間。臣等会審、情亦無異。但虞通為虞鵬雇工之人、虞伯康為虞鵬期親之子。虞通上姦虞伯康之妻杜氏、此律所謂姦家長期親之妻者。杜氏既以婦女得減虞通之罪一等、使虞通未死、法当坐絞、事無可疑。虞伯康忿閨門之辱、虞秀因雇主之故、徒欲俺茲醜声、遂至造此拙謀。今以二人可生之命、償一人必死之囚。孽雖由於自作、事実起於有因。罪依原擬、情終可原。

(二名、虞伯康・虞秀、ともに直隷鎮江府丹徒県の民籍の者である。伯康の自白では、正徳一二年今官に出頭している父の虞鵬が淮安府に行ったが、そこに今官に出頭していない婦人王氏がいて、饑饉によって今は死んでいる息子の朱貳漢当時六歳を銀一両で養子として父に与えて義男とし、名を虞通と改めた。嘉靖六年二月に伯康は今官に出頭している妻杜氏を娶った。後に門前で染物業を始めたので、常に店舗で寝起きをしていた。嘉靖九年、父は未だ官に出頭していない儲坦の今官に出頭している別れた妻馬氏を娶って虞通の妻としたが、伯康と不届きにも姦通し情は密であった。虞通は怒ることなく、杜氏が一人住まいなのを見て、こちらも姦淫を求め、杜氏もまた不届きにも怒りに乗じてそれに応じた。その後伯康が店舗で宿泊するのを見るごとに、不届きにも今官に出頭している下女の妙能に行って約束を取り付けさせ、虞通は密かに姦通を行っていた。父の義男の今官に出頭している虞秀と逃走中の楊旺はともにそれを知っていたので、伯康に家に帰って寝泊まりするよう勧めた。嘉靖一〇年正月一六日の夜、虞通は伯康が出かけて観燈するのをうかがい、密かに杜氏と姦淫し終り、門を出た途端に伯康が戻って来、たまたま質問されるや、虞通は言うに慌てて、伯康の目の上を青あざができるほど一撃したが、伯康は醜聞を恐れて我慢した。そこで虞秀等に姦淫の事情を問いただし、必ず捕まえてやろうと思った。本年二月八日、伯康は楊旺の部屋に潜伏し、夜に虞通が塀を越えて部屋の中に入ってこようとするのを見、伯康と楊旺がドアを開けるや、虞通は驚いて逃げていった。一〇日に、伯康は不届きにも虞秀と楊旺と相談し、「虞通は俺の妻を姦淫した、ましてやそれが発覚したことをすでに知って驚いている。奴を捕まえないでいて、奴が先に俺を殺すのを待ってはいられん。今おまえらは俺が奴を殺すのを手伝ってくれ」と言った。虞秀と楊旺は不届きにも各々同意した。その晩、楊旺と虞秀に虞通を「五聖廟の街で遊ぼう」と誘わせ、伯康は彼らの後を追い、一緒に虞通を乱打して殺し、城外に捨てた。事件が本府に告発され、楊旺は遠くに逃亡した。府では「伯康は家長の期親が雇工人を故殺した罪で、虞秀は人を謀殺する際に、従犯として手助けした罪で、各々絞罪とし、杜氏は家長の期親の妻を姦淫した場合、婦人は虞通の絞罪に一等を減ずるという法により、減等して徒罪とし、馬氏は和姦であるので、杖罪とする」と論罪した。詳文を送り杜氏等は刑罰を執行するを許されたほか、伯康・虞秀は監候とされた。臣等が会審したところ、実情は異なるところがなかった。ただ虞通は虞鵬の雇工人であり、虞伯康は虞鵬の期親の子である。虞通が伯康の妻杜氏を姦淫したのは、これは律に言う家長の期親の妻を姦淫したことに当る。杜氏はすでに婦女であることから虞通の罪に一等を減じられているが、もし虞通がまだ死んでいなければ、法では絞罪であって、この事実は疑うべきもない。虞伯康は閨門の恥辱に怒ったが、虞秀は雇主のことであるゆえ、ひたすら醜聞になるのを押えようとして、ついにこの計略を作るに至った。今二人の命をもって、必ず死刑になる者の命を償うことになる。過ちは自ら招いたこととはいえ、これはまことに原因があってのことなのだ。罪は原判決によるとしても、情としては最終的には許すべきである。）

この事件は、六歳で虞鵬の義男となった異姓の子虞通の妻馬氏が虞鵬の嫡子虞伯康と通じ、虞通は虞伯康の妻杜氏と通じて、結局虞伯康が虞鵬のもう一人の義男虞秀および楊旺とともに虞通を殺害したというものである。虞伯康が絞罪となったのは、『大明律集解附例』巻二〇、刑律、闘殴「奴婢殴家長」条に、

若家長及家長之期親若外祖父母殴雇工人、……故殺者、絞。

（もし家長および家長の期親もしくは外祖父母が雇工人を殴り、……故殺した者は、絞罪とする。）

とある規定に基づき、虞秀の場合は、同書巻一九、刑律、人命「謀殺人」条に、

凡謀殺人、造意者、斬、従而加功者、絞。

（およそ人を謀殺した場合、計画をなした者は、斬罪とし、従犯として手助けした者は、絞罪とする。）

とあるのに拠っているのであるが、財買の義男の虞通がなぜ「虞鵬の雇工人」と言われ、かつ法的に雇工人として扱われたのかは明示されておらず、そのことはあたかも自明のごとくに記されている。明律には家長の期親が義子孫を殺した場合の規定がなく、ここでは前掲の弘治年間の続例に「義子……於義父母之期以下親并外祖父母、有違犯者、並以雇工人論罪」とある規定が援用されたのかも知れない。あるいは前述のように、無期的な服役労働者すなわち「奴婢」は雇工人として扱われていたが、この義男もまた無期的な服役労働者という点では同一の性格を持っており、それゆえ雇工人と身分認定されたのかも知れない。万暦三四年(一六〇六)刊、余員註招・楊伋示判『新刻御頒新例三台明律招判正宗』巻一、名例「法家引用」には、

律中各条称奴婢者、乃功臣之家給賜者。其庶民之家、但称義男、比雇工人論。

（律中の各条に奴婢と称する者は、すなわち功臣の家に給賜したものである。庶民の家は、ただに義男と称し、雇工人に比定して論罪する。）

とあって、義男は「雇工人に比して論ず」と言われている。いずれにせよ、右の判決は義子孫が家長の期親との関係で法的に雇工人として扱われたことを示す一例証である。

さて、先の弘治年間の条例は若干の改訂を経て、嘉靖年間にも頒布されている。すなわち嘉靖の間刑条例は先の二条を合併し義子の妻についての規定を加えたもので、次のように定められている。

凡養子過房、在十五歳以下、恩養年久、或十六歳以上、曾分有財産、配有室家、若於義父母及義父之祖父母

父母、有犯殴罵侵盗恐嚇詐欺誣告等項、即同子孫、取問如律。若義父母及義父之祖父母父母殴殺故殺者、並以殴殺故殺乞養異姓子孫論。若過房雖在十五以下、恩養未久、或在十六以上、不曾分有財産・配有室家、及於義父之期親并外祖父母有違犯者、並以雇工人論。義子之婦、亦依前擬歳数、如律科断。其義子後因本宗絶嗣、或応継軍伍等項、有故帰宗、而義父母与義父之祖父母父母無義絶之状、原分家産・原配妻室不曾拘留、遇有違犯、仍以雇工人論。若犯義絶、及奪其財産妻室、与其余親属、不分義絶与否、並同凡人論。

（およそ養子となり、一五歳以下で恩養を受けること長く、あるいは一六歳以上でかつて財産分けを受け妻帯せしめられている者が、もし義父母および義父の祖父母・父母に対し、殴る・罵る・盗む・恐喝する・詐欺を行う・誣告する等のことがあれば、子孫と同じく扱い、律の規定通り論罪する。もし義父母および義父の祖父母・父母が義子を殴殺・故殺すれば、養子とした異姓の子孫を殴殺・故殺した規定で論罪する。もし養子となって一五歳以下でも、恩養を受けること短く、あるいは一六歳以上であってもかつて財産分与や妻帯せしめられていない者が、義父の期親ならびに外祖父母に対して犯罪があれば、雇工人として論罪する。義子の妻もまた前に述べた年数によって、律の通りに論罪する。義子が後に生家が跡継ぎがいない、あるいは軍人として兵役につく等の事情で、理由があって生家に帰り、義父母と義父の祖父母・父母が義絶しておらず、もと分けてもらった家産やもと娶らせた妻を〔義父等が〕取り上げておらずして、たまたま犯罪があったならば、雇工人として論罪する。もし義絶している場合、および〔義父等が〕一旦与えた財産や妻を奪って、その他の親族に与えている場合は、義絶しているか否かを問わず、凡人として論罪する。）

この条例は、具体的な年代は不明であるが万暦年間にも繰り返し頒布されている。(7) 万暦一六年の新題例には「其財買義男、如恩養年久・配有室家者、照例同子孫論、如恩養未久・不曾配合者、士庶之家依雇工人論、縉紳之家比照奴婢律論」とあったが、ここに言う「例に照ら」すとは、右に引いた条例の前半部分を指すことが明らかである。したがって、万暦一六年の新題例は、呉時来等の上奏を直接の契機とするものではあったが、その前提として義子孫に関わる以上のような条例の積み重ねがあったことに注意しなければならない。同時に、義男について言えば、万暦一六年新題例の新しさは、恩養久しからずかつて婚配もされていない義男を、その保有者の身分に応じて士庶の家では雇工人に拠って論じ、縉紳の家では奴婢律に比照して論じるとした点にあるといえよう。

このように、財買の義男が、恩養の深浅や犯罪の種類あるいは保有主体の身分に応じて子孫と同じく論じられたり雇工人や奴婢の法が適用されたりするのは、義男の労働形態や存在形態が、本来の義子孫に関わる法の予定していたそれではなくして、奴婢や雇工人と同質であったことによるものであろうし、また雇工人律そのものが現実の雇傭労働者に密着したものではなく、換言すれば、雇工人身分が社会的身分ではなく単なる法身分であったことによると考えられる。雇工人身分が単なる法身分でしかないということは、雇工人律がある固定的な社会層を恒常的に身分規制するものではなく、犯罪に対する刑罰の機能しか持たなかったということを意味している。ある労働者は、雇工人であるがゆえに雇工人律の適用を受けるのではなく、罪を犯し法廷で雇工人律を適用されることによってはじめて自らが雇工人であったこと、あるいは雇工人律の適用対象であったことを知ることになる。この点、奴婢の身分が社会的身分であると同時に法身分でもあったのとは大いに異なっている。奴婢は奴婢という法的社会的身分を持つがゆえに奴婢律の通用を受けるからである。

四　雇工人

次に、雇工人について見ることにしよう。万暦一六年以前の雇工人律の対象には、すでに見たように無期的労働者すなわち社会的に「奴婢」や「奴僕」と呼ばれた階層があり、また義子孫の一部の犯罪にも雇工人律が適用されていた。しかし、明律における雇工人律が宋元以来の雇傭人法を継承したものであることはほぼ疑いなく、[8]「雇工人」という名称自体からもこれは雇工＝雇傭労働者を本来の規制対象とするものであったと予想される。それではいかなる雇傭労働者が雇工人として扱われていたであろうか。明律の各種の注釈書は、おしなべて奴婢とは終身の、雇工人とは一定期間雇傭されたものとの解説を与えているが、[9]前掲の『大明刑書金鑑』刑律、闘殴「奴婢殴家長」条の弁議にはより具体的に、

雇工人者、乃受雇長工之人、或雇出外随行者、不論年月久近、皆是。若計日取銭、如今之裁縫・木匠・泥水匠之類、皆不得為雇工人。若前雇工人、年限已満、出外有犯者、亦不得為雇工人。

（雇工人とは、雇われた長工の人であり、あるいは出外随行に雇った者は年月の長い短いを論ずることなく、皆これである。もし日決めで賃金を受け取る者、例えば今の裁縫人・大工・左官の類は、皆雇工人としてはならない。もし前述の雇工人が、年限がすでに満期となり、出ていった後で犯罪があれば、また雇工人としてはならない。）

と見え、雇工人とは長工と出外随行に雇った者であるとし、日雇いの者、例えば裁縫師・大工・左官の類は雇工人としてはならないと述べる。出外随行に雇った者は雇傭期間の長短を問わないとあるが、これは主人の身辺に仕える召使いの類を指すのであろう。

明代の小説の中にも、雇工人に関する手がかりがある。[10]馮夢龍『醒世恒言』第二九巻「盧太学詩酒傲王侯」には、王知県との感情の齟齬から知県の恨みを買い、鈕成なる自家の「長工」を殴殺したとの冤罪で囚われの身となった盧柟に対して、新知県が真犯人盧才を逮捕し次のように判決したとある。場所は大名府濬県、嘉靖年間の出来事という設定である。

審得、鈕成以領工食銀於盧柟家、為盧才叩債、以致争鬥、即鈕成為盧氏之雇工人也、明矣。雇工人死、無家翁償命之理。

（審理したところ、鈕成は盧楠の家から工食銀を受領しており、盧才のために債務取り立てを行いそれで喧嘩沙汰を起したが、そうであれば鈕成は盧氏の雇工人であることは明らかである。雇工人が死んでも、主人が命で贖うという道理はない。）

文中にはまた、

那盧才田産広多、除了家人、顧工的也有整百。毎年至十二月中預発来歳工銀、到了是日、衆長工一斉進去領銀。

（かの盧才は広大な田産があり、奴僕を除いて、雇工もまた百人がいる。毎年一二月中に翌年の賃金を前払いし、この日になると、数多い長工は一斉に進み出て賃金を受け取る。）

とあって、この長工は年決めで工銭は年末の前払いであったことが知られる。また王知県は盧楠の罪を重くするため、鈕成の「傭工文券」を偽物として破り捨てたとあることから、この長工は契約書を立てていたことも知られる。次に、淩濛初『二刻拍案驚奇』巻三一「行孝子到底不簡屍、殉節婦留待双出柩」は、福建の富人洪大寿が「たまたま口語不遜なるに因り」「傭工」の陳福生を痛打したところ、それがもとで陳が死亡したことから始まる話であるが、文中に、

将律例一査、家長殴死雇工人、只断得埋葬、問得徒贖、幷無抵償之条。

（律例を調査すると、家長が雇工人を殴殺した場合は、埋葬銀を徴収し、徒罪を贖罪させるとあって、命で贖うという条文はない。）

とある。陳福生は洪家の長工ではないかと思われるが、それは文中からは明確でない。いずれにせよ、小説資料に表わされた「長工」や「傭工」は法律上の雇工人として扱われている。

次に、判例によっていかなるものが雇工人とされていたかを検討しよう。応檟『讞獄稿』巻二、蘇松等処会審

疏の中の一件に、

弍名口、潘書童即沈山、直隷松江府上海県民、潘秀蘭本県民衛国思妻。該沈山招、嘉靖二年在官潘儒在官女潘秀蘭出嫁与在官衛国思為妻。嘉靖十年正月初三日晩、山因雇与潘儒、前到衛国思家、適因外出、山与潘秀蘭各不合在房姦宿、衛国思回家、捉送本府、問擬雇工人姦家長女絞罪。臣等会審得、沈山与潘儒受雇方新、主僕之分雖在、潘秀蘭与潘儒、出嫁既久、父子之恩亦殺、比之姦家長在室之女者、委有不同。況其平居相与既無礼儀之防、臨時苟合。豈知法網之密。罪雖合律、情実可矜。

（二名、潘書童すなわち沈山、直隷松江府上海県の民籍の者、潘秀蘭は本県の民籍の者衛国思の妻である。沈山の供述では、嘉靖二年に今官に出頭している潘儒は今官に出頭している娘潘秀蘭を今官に出頭している衛国思に嫁がせて妻とした。嘉靖一〇年正月三日の晩に、山は潘儒に雇われて、衛国思の家に行ったが、国思がたまたま外出していたことから、山と潘秀蘭は不届きにも部屋で姦淫し、衛国思が家に帰るや、捕まえて本府に送ってよこし、本府は雇工人が家長の娘を姦淫した罪で絞罪とした。臣等が会審したところ、沈山は潘儒に雇われたばかりで、主僕の分があるとはいえ、潘秀蘭と潘儒とは、出嫁してすでに久しく、父子の恩もまたなくなっており、これを家長の未婚の娘を姦淫したのと比べれば、まことに異なるところがある。ましてや普段から互いに礼儀をもって隔てをすることがなく、時に臨んでたまたま姦淫したものである。彼らがどうして法律の詳備を知っていようか。罪は律に合致しているとはいえ、情としてはまことに憐れむべきである。）

潘儒に雇われた沈山が潘儒の出嫁の娘潘秀蘭と姦淫罪を犯した件で、沈山は松江府において雇工人が家長の娘を姦淫した罪で絞罪と判じられている。沈山が雇傭関係に入って間もない時期の事件であるが、潘儒と沈山には「主僕の分」があると言われており、また沈山が潘書童と主姓に改姓していることからすれば、沈山は潘儒に身売りしたか義男として服役していたのであろうと推測される。会審によって情状酌量すべしとの判断が示されてはいるが、「罪は律に合す」とされており、「主僕の分」ある雇工は雇工人として扱われていたことが知られる。

また、同書巻三、常鎮等処会審疏「三犯」には、次のような例がある。

壱名、倪秦招、係直隷常州無錫県民。嘉靖七年八月内失記的日夜、秦初犯窃盗。本県問擬減等杖一百、刺右臂膊。当月二十日夜、再犯窃盗。本県又問擬減等杖一百、刺左臂膊。嘉靖八年四月内、秦雇与在官銭譲農作。五月失記的日夜、秦見雇主小田船一隻繋放河下、秦又不合偸撑前船、蔵繋自己家辺河下、仍去伊家傭使。六月内工満回帰、隠情売与在官許名。嘉靖十年正月十八日夜、秦又不合偸盗不在官龍瑞河下空船一隻撑載。事発到県、問擬窃盗三犯絞罪監候間。臣等会審、倪秦三犯、事已得実。但盗銭譲船一隻、係雇工人盗家長之物、次盗龍瑞船一隻、又係無人看守之物、律俱免刺、法難併前二犯通論擬絞。改擬得、倪秦所犯、除盗雇工人軽罪外、合依盗無人看守器物計贓、准窃盗論、一百二十貫、律杖一百流三千里。有大誥及遇蒙恩例、通減二等、杖九十徒二年半。係民、審無力、発毘陵駅擺站、満日寧家。縁係先問絞罪、今辯問徒罪、未敢擅便発落。

(一名、倪秦の供述によれば、直隷常州府無錫県の民籍の者である。嘉靖七年八月内の何日か憶えていない日の夜に、秦ははじめて窃盗を犯し、本県は減等して杖一百と論罪し、右上腕に入れ墨した。その月の二〇日の夜に、再び窃盗を犯し、本県はまた減等して杖一百と論罪し、左上腕に入れ墨した。嘉靖八年四月内に、秦は今官に出頭している銭譲に雇われて農作業をした。五月の何日か憶えていない日の夜に、秦は雇主の小田船一隻が河沿いに繋ぎっぱなしになっているのを見て、秦は不届きにもその船を盗み、自分の家近くの河沿いに繋いでおき、依然として彼の家に行って雇われ作業をした。六月内に期限が満ちて家に帰り、事情を隠して今官に出頭している許名に売った。嘉靖一〇年正月一八日の夜、秦はまた不届きにも今官に出頭していない龍瑞の河沿いの空船一隻を引き漕いできた。事件が明るみとなって本県に至り、窃盗三犯絞罪、監候と論罪された。臣等が会審したところ、倪秦の三犯は、皆事実である。ただし銭譲の船一隻を盗んだのは、雇工人が家長の物を盗んだことに相当し、龍瑞の船一隻を盗んだのは、また人が看守していない物を盗んだことに相当し、律ではともに入れ墨を免じているので、法としては前の二犯と併せて通論して絞罪とはし難い。原判決を改めて、倪秦の犯したところは、盗みをした雇工人という軽罪を除き、無人看守の物を盗んだ場合は財物を計って窃盗に準じて論罪することとし、一二〇貫であるから、律では杖一百・流三千里である。大誥の規定およびたまたま恩赦が出たことから、二等を減じて、杖九十・徒二年半とする。民籍の者でまことに経済力がないことから、毘陵駅で掃除をやらせ、満期になったら家に返す。先には絞罪と論罪されていたが、今徒罪と改めたので、ほしいままに執行はしないでおく。）

倪秦は当初無錫県で窃盗三犯で絞罪と判じられていたのであるが、会審によって、銭譲の船一隻を盗んだ件は雇工人が家長の物を盗んだ罪に相当し、龍瑞の船一隻を盗んだ件は無人看守の物を盗んだことに当るとして徒罪に改擬されている。倪秦が銭譲に雇われていたのは嘉靖八年四月から六月までの三カ月であって、倪秦はいわゆる短工にほかならない。この短工が無錫県では凡人として、会審では雇工人と身分認定されているのである。

次に、経君健氏によって紹介された龔大器『(新刊)比部招擬』巻四、刑律、奴婢殴家長「雇工人殴家長」には、以下のような判例がある。[11] まず胡雄なる者の一件には、

一名、胡雄云云。軍匠状招有、雄平日雇与在官売皮底人劉珍、扛擡盛皮底木櫃、毎月工銀一銭。正徳十三年九月初十日、劉珍為因失去皮底二雙、疑雄偸盗、将雄逐趕、不容与伊擡櫃。雄懐恨在心、至本月十四日未時分、雄不合故違兇徒執兇器傷人、問発辺衛充軍事例、手執尖刀一把、将劉珍左胳膊幷左肋戳傷、倒地流血。雄自知有罪、又不合自将項下抹傷血出。彼有在官阿達、叫報地方火甲、将雄幷劉珍捉送巡城王御史処、批発中兵馬司審供備由、連雄原行為兇刀一把開送到司。覆審明白。験得劉珍傷已平復、幷阿達俱省令随審外、将雄取問罪犯。一、議得、胡雄所犯、除故自傷残罪名外、合依雇工人殴家長傷者律、杖一百流三千里。有大誥減等、杖一百徒三年。係軍匠、照例送兵部定辺発辺衛充軍。一、照出胡雄行兇尖刀一把、合収入官。

（一名、胡雄云々。軍匠が訴状で供述したところでは、次のようにある。雄は平日今官に出頭している皮靴底を売っている劉珍に雇われ、皮底を盛った木櫃をかついでおり、賃金は毎月銀一銭であった。正徳一三年九月一〇日、劉珍は皮底二足がなくなっていることから、雄が盗んだと疑い、雄を追い出し、彼に櫃を扱わせなかった。雄は心に恨みを抱き、当月一四日未の時分になって、雄は不届きにも、「凶徒が凶器を持って人を傷つけた者は、辺境の軍営に発して軍人にする」という条例に故意に違い、手に尖刀一本を持って、劉珍の左上腕ならびに左脇腹を斬りつけ、地面に倒して流血させた。雄は自ら有罪と知り、また不届きにも自ら首の辺りを少し切って出血した。その場に今官に出頭している阿達がいて、地方・火甲に大声で連絡し、雄ならびに劉珍を捕らえて巡城の王御史のところに送り届け、御史は中兵馬司に批文を送って詳しく供述させ調書を取ることとし、雄ともと犯行に用いた凶刀一本とを一緒に兵馬司に送った。再度の審査が確定した。調べた結果劉珍の傷は治ったことが判ったので、阿達とともに供述させ審理に立ち会わせたほか、雄の罪責を定めた。一、議の結果、胡雄の犯罪は、故意に自ら身を傷つけた罪を除いて、雇工人が家長を殴って傷を負わせたという律によって、杖一百・流三千里とする。大誥の減等があり、杖一百・徒三年とする。軍匠であることによって、条例に照らして兵部に送り辺境の軍営に入れて軍人とする。一、胡雄が使った凶尖刀一本は、官に没収とする。）

とあり、同書巻四、刑律、罵言、奴婢罵家長「雇工人罵家長」の張沢なる者の一件には、

一名、張沢云云。余丁状招、正徳十四年二月内、沢幇送不在官揚武営操備軍人張盖児来京。三月内、沢雇与在官獻陵衛舎余張勝家、与在官一般雇工人江旺倶替張家売麪生理。本年八月初四日、沢令江旺将麪筋私下拏些売銭分用、江旺不従、沢就不合尋事向伊攘鬧。張勝前来理阻、又不合将張勝叫罵老狗骨頭等語。張勝不甘、将情具状、赴通政使司、告送到司。蒙提沢等前来責審、前情明白。将沢取問罪犯。一、議得、張沢所犯、除不応罪名外、合依雇工人罵家長者律、杖八十徒二年。有大誥減等、杖七十徒一年半。係軍余、審無力、照例送工部、照徒年限做工、満日与供明張勝・江旺各随住。

（一名、張沢云々。余丁が訴状で供述したところでは、次のようにある。正徳一四年二月内に、沢は今官に出頭していない揚武営の操備の軍人張盖児を手伝って一緒に北京にやってきた。三月内に、沢は今官に出頭している献陵衛の舎余の張勝の家に雇われ、今官に出頭している同様の雇工人江旺とともに張家に替わって麪を売って生活していた。本年八月四日に、沢は江旺に麪筋を少しばかり密かに売り払って銭を分けようとさせたが、江旺は従わず、沢はそこで不届きにも言いがかりをつけて彼に悪口を投げつけた。張勝がやってきてやめさせようとしたが、また不届きにも張勝に「老狗骨頭」等と大声で罵った。張勝は甘んぜず、事情を訴状に書き、通政使司に赴き、告発状は司に至った。沢等を拘束して連れてきて審理するよう命令が出され、前の事情は明白となった。沢の罪責を定めた。一、議の結果、張沢の犯罪は、不応為の罪は別として、雇工人が家長を罵ったという律によって、杖八十・徒二年、大誥の減等があるにより、杖七十・徒一年半とする。軍人の余丁で、まことに経済力がないことにより、条例に照らして工部に送り、徒の年限通り労働させ、期限満了の日に、供述を行った張勝・江旺のもとに送って各々一緒に住まわせることとする。）

とある。いずれも正徳年間に発生した事件であるが、この二例で雇工人と断じられているのはいずれも長工であり、胡雄には「雇工人殴家長傷者律」が、張沢には「雇工人罵家長者律」が適用されている。これらの判例を踏まえて、万暦五年（一五七七）刊、龔大器『（新刊）招擬指南』巻首「招擬或問」には、

或問、義子過房在十六以上、及未分有財産・配有妻室者、凡有所犯、俱以雇工人論、是也、若用銭雇募在家傭工者、如有所犯、当作何項人論断。指南曰、此真雇工人也。査比部招擬内、有胡雄雇与売皮底人劉珍、扛擡盛皮底木櫃、毎月工銀一銭、因事持刀将劉珍戮傷。事発、問擬雇工人殴家長傷者律。又有張沢雇与売麪人張勝売麪生理、因事叫罵、張勝告発、問擬雇工人罵家長者律。二項俱傭工人、比部俱引雇工人論罪、是為真雇工人無疑。大凡律称以者、蓋有所指、所謂与真犯同罪、是已。如無真雇工人、則所謂以者無落着矣。如以

窃盗、以監守、以枉法等、蓋有真、然後有以也。議者、率以雇募用工者、作凡人論、則所謂雇工人者、是何等人也。比部為法家宗主、凡有所疑、即当拠以為法矣。

（ある人が問う、「義子が養子となって年一六以上、および未だ財産分けにあずからず、妻帯もせしめられていない者が、およそ犯罪があればともに雇工人として論じるのは、それでよいとして、もし銭で雇い入れて家で仕事をしている者が、もし罪を犯せば、どんな人として論罪するのか」と。指南して言う、「これは真正の雇工人である。刑部の判決を調べてみると、胡雄が皮靴底を売る劉珍に雇われて、皮底を盛った木櫃をかついでおり、賃金は月に銀一銭であったが、事によって刀で劉珍に傷を負わせた。事が明るみに出て、雇工人が家長を殴ったという律で論罪された。また張沢が麪を売る張勝に雇われて麪を売って生活していたが、事によって大声で罵り、張勝が告訴し、雇工人が家長を罵ったという律で論罪されている。二項はともに雇われた労働者であり、刑部はともに雇工人の律を引いて論罪しているから、これが真正の雇工人であることは疑いがない。おおよそ律に「以て」と称するのは、指定するところがあるのであって、いわゆる真犯と同罪であるのがこれである。もし真の雇工人がないのであれば、いわゆる「以て」というのは実質がないことになる。「窃盗を以て」、「監守を以て」、「枉法を以て」等は、真のものがあってしかる後に「以て」があるのである。議す者はおおむね雇って労働させる者を、凡人として論罪しているが、そうだとすればいわゆる雇工人なる者はどんな人だというのか。刑部は法家の宗主であり、およそ疑問な点があれば、まさに刑部の判断を法的根拠とすべきなのである」と。）

と指摘されている。ここでは「議す者、おおむね雇募用工する者を以て、凡人と作して論ず」との現状認識が示されるとともに、そうした者は律に定める雇工人であると強調されている。先に見た短工倪秦なる者の窃盗罪の一件は、無錫県では凡人として、会審の結果では雇工人として扱われていたが、有期的な雇傭労働者の身分認定には地域的時期的に差異があり、また問刑衙門の審級の違いによっても不統一が見られたと言ってよいであろう。そして、こうした雇工人律適用の不統一のゆえにこそ、万暦一六年の新題例が必要とされたのである。

しかし、新題例頒布以後にあってもそうした不統一は存在していた。その一端を窺わせるのが、李日宣『讞豫勿喜録』巻八、磁州「一起僱工人殴家長至死斬罪一名」である。

会審得、僱工人有長短約券之不同、即有券也、亦不得比於僕。蓋主僕為天冠地履、一言而定。終身僱工則朝秦暮楚転職、便同陌路、独視常人、若有分耳。此案情景、委属可恨。第一致之死、何分絞斬。故応以僱僕之間、酌其義而名之。且以詳至速決、為足了人子之至情、庶乎可也。候詳。

（会審したところ、雇工人には契約の長短の違いがあるが、もし契約書があれば、また奴僕と同じに扱うわけにはゆかない。主と僕とは天冠と地履の差があり、一言で定めることができる。終身の雇工はあちこちと転職し、あかの他人と同じで、常人と比べれば身分差があるだけである。この事件の情状はまことに恨むべきものがある。ただこれを死刑にするのみなのに、何で絞か斬かを分けることがあろう。ゆえに雇工人と奴僕の間で、義を酌みこれに名を付けよ。しばし詳文が至るのを待って即決し、被害者の子の至情を満足させることにする。さすればよいであろう。詳文を待つ。）

この案件では、一見すると家長を殴殺した犯人が奴僕か雇工人かが不明であったかに記されている。しかし明律では奴婢が家長を殴殺すれば凌遅処死、雇工人は斬罪、凡人間の殴殺は絞罪であって[12]、ここに「何ぞ絞・斬を分かたんや」とあることからすれば、おそらく問刑する者は犯人を凡人とするか雇工人とするか決定しかねていたのであろう。これに対し李日宣は雇工人か奴僕かの身分を確定し詳文で報告するよう命じているわけである。これは万暦新題例が出された後の崇禎年間の事件であるから、この犯人は契約書を立てていなかったのではないかと思われる。同書巻八、林県「一起雇工人殴家長期親死者斬罪一名」には、

会審得、李思秉受僱有約固明、是勾家一僱工人矣。構麦浮浅、而勾成有言、亦主者分固然耳。此而遂讐之、而遂殺之。至于脊膂心坎無不受其拳脚土坯之傷、而立死焉。此豈僱工人所出者乎。明例具在、而讞者猶敲推

絞斬之間、不已迂乎。候決。

（会審したところ、李思秉は雇傭され契約があることもとより明白で、これは勾家の一雇工人である。麦蒔きが浅かったので、勾成は注意をしたが、主人としては当然のことである。これによってついに主人に復讐し、結局これを殺してしまった。背中・肩・心臓でその拳や足・日干し煉瓦による傷を受けなかったところはなく、たちどころに死んでしまった。これはどうして雇工人ができることであろうか。明確な条例が備わっているのに、擬律する者はなお絞か斬かの間で推敲しているのは、迂遠ではないか。処決を待つ。）

とあり、この例でも「讞者猶絞・斬の間を敲推す」とあるように、問刑する者は犯人を凡人とするか雇工人とするか迷っていたことが知られる。これに対して李日宣は犯人李思秉は雇傭契約書がある以上雇工人であると断じているのである。

結論

以上、限られた事例によってではあるが、明代中期以降万暦一六年の新題例に至る間の有期的・無期的な服役労働者の法身分について検討した。

まず無期的な服役労働者＝「奴婢」について言えば、官僚層の奴婢保有は認められるとする解釈が繰り返し主張されたにもかかわらず、明朝は、官僚層であれ庶民層であれ彼らが保有する無期的な服役労働者を法身分としての奴婢とは認めないという立場を一貫してとっていた。その立場は万暦一六年新題例においても辛うじて維持されていた。したがって、こうした無期的な服役労働者は法廷の場では雇工人との身分認定がなされていたのである。

次に、同じく無期的な服役労働者でありながらも、義子孫という法形式を持つ者については、弘治年間より恩義の軽重や犯罪の種類といった条件の違いによって科刑に差を設けるという考え方が条例として定められていた。これらの条例は、万暦一六年新題例に直接する法的な前提として注目すべきものである。ただこれらの義子孫は、多くの場合法的には雇工人として扱われていたと思われる。

最後に、明律制定当初に雇工人律が予定していたであろう雇傭労働者の身分認定には、かなりの程度の混乱と不統一が見られたと判断される。その原因の一つは、明律に雇工人なるものの概念が示されていなかったことにあり、二つにはいわゆる雇傭労働の種類や性格が極めて多様であったことによるのであるが、より大きな原因は雇工人律そのものの性格にあったと考えられる。すなわち、雇工人なるものは、現実の雇傭労働者に固定密着したものではなく、単なる法律上の概念でしかなかったからであり、さらに言えば単なる刑罰の軽重を示すものでしかなかったからである。それゆえ、雇工人律の適用対象には、無期的な服役労働者があり、義子孫が含まれることもあり、長工があり、時には短工すらそこに含まれることになったのである。雇工人律がこうした性格を持つものである限り、何をもって雇工人とするかという問題は絶えず繰り返し論議されざるをえないであろう。万暦一六年新題例もこの問題を最終的に解決するものではなかった。雇工人とは何かという問題は、官僚や庶民の家の「奴婢」＝無期的な服役労働者の身分認定の問題とともに、明朝の崩壊によって結局は清朝に持ち越されることになったのである。(13)

（1）『大明律集解附例』巻一八、刑律、賊盗「謀反大逆」条、および同書巻四、戸律、戸役「立嫡子違法」条。

（2）経君健「明清両代〝雇工人〟的法律地位問題」（『明清時代的農業資本主義萌芽問題』一九八三年、中国社会科学出版社、所収）、参照。本論文は欧陽凡修の署名で『新建設』一九六一―四に原載されたもので、右論集に収録する際に修改が施されている。

(3)『明神宗実録』巻一九四、万暦一六年正月庚戌条。
(4)『古今図書集成』経済彙編、詳刑典第九四、律令部雑録二に引く『逌旋璅言』では「在郷大夫家」の部分が「在卿大夫家」となっている。
(5) 本書は撰者、刊年ともに未詳であるが、経君健氏は雇工人の解釈から見て万暦五年から一六年の間のものかと推測している。経君健「明清両代農業雇工法律上人身隷属関係的解放」(注(2)前掲論文集、所収)二六六頁、参照。本論文は欧陽凡修の署名で『経済研究』一九六一―六に原載されたもので、右論集に収録する際に修改が施されている。
(6) 以下に引用する義子孫に関わる条例三条は、黄彰健編著『明代律例彙編』(中央研究院歴史語言研究所集刊之七十五、一九七九年刊)八四三～八四五頁に依拠した。なお引用した条例三条のうち、最初の一条が弘治一三年のものであり、次の続例がそれ以後引治一八年以前のものであることは、本書の序文一四頁に考証がある。なお、黄氏編著に載せる弘治年間の続例中の「而義父与義父母之祖父母父母無義絶之状」の「母」字は衍字である。姚思仁『大明律附例注解』に引く条例、および後の嘉靖の条例、参照。
(7) 同じく黄氏注(6)前掲編著、参照。
(8) 本書第一章、参照。
(9) 小山正明「明・清時代の雇工人律について」(一九七五年原載、同氏『明清社会経済史研究』一九九二年、東京大学出版会、所収)、参照。
(10) 小説資料中の雇工人については、李文治「明清時代中国農業資本主義萌芽」(注(2)前掲論文集、所収)によって知った。
(11) 経君健氏の注(5)前掲論文の付録、参照。これらの史料は経氏により一九八三年に新たに紹介されたもので、北京大学図書館に所蔵されている。私が実地に閲覧したところでは、『(新刊)招擬指南』は七巻・巻首一巻の全八巻、『(新刊)比部招擬』は全五巻であるが、両書は全一帙四冊で、第一、二冊が『(新刊)招擬指南』、第三、四冊が『(新刊)比部招擬』である。第三冊以降も表紙には「招擬指南」と題しているが、第一葉以降には「新刊比部招擬目録」、「新刊比部招擬巻一」等と記されている。
(12)『大明律集解附例』巻二〇、刑律、闘殴「奴婢殴家長」条、および同書巻一九、刑律、人命「闘殴及故殺人」条。
(13) 清代の状況については、本書第八章および経氏注(2)前掲論文、参照。

〈補記〉

本章に引いた『大明刑書金鑑』は上海図書館に、『讞獄稿』、『大明律疏附例』、『讞豫勿喜録』は北京図書館に所蔵されており、私は一九八四年から八五年の間にそれらを閲覧・筆録する機会を得た。両図書館はじめ閲覧のために努力していただいた関係各位にこの場を借りてお礼申し上げたい。なお、このうち『讞獄稿』は一九八一年三月付で天津古籍出版社から影印本が出版されており、国内での閲覧が容易となったことを付記しておきたい。

第八章　明末清初期、奴婢・雇工人身分の再編と特質

はじめに

本章は表題の示すように、明末清初期——具体的には一六世紀末の万暦年間より一八世紀末の乾隆年間に至る約二百年間——における奴婢と雇工人の法身分改修の過程を、宋代に形成され元明代へと継承された身分体系の再編過程と捉え、併せて、そこに現われてくる奴婢と雇工人の身分的特質を探ろうと試みたものである。

明律と清律、とりわけ清律への条例の付加と修訂という形で進行したこの改修過程は、かねてより研究者の関心を惹き、中国においては主に一九五〇年代以降の資本主義萌芽論争の中で、[1] わが国においては仁井田陞[2]・重田徳[3]・小山正明[4][5]各氏の研究を通じて具体的に分析されてきた。しかし、研究者個々のこの問題に対する関心と視点とは、この改修過程の中に歴史的発展を見出そうとする点では共通するものの、その評価や結論はなお不定であって、この改修過程が、明末清初という時代にあって、奴婢・雇工人身分の抱え込んだいかなる矛盾をどう解決すべく推行されたものであったかは、依然として未解明の課題なのである。加えて、従来の諸研究は、奴婢と雇工人との身分的性格の差異や、国家の各々に対する編成原理の相違にさしたる注意を払うことなく、両者を同

一レベルで比較検討する傾向を持っていた。しかし、私見によれば、両者の間には法的行為能力や刑量の差異に止まらない質的相違が認められるのであって、本章の叙述はこの点に注目しつつ進められるであろう。

一　明代の奴婢・雇工人身分の特質

万暦年間以降の改修過程を分析する前提として、本節では、明代の奴婢と雇工人の法身分上の特質をおさえておくことにしたい。奴婢、雇工人の法身分はいかにして成立するか、それらは法的にいかなる存在であるか、という問題である。

この明代の奴婢・雇工人身分の前身である宋元代の奴婢や雇傭人の法身分は、本書第一章の検討によれば、およそ次のような性格を有していた。

奴婢身分とは、犯罪没官や戦争時の俘虜化等を原因とし、国家権力による良民身分の剥奪（ないし不付与）[6]を要件として成立するもので、現実に広汎に見られた人身の売買や債務への准折を原因とする良民の奴婢化という径路は、それを禁止する法律の存在からして、法理上は完全に閉ざされていた。したがって、人身の売買や債務への准折、あるいは人身の典当や長期の賃貸借等を通じて、私的な支配隷属関係を構成した奴婢にあらざる私的隷属民の法身分こそが、宋代に形成されたいわゆる雇傭人身分だったのである。ところで、雇傭人身分にある者の多くが、現実には購買され債務に准折された者でありながら、法律上はあくまで「雇傭された良民」として把握されていたのは、国家権力自らが良民の売買や債務奴隷化を法律で禁止している以上、彼らをそうした径路を経た者として把握するわけにはゆかず、「雇傭」関係という合法的法形式——人身の賃貸借から元利償却質、利質形態までも含む——の枠内で把握せざるをえなかったからである。

宋元代の奴婢・雇傭人身分に関する右の諸点は、明代の奴婢・雇工人身分にもそのまま妥当する。まず奴婢について言えば、明律には良民の売買と債務への准折を禁止する規定が設けられており、(7) したがって、良民は売買等の違法行為を通じては奴婢へと身分転化すべくもなかった。奴婢身分の発生原因と成立要件もまた、宋元代と同様であった。例えば、『大明律集解附例』巻一八、刑律、賊盗「謀反大逆」条には、縁坐した者の処分について、

祖父父子孫兄弟及同居之人、不分異姓、及伯叔父兄弟之子、不限籍之同異、年十六以上、不論篤疾廃疾、皆斬。其十五以下、及母女妻妾姉妹、若己之妻妾、給付功臣之家為奴。

（祖父・父・子・孫・兄・弟および同居の人は、同姓か異姓かを分けず、および伯叔父・兄・弟の子は、戸籍の異同を限らず、年齢が一六歳以上であれば、篤疾・廃疾を論ぜず、皆斬罪とする。一五歳以下の者、および母・娘・妻・妾・姉・妹、もしくは己れの妻・妾は、功臣の家に給付して奴とする。）

という一節があり、(8) 王圻『続文献通考』巻二〇、戸口考「奴婢」に、

国朝、軍中俘獲子女、及犯罪抄没人口、多分給功臣家為奴婢。

（明朝では、戦争時に捕虜とした子女、および犯罪によって没官した人口は、多く功臣の家に給賜して奴婢とした。）

と見えている。ちなみに、明律に俘虜を奴婢となすという規定が存しないことと、現実の奴婢化の主要な径路が犯罪没官であったことに起因するのであろう、明律の各種の注釈書は、奴婢とは犯罪縁坐の人と言うのみで、(9) 俘獲奴婢に言及するところがない。

次に雇工人について見ることにしよう。明律には、幾条かの雇工人の法的行為能力とその犯罪とに関する規定があるが、雇工人身分はいかにして成立するか、それは法的にいかなる存在であるかについては、一言の説明も

見出すことができない。清末の法律学者薛允升は、『唐明律合編』巻一二「人戸以籍為定」において、

明無官戸・雑戸・部曲。其部曲倶改為雇工人、而名例内竟無雇工名目、亦無官私奴婢之分。何者応以雇工人論、何者不応以雇工人論、並未詳晰叙明。

（明朝には官戸・雑戸・部曲がない。部曲は皆雇工人に改めているが、名例内には結局雇工の名目がなく、また官私の奴婢の区別もない。何者を雇工人として論ずべきであるのか、何者を雇工人として論ずべきでないのか、全く明晰に叙述していない。）

と述べているが、明律にのみ拠る限りこれはもっともな疑問であろう。ただ、明代の雇工人律が宋元代のいわゆる雇傭人法を継承整備したものと考えてほぼ誤りがない以上、両者は基本的に共通する性格を有していたはずである。例えば、明律の各種注釈書中の雇工人に関する解説を丹念に分析した小山正明氏は、雇工人とは、主家の経営内に包括されて生活し、家長の家父長的支配下に限定された期間服役する者、との結論を導き出したが、[10]これは宋元代の雇傭人身分に包含される者の性格や存在形態とほぼ一致しており、雇傭人法と雇工人律との継承関係を裏付けるものと思われる。

ところで、宋元代の雇傭人法、明代の雇工人律が対象とする者の社会的経済的側面からする性格が果して右の通りであったとして、その法身分上の性格はどのように規定しうるであろうか。以下、それを奴婢身分との対比で考えてみることにしよう。

既述のように、明代の奴婢身分は、国家権力による良民身分の剝奪（ないし不付与）を要件として成立するものであった。すなわち、奴婢身分は、皇帝を頂点とする国家の支配秩序＝礼的秩序の下で、良民に対する賤民＝奴婢と位置づけられることによって一義的に成立し[11]（奴婢身分の演繹的性格）、かかる奴婢の存在を前提に定められた明律の奴婢に関する諸規定は、二義的に奴婢の法的行為能力や刑罰を規制しているにすぎないのである。個別

的かつ具体的な奴婢と奴婢保有者との関係や奴婢の存在形態のいかんが、奴婢身分に何らの影響も持たない[12](奴婢身分の絶対的性格)のは、右に見た奴婢の身分的特質に基づくものと考えられる。

これに対して、明代の雇工人身分は、宋元代の雇傭人身分と同じく、人身の賃貸借から売買にまで及ぶ多様な径路を経て私的な支配隷属関係を構成するに至った者を、国家権力が法律上「雇傭」関係にある者と把握することによって成立したものであった。したがって、論理的には、雇工人律は奴婢と義子孫——後述のごとく明代には特別の意味を帯びて存在していた——以外の私的隷属民すべてを対象としうるものであった。しかし、現実には、日傭や短工から売買された者まですべてが雇工人律によって規制されていたわけではなく、国家権力は現実の多様な「雇傭」関係の中から何らかの基準——例えば契約書や年限の有無、「雇傭」期間の長短、衣食の給養の有無、主人と同居か否か等々——を抽出することによって雇工人身分を定立していたのであった(雇工人身分の帰納的性格)。それゆえ、どのような基準が設けられるかに応じて、雇工人律の規制対象には変動が生じてくることになる(雇工人身分の相対的性格)のであるが、明初以降万暦一五年以前にその基準がどのようなもので、その運用の実態がどうであったかについては、現在のところ前章におけるいささかの検討を除いて、多くは不明である。しかし、雇工人身分が右のごとく帰納的かつ相対的性格を持つものであることは、宋元代の雇傭人法と万暦一六年以降の雇工人律改修過程から見て、全く疑問の余地がないと思われる。

続いて、奴婢が政治的社会的身分であると同時に法身分でもあるのに対して雇工人は法身分としてしか存在しない点に注目しておきたい。つまり、奴婢は奴婢律の適用を受けるか否かによって奴婢であるか否かが決定されるのではなく、奴婢であるがゆえに奴婢律の適用を受けるのであるが、雇工は雇工なるがゆえに雇工人律の適用を受けるのではなく、雇工人律の適用を受けることによってはじめて雇工人となるのである。換言すれば、現実社会の中に存在するのは雇工や身売りした者であって、雇工人なる者は存在しないのである。彼らは、例えば、身売りしたがゆえに政治的社会的な差別や蔑視を受けることがあっても、決して雇工人なるがゆえに、あるいは雇工人としてそのような待遇を受けるのではない。このように、奴婢の法身分が奴婢という実態に固着して現われるのに対して、雇工人身分が、雇工あるいはその他の何らかの実態に固着して現われることがないのは、雇工人身分が政治的社会的身分ではなく、単なる法身分でしかないことを物語っているのである。

ところで、薛允升『唐明律合編』巻二六「良賤相姦」には、明律の雇工人について、

与主家有犯、則為賤、与平人有犯、則為良、未免参差、而名例内又未分晰叙明。……明律則顧此失彼者頗多。立一雇工人名目固是、而是賤、是良、何以含糊其辞、不肯説明耶。

（主家と犯罪があれば賤人とし、平人と犯罪があれば良人としているのは、統一を欠いており、名例内にも未だ明晰に叙述していない。……明律は一方を顧みて他方を失しているものがすこぶる多い。一雇工人の名目を立てることはもとよりよいが、賤人か良人かを、なぜ言葉を曖昧にしてあえて説明しないのか。）

とあるが[13]、薛允升の明律に対する貶しめと雇工人規定に対する苛立ちとは、以上に累説した奴婢と雇工人との身分的性格の相違――それはそのまま各々の身分編成原理の相違でもあるが――に対する無理解によって生じたものである。すなわち、奴婢身分の成立する場が国家の支配秩序体系――皇帝を頂点にする礼的秩序＝良賤の区分――にあるのに対して、雇工人身分の成立する場は、良民内部の階層分化によって生じた私的支配隷属関係の存在という現実そのものなのである。したがって、雇工人は主人と主人の有服親に対して良賤関係に擬制化されてはいるものの、良賤の区分からすれば当然良民であり、その身分は、良賤の身分原理とは異なる原理に基づいて、いわば良民身分内で分化したものと言うことができよう。奴婢が主人と主人の有服親以外の第三者（良民）に対しても、法的に従属的地位に置かれていたのに比して、雇工人は主人と主人の有服親以外の第三者（良民）に対しては、対等の法的地位を保持していたという事実は、奴婢と雇工人との身分編成原理の相違を反映しているのであ

る。

さて、以上のような奴婢と雇工人との身分的性格の差異ないし身分編成原理の相違は、従来の諸研究のほとんど注目することのなかった点である。わずかに重田徳氏が、「雇工人律が、雇工人に固着し、それをいわば身分として定位するものでなく、個別的な関係そのものによって、その都度成立する」と指摘し、「明清律にいわゆる雇工人律が、もともと現実の社会的存在としての雇工人に密着したものでなく、それゆえ、その適用が身分を規定するものではなく、いわば相対的性格をもち、奴婢本律との関係において、それを補完する副次的位置を占めるものである」と述べたのは[14]、雇工人律が本来、人身の賃貸借としての雇傭労働の展開を基礎に制定されたものではなく、またその身分が相対的帰納的性格を有する法身分でしかないという事実に、重田氏の認識が接近しつつあったことを示すものであろう。この重田氏の所論に対して、裘軾氏は、「ある労働者は、ただ彼が定められた雇工人の条件に符合しさえすれば、それで雇工人律の規制を受けるのであって、どうして雇工人律と現実社会に存在したとされる雇工人とが密接に関連しないと言いえようか。……奴婢律は　奴婢の法的地位を規定し、雇工人律は雇工人の法的地位を規定しており、両者はそれぞれに一つの等級の身分を規定しているのであって、所謂主要も次要もないのである」と批判している[15]。裘氏は奴婢と雇工人とを同一レベルで比較しつつ、「両者はそれぞれに一つの等級の身分」であると主張しているが、この主張はあくまで法身分という限定された枠内でのみ有効性を持つにすぎず、重田氏が奴婢と雇工人との身分的特質の差異を、つまり雇工人身分の持つ法身分と政治的社会的身分との乖離を問題にされたのであったことを顧みれば、裘氏の批判は極めて一面的なものであったと言わねばならない。

従来の諸研究だけではない。すでに明律の各種の注釈書においてすら、奴婢と雇工人との差異は、身分的性格や編成原理上の相違＝質的差異として捉えられることなく、奴婢は終身、雇工人は限定された期間の服役という服役期間の長短＝量的差異として捉えられていたのである。この点については小山正明氏の詳細な研究があるので、史料を示すまでもないであろう。[16][17]こうした奴婢と雇工人との差異を量的な服役期間の長短へと還元してゆく認識は、両者の区別を次第に曖昧にするものであり、後述する奴婢・雇工人身分の改修に少なからぬイデオロギー的影響を与えることになったと考えられる。

二　万暦一六年新題例への途

前節に見たように、明代の奴婢、雇工人身分は宋元代の奴婢・雇傭人身分を継承するものであったが、明律には奴婢の保有主体に関して、宋元代法には見られなかった新たな規定が設けられていた。『大明律集解附例』巻四、戸律、戸役「立嫡子違法」条に、

若庶民之家、存養奴婢者、杖一百、即放従良。

（もし庶民の家が、奴婢を存養すれば、杖一百とし、ただちに解放して良人とする。）

とあるところの、庶民の奴婢保有禁止規定である。右の規定について、陳遇文『大明律解』戸巻三「立嫡子違法」条には、

庶民下賤、本当服労致力、不得存養奴婢。惟功臣家有之。庶人而存留畜養、是僭分矣。

（庶民は下賤であるから、もとより労働に服すべきであり、奴婢を存養してはならない。ただ功臣の家のみが奴婢を有する。庶人が奴婢を置いたり養ったりすることは分を超えることである。）

と説明し、応檟『大明律釈義』巻四、同条に、

功臣之家、因賜始有奴婢。豈庶民之家、所宜存養哉。故杖一百、即放従良。其罪僭也。

（功臣の家は給賜されることによってはじめて奴婢がある。どうして庶民の家が存養してよいであろうか。ゆえに杖一百とし、ただちに解放して良人とするのである。その僭越を罪とするのである。）

とあり、雷夢麟『読律瑣言』巻四、同条には、

庶民之家当自服勤労、若有存養奴婢者、杖一百、即放従良。庶民之家不許存養奴婢、則有官者而上、皆所不禁矣。故律言、奴婢殴家長、奴婢為家長首、冒認他人奴婢。豈尽為功臣言哉。但功臣之家有給賜者、而有官者皆自存養耳。問刑者、毎於奴婢之罪、遂引雇工人科之、誤矣。

（庶民の家は自ら勤労に服すべきで、もし奴婢を存養していれば、杖罪一百とし、ただちに解放して良人とする。庶民の家は奴婢を存養することを許さないが、官がある者以上は、皆禁止されてはいない。ゆえに律に次のように言っている、「奴婢が家長を殴る、奴婢が家長のために告訴する、他人の奴婢を自分の奴婢と偽りみなす」と。どうしてすべて功臣の家のためにだけ言っていることがあろうか。功臣の家には給賜された奴婢があり、官ある者には皆自ら存養する奴婢があるにすぎない。問刑する者は、常に奴婢の罪において、結局雇工人の律を引用してこれを科罪しているが、これは誤りである。）

と解し、王肯堂『王肯堂箋釈』巻四、戸律、同条に、

圧良為賤、既已非法。庶人而畜奴婢、尤非分也。故重杖之。或謂、此奴婢即当初給付功臣之人、其子孫売与庶民之家者。似太拘拘言。庶民之家不得存養奴婢、則縉紳之家、在所不禁矣。

（良人を圧して賤人とすることは、すでに違法である。庶人で奴婢を蓄えることは最も分を超えることであり、ゆえにこれを重杖にするのである。ある人が言うには、「この奴婢は当初功臣の家に給付された者で、その子孫が庶民の家に売与した者である」と。はなはだ問題ある発言と言うべきである。庶民の家は奴婢を存養できないが、縉紳の家

は禁止されていないのである。）

と見えている。こうした見解に対して、北京図書館蔵、王樵『読律私箋』刑律巻三「良賤相殴」条では、

奴婢是没官人、不歯于編氓者、故于良人有弁。

（奴婢とは没官された者であり、庶民と平等ではなく、だから良人とは弁別されている。）

と述べ、戸律、巻一、戸役「立嫡子違法」条では、右に見た見解を否定して次のように言う。

或曰、庶民之家不許存養奴婢、則有官上、皆所不禁矣。問刑者泥於此文、却於奴婢之罪、毎以雇工人科之、誤也。律凡言奴婢殴家長、奴婢為家長首、冒認他人奴婢、豈尽為功臣言哉。但功臣之家有給賜者、而有官者皆自存養耳。按此説未是、当看条例義子条。

（ある人が言う、「庶民の家は奴婢を存養することを許さないが、官がある者以上は皆禁じられてはいない。問刑する者はこの文に拘泥して、奴婢の罪に対して常に雇工人として科刑しているのは誤りである。律におよそ「奴婢が家長を殴る、奴婢が家長のために告げる、他人の奴婢を冒認する」と言っているのは、功臣のためだけに言っているはずがない。功臣の家には給賜された奴婢があり、有官者は自ら存養するだけである」と。考えるに、この説は正しくはない。まさに条例の義子の条を見るべきである。）

これら明律の各注釈書の解説に基づいて、ここでは次のような点を指摘しておきたいと思う。第一に、各注釈書が一致して述べているように、庶民の奴婢保有が禁止されているのは、庶民は自ら労働に従事すべきだという理念に基づくものであったということである。この理念からすれば、当該規定は、本来奴婢に限らずあらゆる種類の「他人の労働力」の「存養」＝保有を禁止すべく構想されたものと考えられよう。それが単に奴婢保有の禁止としてのみ条文化されているのは、明律の許容する「他人の労働力」の保有対象が、奴婢に限定されていたからなのである。雇工人は、例えば、『大明律釈義』巻一八、刑律、賊盗「親属相盗」に、「奴婢は終身廝役の人、

雇工人は一時役に雇う所の者なり」とあるように、あくまで一定期間「雇傭」された者で、「存養」された者ではないと考えられていたのであろう。加えて、前節所引の『大明律集解附例』や『続文献通考』の記事からも知られるように、奴婢は功臣の家に給賜されるべく定められていたのであるから、本来功臣の家以外には存在するはずのないものであった。したがって、庶民の奴婢保有の禁止とは、庶民がすでに奴婢身分にある者を、何らかの手段――例えば購買――を通じて入手し存養することの禁止ではなくして、「良を圧し賤と為す」こと、すなわち、他の良民を奴婢的に服役せしめ、「他人の労働力」として保有することの禁止にほかならないのである。これは社会的効果から見れば、庶民の中に私的な支配隷属関係が発生するのを防止しようとするものであり、庶民を家族労働力にのみ基づく均質な経営体として育成し支配しようとした、洪武帝朱元璋の統治理念の反映であったと見ることができるであろう。

さて、庶民の奴婢保有禁止規定が以上のように理解されるとすれば、庶民が合法的に――つまり法禁を免れて――「他人の労働力」を保有するためには、売買等を通じて奴婢的に服役している者を雇工と詐称するか、あるいは自己の家族員に仮託した義子孫という形式を採用せざるをえないことになる。明末清初期に「奴僕」が「義男」と呼ばれ「傭奴」などとも称されていたことは周知の事実であり、粛雍『赤山会約』「恤下」に、

民間、法不得蓄奴、供使令者曰義男・義婦。衣食胥給、配合以時。律載与子孫同科、恩義重矣。

（民間では、法律で奴を蓄えてはならず、使役に供する者は義男・義婦と言う。衣食は皆主人が給し、結婚は時期が来たら主人が執り行う。律に「義男・義婦は子孫と同じく論罪する」と載せているのは、恩義が重いからである。）

とあり、海瑞『海瑞集』興革条例「戸属」に、

奴僕。率土之濱、皆天子之民也。律止功臣之家賜之以奴。其余庶人之家、止有顧工人、有乞養義男。

（奴僕について。天下のすべての者は天子の民である。律に、「ただ功臣の家のみ奴を賜る」とある。その余の庶人の

家はただ雇工人があり、養子にした義男があるだけである。)

とあるのは、右の事情を法的原則の面から伝えるものである。

ところで、先に列挙した注釈書の中には、第二の問題点が示されている。功臣にあらず庶民にあらざる縉紳層と奴婢保有との関係をどう捉えるかという問題である。明律には、功臣への奴婢の給賜と庶民の奴婢保有の禁止とが規定されているにすぎないが、この場合、法理上は『大明律解』や『大明律釈義』のごとく、奴婢の保有主体としては功臣のみが予定されていると解すべきものであろう。であればこそ、『鼎鐫大明律例法司増補刑書拠会』巻三、戸律、戸役「立嫡子違法」条に、

庶民是勲臣革爵者、原賜奴婢即当還官、存養在家、則坐杖罪。此説甚通。蓋百姓本無奴婢、自不必制律也。

(「〔律に言う〕庶民とは勲臣の爵位を削られた者であり、もと賜った奴婢はただちに官に返還しなければならず、家で存養していれば杖罪に坐すのである」。この説ははなはだ意味が通じている。というのは百姓には本来奴婢がおらず、自ずと律に規定する必要がないからである。)

といった理解も生じるわけである。この注釈家は、功臣のみが奴婢を保有しうるという理解に立ちながらも、何ゆえ明律が庶民の奴婢保有を禁止しているかに全く理解が及ばなかったために、律に言う庶民とは功臣の革爵した者という奇妙な説に賛同しているのであるが、しかし、明の中期以降の縉紳層を主体とする「奴婢」保有の盛行という事態との関連で見れば、これは「罪のない誤解」と言ってよいのである。

前掲の『読律瑣言』や『王肯堂箋釈』には、縉紳層の奴婢保有は禁止されていないという理解が示されていた。[18] その論拠は、(1)縉紳層に対する禁止規定がない、(2)律文中に奴婢に関する条文は多く、功臣の家のためにのみ設けられたとは考え難い、(3)功臣の家には給賜の奴婢があるが、縉紳の家には存養の奴婢がある、といった臆測と曲解に基づくものばかりである。しかし、臆測であれ曲解であれこうした解釈の存在は、注釈家が意図すると否

とにかかわらず、現実に進行しつつあった縉紳層の「奴婢」保有を弁護し正当化する役割を担ったであろう。あるいは、時代の趨勢は、現実に合致するような律の解釈を求めたと言うべきであろうか。

しかし、律の解釈の変更は律文の変更ではない。しかも、事実上の「奴婢」の保有は、既述のように多く義子孫や雇工に仮託して行われていたのであったから、係争事件の際に彼らを法的にどう処理すべきかという問題は、縉紳層の奴婢保有をめぐる議論とともに、解決さるべき課題となっていた。例えば、雷夢麟『読律瑣言』巻四、戸律、戸役「立嫡子違法」条、および万暦一三年(一五八五)序刊の、舒化等『刻御製新頒大明律例註釈招擬折獄指南』[19]巻三、戸律、戸役「立嫡子違法」条には、

問刑者、毎於奴婢之罪、遂引雇工人科之、誤矣。

(問刑する者は、常に奴婢の罪において、結局雇工人律を引用して科罪しているが、これは誤りである。)

と記されている。この報告は前章の検討によればほぼ全面的事実であると言ってよいが、重要なことはこれが事実かどうかではなく、こうした事柄が問題となるという点にこそあったのである。万暦一六年の新題例は、こうした状況に対する法の側からの第一回目の回答であった。『大明律集解附例』巻二〇、刑律、闘殴「奴婢殴家長」条に付された万暦一六年の新題例には、次のように定められている。

今後官民之家、凡倩工作之人、立有文券・議有年限者、以雇工人論、止是短雇月日、受値不多者、依凡論。其財買義男、如恩養年久・配有室家者、照例同子孫論、如恩養未久・不曾配合者、士庶之家依雇工人論、縉紳之家比照奴婢律論。

(今後官民の家では、およそ仕事に雇った者で、契約を立て、年限を議定している者は雇工人として論罪し、月決め日決めの短期の雇い人で賃金も少ない者は、凡人として論罪する。購買した義男で、恩養が長期にわたり妻帯せしめられた者は、条例に照らして子孫と同じく論罪する。もし恩養を受けること短く、妻帯せしめられていない者は、士

庶の家では雇工人として、縉紳の家では奴婢律に比照して論罪する。)

この新題例が対象とするのは雇工と義男とであるが、両者は本来法的には雇工人と義子孫という別系統の法によって身分規制されるべき存在である。それが一条の内に組み入れられた理由については、すでに贅言を要しないであろう。「官民の家」の「他人の労働力」の保有が、既述のように、雇工や義男に仮託して行われていたからなのである。

ところで、この新題例は、次の三点において注目すべき意味を持っている。第一に、文券＝契約書を作成し年限を議定している者は「雇工人を以て論ず」として、雇工人身分を限定しているとともに、月日を計って雇われ、雇値の少ない者は凡人扱いと定めているが、これは、雇工に仮託した事実上の「奴婢」と身分的隷属性を持たない短工とを、雇工人身分から排除することを目的としたものであろう。もっとも、短工が凡人扱いされるということは、すでに宋元代の雇傭人法においても認められることであり[20]、明代においても、新題例以前には短工も雇工人身分の内にあったとすべき積極的根拠は見あたらない。したがって、短工に関する規定は、現状を再確認したものと考えてよいと推測される。第二に、義男という法形式においてではあれ、「縉紳の家」のみならず「士庶の家」[21]に対しても、「財買」という手段を通じた「他人の労働力」の保有を公認していることである。したがって、良民の売買の禁止と庶民の奴婢保有の禁止という明律の原則は、新題例によって、実質的には放棄されたことになる。第三に、にもかかわらず「財買」という径路を通じては、良民は奴婢身分に転化しないという一点のみは辛うじて保持されていることにも注意しておきたい。すなわち、恩養久しく妻帯せしめられた「財買の義男」は、保有主体のいかんを問わず、「子孫と同じく論ず」とされ、恩養浅く妻帯せしめられていない場合は、「士庶の家」では雇工人律で、「縉紳の家」では「奴婢律に比照して論ず」とされているように、彼らは決して奴婢として扱われてはいないのである。子孫の祖父母・父母・尊長に対する犯罪がいかに重く罰せられようとも、子孫と「同じく論」じられる者は奴婢ではなく、また奴婢律に「比照」される者も奴婢ではない[22]。したがって、たとえ「縉紳の家」であろうとも、法身分としての奴婢の保有は認めないという明律の原則は、依然として形式的には維持されているのである。

こうして、奴婢と雇工人をめぐる法と現実との矛盾は、万暦一六年の新題例によって一応の決着が計られたのであったが、しかし問題はなお残されていた。次節では、清代へと持ち越された課題のうちで、まず奴婢身分をめぐる問題を検討することにしよう。なお、本章では、満州族による奴婢保有とそれに対する法規制が、漢民族の奴婢保有に関する諸問題に強い影響を与えたことを予測しつつも、ここでは分析の対象から除外していることをあらかじめお断りしておきたい。

三　清代前期奴婢身分の改修

順治三年(一六四六)に編纂された清律はほぼ全面的に明律を継承したもので、奴婢と雇工人に関する諸規定も明律と同一であったから、本章の一、二節で論じた奴婢と雇工人の法身分的特質と法理上の原則とは、そのまま清律にも妥当する。康熙五四年(一七一五)序刊の、沈之奇『大清律輯註』巻二〇、刑律、闘殴「良賤相殴」条には、

奴婢乃有罪縁坐之人、給付功臣之家者也。常人之家、不当有奴婢。按、祖父売子孫為奴婢者、問罪、給親完聚、是無罪良人、雖祖父、亦不得売子孫為賤也。由此観之、常人服役者、但応有雇工、而不得有奴婢。故今之為売身文契者、皆不書為奴為婢、而曰義男義女、亦猶不得為奴婢之意也。

（奴婢は犯罪に縁坐した人であり、功臣の家に給付された者である。常人の家では奴婢を持ってはならない。考えるに、「祖父が子孫を売って奴婢となす者は、罪を問い、親族に返して一緒に生活させる」ということは、無罪の良人は、祖父といえどもまた子孫を売って賤人にできないということである。このことからすれば、常人の服役する者は、ただに雇工がいるだけで、奴婢を持つことはできないのである。ゆえに今売身契約を立てる者が、皆「奴と為す・婢と為す」と書かずに、「義男・義女」と言っているのは、なお奴婢となすことができないという意味なのである。）

とあるが、これは、良民は売買を通じては奴婢身分に転化しないという法理に対する正当な認識が清初にも存在していたこと、同時に庶民の奴婢保有禁止規定がなお一定の規制力を有していたことを示すものである。しかし、その規制力とは、売身文契に「奴婢」と書かずに「義男・義女」と書くという程度の、極めて形式的なものにすぎなかった。右に続けて、沈之奇は、

然今問刑衙門、凡売身与士夫之家者、概以奴婢論、不復計此矣。

（しかし今問刑の衙門では、およそ身を売って士夫の家に与えた者は、おおむね奴婢として論罪している。この事情を考慮していないのである。）

と付言せねばならなかったのである。[23] 前引の『読律瑣言』や、万暦一三年（一五八五）序刊『刻御製新頒大明律例註釈招擬折獄指南』には、「問刑する者、毎に奴婢の罪に於て、遂には雇工人を引きてこれに科す」と見えていたが、この二史料には、明末から康熙五四年へと、時代の経過とともに進行した律の具文化、ないし既成事実の追認の過程が象徴的に示されていると言えよう。事実、管見の限りでは、清初康熙年間までの庶民と「奴婢」との係争に関わる判例中では、ほとんど清律の庶民の奴婢保有禁止規定が問題とされることなく、また「奴婢」はアプリオリに奴婢身分の者として処理されている。ただ、張月光『例案全集』[24] 巻二三、闘殴、奴婢殴家長の「庶民の奴僕を殴死するは雇工人に照らして定擬するを得ず」と題する判例によれば、康熙五七年（一七一八）に庶民

の劉佳端が契買の「奴僕」である劉貴の妻雀氏を殴殺した事件について、安撫使が「雇工人を殴殺するの律に照らす」べく判断したのに対し、刑部は、劉貴の売身文契内に「奴僕と為す」と記されていることを根拠に、「奴婢を故殺するの律」に照らすべく主張し、最終的には刑部の議覆が裁下された旨記されている。これは問刑衙門内にあっても、売身の「奴婢」を雇工人と見るか奴婢と見なすかについて、議論の分岐がなお存在していたことを示すものであるが、しかし、この場合にあっても、劉佳端が劉貴を購買しかつ「奴僕」として保有していたこと自体は何ら問題とはされていないのである。

こうして、縉紳層から士庶にまで及んだ事実上の「奴婢」保有という現実と、それを既成事実として追認する判例の積み重ねとから、条例による奴婢保有の公認までは、わずかに一歩にすぎないであろう。そして、この一歩は雍正五年(一七二七)に踏み出されることになる。[25] 光緒『大清会典事例』巻八一〇、刑部、刑律、闘殴「奴婢殴家長」の同年条に、

凡漢人家生奴僕、印契所買奴僕、並雍正五年以前白契所買、及投靠養育年久、或婢女招配、生有子息者、俱係家奴、世世子孫永遠服役、婚配俱由家主、仍造冊報官存案。

(およそ漢人の家で生れた奴僕、官印付きの契約書で買った奴僕、ならびに雍正五年以前に官印なしの契約書で買った者、および投靠し長年養育された者、あるいは婢女と結婚させられて子息がいる者は、ともに家奴であり、代々子孫は永遠に服役し、結婚は家主が執り行い、なお帳簿を造って官に届け担当部局に保存しておけ。)

とあり、漢民族の保有する奴僕身分について、奴婢間に生れた者、印契＝紅契で購買した奴僕、雍正五年以前に白契で購買した奴僕、および、投靠して長年養育された者、あるいは投靠の後婢女を妻帯せしめられ、子息を有する者、以上は家奴として永代的に服役すべきことと定められている。

ところで、右の雍正五年条例は二つの点で画期的な意義を有している。その第一は、言うまでもなく、明代以

来止まることなく進行してきた事実上の「他人の労働力」の保有を、国家権力が、保有主体を限定することなく、公式に奴婢の保有と認定したことである。それは同時に、売買を通じた良民の奴婢化の公認でもあった。続いて、同書同条の乾隆七年（一七四二）条例では、

民人、於雍正十三年以前、白契所買家人、照八旗之例、准為家奴、永遠服役。儻伊主殴殺故殺、倶照紅契、一例擬断。

（民人が、雍正一三年以前に官印のない契約書で買った家人は、八旗の例に照らし、準じて家奴とし、永遠に服役させる。もし主人が家奴を殴殺・故殺すれば、ともに官印のある契約書で買った者に照らして、同様に処罰する。）

とあって、白契にて購買した者を家奴とする時点を雍正一三年に繰り下げている。薛允升『読例存疑』巻三六、刑律、闘殴下「奴婢殴家長」条には、本条例について、

庶民之家、不准存養奴婢、律有明文。此例、標出民人二字、是庶民亦准存養奴婢矣。与律意不符。

（庶民の家は、奴婢を養うのを許さないことは、律に明文がある。この条例が民人の二字を書き出していることは、庶民もまた奴婢を存養することを許したことになる。律の意図と合致しない。）

と評しているが、法理に忠実たろうとする者の、けだし当然の指摘であろう。ところが、梁懋修『定例続編』巻五、戸部、戸役「挙養奴僕」に、雍正六年の礼部の議として、

嗣後、庶民之家、照例不許存養良家男女為奴僕。其印契典売奴僕、応聴其自便。

（今後、庶民の家は、条例に照らして良家の男女を存養して奴僕となすのを許さない。官印のある契約書で奴僕を典売することは、自由である。）

とあり、庶民の家は、良民を存養して奴僕となすことは禁ずるが、すでに奴僕身分にある者を典売（買）を通じて存養することは禁止の限りではないとしている。(26) 雍正五年条例を承けた清律の解釈の変更、というよりは律意の

換骨奪胎である。光緒三二年（一九〇六）上奏の、沈家本『寄簃文存』巻一、奏議所収の「禁革買売人口、変通旧例議」には、

律文、雖有買売奴婢之禁、而条例復准立契価買。法令已多参差。
（律文に、奴婢を売買することの禁止があるが、条例は契約書を立てて売買することを許している。法令はすでに多く不統一となっている。）

とあるが、この指摘の通り、雍正五年条例は、本来律の不備を補完すべき条例が、かえって律意を改変し否定してゆく過程の、法レベルにおける出発点となったのである。

雍正五年条例に示された第二の意義は、これが法レベルにおいて、中国社会に伝統的な奴婢の身分編成原理とは異質の身分編成原理に基づいて、新たな奴婢身分を創出したという点にある。ここに言う伝統的な奴碑の身分編成原理とは、すでに明律上の奴婢の特質を論じた際に述べたように、皇帝を頂点とする礼的秩序を基軸に身分が定立されるということを意味するのであるが、それはおそらく、秦漢帝国の成立以降、専制的君主制とともに清代に至るまで連綿と継承されてきたものであったと考えられる。もとより、清代にあってもこうした伝統的な奴婢は存在していた[27]。明代以前と同様に、犯罪没官や俘虜化によって奴婢とされた者などがそれであり、その身分的性格は、演繹的で絶対的なものであった。ところが、雍正五年条例で家奴とされ、永遠に服役すべく定められた奴僕は、家生の奴僕であるか否か、白契で購買された者は立契が雍正五年以前であるか以後か、投靠した者は何年養育され、また妻帯せしめられているか否か等々、その来歴や主人との具体的関係のいかんに応じて身分が決定されており、このことは、この新たな奴婢の法身分が、雇工人身分と同じく相対的な基準に基づいて帰納的に定立されたものであることを物語っているのである。

ところで、先に明末以降の奴僕身分を検討した小山正明氏は、「明末以降清代にかけての奴僕身分規定は、全

体を通じて奴僕身分をより狭く限定しようとする意図を示しており、これは当時における奴僕労働の矛盾・解体を示唆する」ものであり、また「主家による家族の構成と給養の二条件が奴僕身分の中核的規定であった」と指摘している。(28) しかし、小山氏が分析の対象とした奴僕身分が、実は清代に至って新たに創出されたものであったことからすれば、「奴僕労働の矛盾・解体」という評価が不適当であることは明白であろう。また、氏は乾隆四年(一七三九)立石の、光緒『嘉定県志』巻二九所収の「申明放贖奴婢定例碑」を主要な根拠に、「奴僕身分をより狭く限定しようとする意図」を見出したのであるが、『大清会典事例』巻八一〇「奴婢殴家長」条の嘉慶六年(一八〇一)条によれば、この年、雍正五年条例に「雍正五年以前」とある箇所が「雍正十三年以前」と改められた以外、先の引用部分と全く同文の条例が頒布されていることからしても、そうした意図は、清一代を通じて見れば必ずしも認められないのではあるまいか。一方、奴僕身分の中核的規定に関しても、氏の挙げられた二条件のほかに——というよりはその前提ないし基礎的条件として——契約書の存否が数えられるべきであろう。例えば、洪弘緒・饒瀚同『成案質疑』巻四、戸役、人戸以籍為定「小戸附居大戸、年久指為世僕」(雍正一〇年)には、刑部の議として、

奴僕之有文契者、当論其文契之真仮、原不論其年代之遠近。奴僕之失落文契者、当論其現在与否養育、亦不論其契売之歳年。

(奴僕で契約書がある者は、まさにその契約書の真偽を問題とし、もとより購買した年代の遠近を問題とすべきではない。奴僕で契約書が失われている者は、まさに現在主人に養育されているか否かを問題とし、ここでもまた契約書で売った年がいつかを問題としない。)

とあるが、こうした契約書の重視は少なからぬ判例中より容易に検証されるはずである。(29)
なお、最後に付言しておくべきことは、雍正五年条例の制定に伴って、雇工人と義子孫の法身分に生じた影響

については、すなわち、ここに創出された新たな奴婢身分の者は、従来、現実の裁判の中ではともかく、法的には雇工人と義子孫として把握されるべき存在であった。それゆえ、雍正五年条例によって、雇工人と義子孫の中から奴婢的な性格を帯びた部分が分離され、両者は法身分としてはより狭く限定されたことになる。とりわけ義子孫は、多く本来法の予定した姿へと回帰したであろう。では雇工人身分は清代にはどう変化していったであろうか。節を改めて考えてみることにしよう。

四　清代前期雇工人身分の改修

万暦一六年に開始された雇工人身分の改修は、清代には、乾隆二四年(一七五九)、乾隆三二年、乾隆五三年、嘉慶六年(一八〇一)、そして宣統二年(一九一〇)の五次に及んだが、従来の諸研究は、この改修過程の中に何らかの「歴史的発展」を見出そうとする意図に貫かれてきたと言ってよいであろう。中国人研究者による資本主義萌芽研究は、農業部門における雇工の身分解放のいかんを一つの重要な論点にして争われてきたのであったし、わが国にあっても、生産部門担当の雇工の解放を見る仁井田氏の所論、新しい労働力としての日傭や短工の展開を推測する重田氏の所論、雇傭形態をとった非自立的小農の自立的小経営農への成長を展望する小山氏の所論等は、それぞれの意味を込めた「歴史的発展」の論理である。

ところで、すでに述べたように、雇工人の法身分=雇工人律は、現実の多様な「雇傭」関係の中から、特定の相対的基準を帰納的に抽出することによって定立されたものであった。それゆえ、現実の「雇傭」関係の変化ないし発展が、雇工人身分の改修を促すであろうという見通しは極めて正当なものである。従来の諸研究の多くが、かつて雇工人律の適用を受けていた存在が、その適用を免れて凡人扱いされるに至る過程を検証することをもって、「歴史的発展」の確認としてきたのは、雇工人身分の持つ右のごとき性格を暗黙の裡にも承認していたからであろう。しかし、同時に、雇工人身分が相対的かつ帰納的性格を持つということは、そこに単なる立法技術上の必要からする改修の可能性をも生ぜしめるものである。清代の条例は多く代表的かつ重要な成案を基礎に制定されたのであるが、そのことは、仮に現実の「雇傭」関係に全く変化がなかったにしても、裁判の過程で何をもって凡人と雇工人、また雇工人と奴婢を区別するのが現実に「適合的」であるかが摸索され、その結果として雇工人身分の改修が推行されるという可能性をも強く示唆するのである。

そこで以下、前者の「歴史的発展」の視点に立つ諸研究の成果を念頭に置きつつ、後者の視点をも加えて、雇工人身分改修の過程を検討することにしたい。なお条例の引用はすべて、光緒『大清会典事例』巻八一〇、刑部、刑律、闘殴「奴婢殴家長」条に拠ることにする。まず、乾隆二四年条例には、次のように定められている。

除典当家人及隷身長随、倶照定例治罪外、其雇倩工作之人、若立有文契年限、及雖無文契、而議有年限、或計工受値、已閲五年以上者、於家長有犯、均依雇工人定擬。其随時短雇、受値無多者、仍同凡論。

(典当した家人および隷身の長随は、ともに定例に照らして論罪することとし、仕事に雇った人が、もし契約書・年限を立てていれば、および契約書がなくとも年限を議定していれば、あるいは労働に応じて労賃を受け、すでに五年以上を経ていれば、家長に対して犯罪を犯した場合は、均しく雇工人として罪を定める。臨時の短期雇いで、労賃も少ない者は、従来通り凡人として論罪する。)

ここでは雇工人律の適用対象となる者を、(1)万暦新題例と同じく文契・年限のある者、(2)文契がなくとも年限を議定している者、(3)文契・年限ともになく、すでに五年以上の雇傭関係にある者とし、(4)短雇で雇値の少ない者は凡人扱いと定める。この条例は、すでに欧陽凡修氏[30]や小山氏[31]が指摘しているように、山西按察使永泰の上奏に対する刑部の議覆の結果制定されたのであるが、永泰の主張の要点は、実体として同一の性格を有する雇工が、単なる文契や年限議定の有無によって、科刑上雇工人律と凡人律とに分岐するのは不合理だという点にある。この永泰の主張からも窺いうるように、乾隆二四年条例は、現実の「雇傭」関係の変化に対応したものではなく、万暦新題例をより細分規定した立法技術上の改革にすぎなかったのである。

次いで、乾隆三二年の条例には、(32)

凡官民之家、除典当家人、隷身長随、及立有文券・年限之雇工、仍照例定擬外、其余雇工雖無文券、而議有年限、或不立年限、而有主僕名分者、如受雇在一年以内或有尋常干犯、照良賤加等律、再加一等治罪。若受雇在一年以上者、即依雇工人定擬。其犯姦・殺・誣告等項重情、即一年以内、亦照雇工人治罪。若止是農民雇倩親族耕作、店舗小郎、以及随時短雇、並非服役之人、応同凡論。

（およそ官民の家では、典当した家人、隷身の長随、および契約書・年限を立てている雇工は、従来通り条例に照らして罪を定めることとし、その他の雇工は契約書がなくとも年限を議定していれば、あるいは年限を議定していなくとも主僕の名分がある者は、もし雇われて一年以内の犯罪か、通常の犯罪の場合は、良賤加等律に照らしてさらに一等を加えて論罪する。もし雇われて一年以上の者は、雇工人として罪を定める。姦淫罪、殺人罪、誣告罪等の重罪を犯したならば、一年以内でもまた雇工人に照らして論罪する。もし農民が親族を雇って耕作したり、店舗の小郎、および臨時の短期雇いといった決して服役の人でない場合は、凡人として論罪する。）(33)

とあるが、これを乾隆二四年条例の(1)から(4)と比較すると、(1)の規定はそのまま継承し、(2)から(4)の部分をより細分化したものであることが知られよう。つまり、(2)の文契なく年限の議定ある者を、まず雇傭期間が一年に及んでいるか否かに分類し、さらに一年以内の場合を、通常の犯罪であるか姦・殺・誣告等の重罪であるかという犯罪の種類に応じて分類しており、(3)の文契・年限ともにない者でも「主僕の名分」ある者は、右の年限の議定のみある者と同一の細分類がなされているのである。それでは、右に分類し尽されなかったところの、文契・年限ともになく、「主僕の名分」もない者はどう処理されたのであろうか。これに対応するのが最後の「応に凡と同じく論ずべし」と定める一文であり、(4)の随時の短雇の者は多くこれに該当したであろう。多く、と記したのは、「主僕の名分」ある者でも文契や年限がないとすれば、一年以内に発生した犯罪の場合は随時の短雇の者と区別し難いということ、あるいは「主僕の名分」ある随時の短雇の者が論理的に存在しうるということへの配慮からである。

ところで、最後の一文を原文で示すと、

若止是農民雇倩親族耕作店舗小郎以及随時短雇並非服役之人応同凡論

というものであるが、欧陽凡修氏や小山氏は、「農民……短雇」の部分に列挙された具体的存在は、凡人扱いされる者として具体的に指定されたものと解釈し、この解釈に立って乾隆三二年条例の持ついくつかの「意義」を論じている。例えば、欧陽氏は本章と同様の句読点を付しつつ、生産労働＝「耕作」に従事する雇工で解放されたのは「親族」に限られていること、「耕作」に従事する雇工は、「農民」に雇われた場合にのみ凡人扱いとなること等々の論点を提出しており、小山氏は「農民雇倩」と「親族耕作」の間に読点を施し、「ここでは、すでに凡人律を適用されることとされた短期の雇工、および親族の耕作、店舗に雇傭される店員とともに、一般農民の雇傭されているものは無条件に凡人律をもって律するとしており、これらの労働者はすべて「主僕名分」の規制より除外され」たと解説しているのである。

しかし、この部分はすでに解説したように、その前の部分と有機的関係を有しており、文契・年限ともになく「主僕の名分」もない者を具体的に説明し印象づけるために、農民が親族を雇って耕作した場合や店舗の小郎、随時の短雇といった、当時の社会通念上「服役の人」ではないと考えられていた雇工が引き合いに出されたにすぎないであろう。したがって、右の三者以外にも凡人扱いを受ける雇工は、当然存在したのである。[34] なお、以上の解釈が認められるとすれば、乾隆三二年条例もまた、雇工の身分解放を示すものではなく、雇工の実態に応じてより「適合的」な刑量を制定しようとする為政者の意図に発した、単なる技術的改革としなければならない。

続いて、周知の乾隆五三年条例には、次のように定められている。

凡官民之家、除典当家人、隷身長随、仍照定例治罪外、如係車夫厨役水火夫轎夫、及一切打雑受雇服役人等、平日起居不敢与共、飲食不敢与同、並不敢爾我相称、素有主僕名分者、無論其有無文契年限、倶以雇工論。若農民佃戸雇倩耕種工作之人、並店舗小郎之類、平日共坐共食、彼此平等相称、不為使喚服役、素無主僕名分者、亦無論其有無文契年限、倶依凡人科断。

（およそ官民の家では、典当した家人、隷身の長随は、従来通り定例に照らして論罪することとし、もし車夫、厨役、水夫、火夫、轎夫、および一切の雑多な職種に雇われて服役する者などの人で、平日主人と起居をともにせず、飲食もともにせず、おまえ・俺と呼びあわず、平素主僕の名分がある者の場合は、契約書や年限の議定があるなしにかかわらず、ともに雇工人として論罪する。もし農民・佃戸が耕種や仕事に雇った人、ならびに店舗の小郎の類で、平日主人と一緒に座ったり食事をし、お互いに平等に呼びあい、命令を受けて服役をする者ではなく、平素主僕の名分のない者の場合は、先に同じく契約書や年限議定の有無にかかわらず、ともに凡人として処罰する。）

この条例は、万暦新題例以来三次に及ぶ雇工人身分の改修条例を、いわば総括したという位置を占めるものである。すなわち、それまでの、文契や年限の議定の有無、雇傭期間の長短、「主僕の名分」の有無、犯罪の種類といった複雑な条件の組み合せに応じた科刑の適用という方式をすべて撤廃し、ただに「主僕の名分」のある者とない者とに区分したうえで、前者は雇工人律、後者は凡人律を適用すべく定めているのである。したがって、乾隆五三年修例は、「典当の家人」と「隷身の長随」に関する部分を除けば、

凡官民之家、雇倩耕種工作之人、素有主僕名分者、以雇工人論、素無主僕名分者、依凡人科断。

（およそ官民の家では、耕種や労働に雇った人で、平素主僕の名分がある者は、雇工人として論罪し、平素主僕の名分がない者は、凡人として処罰する。）

といった文言であったとしてもその主旨は十分に伝達されえたのであって、その他の部分は、「主僕の名分」のある者やない者とは例えばどのようなものであるかについて、具体的に例示しつつ説明しているにすぎないと考えられるのである。そのことは、『大清律例按語』巻五九、刑律、闘殴「奴婢殴家長」条に、五三年条例制定時の按文として、

所有奏准、服役雇工与雇倩平民、分別平素有無主僕之名分、案例定擬之処、応請纂輯、以資引用。

（ここに上奏して裁可されたところの、服役の雇工と雇った平民とが、平素主僕の名分があるかないかを分別し、条例を勘案して定めたところは、条例として編纂し、引用に備えていただきたい。）

と見え、この条例が「服役の雇工と雇倩の平民と」を、すなわちあらゆる「雇傭」関係にある者を、「主僕の名分」の有無という単一の基準で分別したと言われていることからも明確に裏付けられるであろう。[35]

ところで、薛允升は、『読例存疑』巻三六、刑律、闘殴下「奴婢殴家長」において、

奴婢有定、而雇工人無定。屢次修改、遂以起居・飲食不敢与共、不敢爾・我称者、為雇工人、否則無論服役多年、倶以凡論。是有力者有雇工人、而無力者即無雇工人矣。

（奴婢には定義があるが、雇工人には定義がない。何度か条例を改修し、結局主人と起居・飲食をともにせず、おまえ・俺と呼びあわない者を雇工人とし、そうでなければ服役が何年であるかを問題とせず、皆凡人として論罪することにした。こうであれば、力量のある者には雇工人があり、力量がない者には雇工人がいないことになってしまう。）

と論じているが、こうした理解は、乾隆五三年条例について、例えば欧陽氏が「ただ〝農民佃戸〟が雇倩した生

産労働者にして、はじめて〃雇工人〃の範疇に属さないことになる」と言い[36]、小山氏が「「主僕名分」のあるのは車夫・廚役などの家内の非生産的雑務に従事するものに限定され、一般の農民や佃戸で雇傭されたものは無条件に凡人律が適用されることとなった」と評価したのと[37]、史料解釈上同一の立場に立つものである。すなわち、薛允升は、雇主と起居・飲食をともにするかどうかといった箇所は、雇工人律ないし凡人律の適用の条件であると理解し、欧陽氏や小山氏は、例えば「農民佃戸雇倩耕種工作之人」は、凡人律の適用対象に指定されていると解釈しているのである[38]。

　私がそうした解釈を採用しないことは既述の通りであって、「農民佃戸雇倩耕種工作之人」を素材にして言えば、これが「主僕の名分」のない者の具体例として引き合いに出されたものである以上、当時にあっては、通常農民や佃戸と彼らが耕種・工作に雇った者との間には「主僕の名分」という身分差は存在しなかったという論点を本条例から抽出することはできても、そのことがここで条例上に規定されていると理解することはできないのである。逆に言えば、本条例は、農民や佃戸とその雇工との間に「主僕の名分」が存在する現実上の可能性を否定したものでも排除したものでもない。もちろん、その可能性が――薛の言を借りれば、力なき者が雇工人を有するということになるが――どの程度現実に見出せるかは別の次元の問題ではあるが。

　以上、乾隆二四年条例より乾隆五三年条例までを検討してきた。そこに見られたのはいわゆる雇傭労働者の身分解放の軌跡ではなくして、為政者にとって、どのような基準の設定がいわゆる雇傭労働者を身分規制するうえで「適合的」なものであるかという摸索の過程、すなわち技術的な改革の過程であった[39]。「〃条例〃の修改と封建法庭がこれらの〃条例〃を運用した判例成案の分析を通じて、明清時代の農業雇傭労働者が〃雇工人〃等級を離脱し、雇主と平等の法的地位を取得するという歴史過程を研究した」欧陽凡修氏は、結局のところ「この解放過程は、緩慢で曲折した歴史過程であり、……清朝滅亡以前には、この法律上の解放過程は終始完成することがなかった」と結論している。[40] 本章の検討は、欧陽氏と分析の視点も史料解釈も異なるものの、この結論には全く賛成である。

結　論

明末万暦一六年以降清代にかけての一連の奴婢・雇工人身分の改修は、さまざまな原因によって構成された私的な支配隷属関係下の私的隷属民の法身分を、実態に即して整序し細分規定してゆく過程であった。この過程は、明律・清律における功臣以外の者の奴婢保有に関する法規制と、現実における功臣以外の階層の奴婢的労働力の保有という矛盾を主要な基礎とし、法が現実に妥協し譲歩するという形で進行した。その結果、明代に義子孫と雇工人という法形式で把握されていた私的隷属民の一部は、万暦一六年の新題例における「財買の義男」に関する規定を経過点として、清代雍正五年には新たな奴婢身分として分離・再編されることとなり、一方、この過程の反面として、義子孫と雇工人の中から奴婢的性格を帯びた部分が分離され、両者の法身分が対象とする範囲はより狭く限定されることとなったのである。こうした限定とともに、本来雇工人身分が相対的基準に基づいて帰納的に定立されたものであったことから、どのような基準の設定がいわゆる雇傭労働者の実態に「適合的」であるかが為政者によって摸索され、その摸索の過程が、万暦一六年以降の雇工人身分の改修として表現されたのであった。したがって、それは技術的改革の域を出ないものであり、その改修過程が提供する情報による限り、雇傭労働者の法身分上の解放を見出すことははなはだ困難であると言わねばならない。雍正五年に創出された新たな奴婢の法身分もまた、その出自・来歴から知られるように、相対的かつ帰納的性格を持つものであったから、それ以後の法身分改修の要因と性格とは、右の雇工人身分改修の場合とほぼ同様であったと考えられる。

以上のような奴婢・雇工人身分の改修過程は、法的身分体系の何らかの質的変化を示すものではないことからして、変質ないし解体過程ではなく、再編過程と呼ぶのが最もふさわしいであろう。

(1)　主要な研究の成果と問題点については、裘軾「関于中日学者対明清両代雇工人身份地位問題研究的評介」(『中国社会科学院経済研究所集刊』三、一九八一年)、参照。また経君健「論清代社会的等級結構」(同右)、参照。
(2)　仁井田陞「中国の農奴・雇傭人の法的身分の形成と変質―主僕の分について―」(一九五六年原載、同氏『中国法制史研究―奴隷農奴法・家族村落法―』一九六二年、東京大学出版会、所収)。
(3)　重田徳「清律における雇工と佃戸―「主僕の分」をめぐる一考察―」(一九七一年原載、同氏『清代社会経済史研究』一九七五年、岩波書店、所収)。
(4)　小山正明「明代の大土地所有と奴僕」(一九七四年原載、同氏『明清社会経済史研究』一九九二年、東京大学出版会、所収)。
(5)　小山正明「明・清時代の雇工人律について」(一九七五年原載、同右著書、所収)。
(6)　「中国」の対外戦争時における「化外人」の俘虜のケースを考慮して、「良民身分の不付与」を付け加えておく。
(7)　『大明律集解附例』巻一八、刑律、賊盗「略人略売人」条、同書巻九、戸律、銭債「違禁取利」条、参照。
(8)　同書同巻四、戸律、戸役「私搠庵院及私度僧道」条をも参照。
(9)　例えば、劉惟謙等『大明律』巻二〇、刑律、闘殴「良賤相殴」条に付された胡瓊の集解に「奴婢是没官之人」とあり、王肯堂『王肯堂箋釈』巻二〇、刑律、闘殴「良賤相殴」に「男女縁坐而為奴婢、与無罪良民不同」とあり、応檟『大明律釈義』巻二〇同条、陳遇文『大明律解』刑巻六「良賤相殴」条にも同様の注釈が見える。
(10)　小山氏注(5)前掲論文。
(11)　以上のような奴婢の身分的性格については、西嶋定生「中国古代奴婢制の再考察―その階級的性格と身分的性格―」(一九六三年原載、同氏『中国古代国家と東アジア世界』一九八三年、東京大学出版会、所収)、参照。
(12)　ただし、放身と贖身とは例外的事項である。
(13)　同様の批評は、同書巻六「化外人有犯」条にも、

至唐律之部曲、明律大半改為雇工人。蓋用銭財雇覓、而聴其役使者也。然在主家、謂之雇工人、離主家、是否以良人論、名例律既無専条、人戸以籍為定律、又無此名目、則直在不良不賤之間矣。如与同主奴婢及平人相犯、如何科罪、転難臆断。明律不如唐律之処、此類是也。

とある。

(14) 重田氏注(3)前掲論文九三頁。

(15) 裘氏注(1)前掲論文二五三頁。

(16) 小山氏注(5)前掲論文。

(17) ただし小山氏の所論は、それら注釈書の認識をそのまま前提にして進められており、それゆえ、雇工人身分とその改修過程については、本章とは多くの点で理解と評価を異にしている。

(18) 確かに現実には功臣のみならず三品以上の官には奴婢保有が許されていた(『明太祖実録』巻二〇九、洪武二四年六月己未条)。しかし四品以下の奴婢保有は全く問題とされていない。また、明末の人、管志道『従先維俗議』巻二「分別官民家奴婢義男、因以春秋之法正主僕議」には、

考律令、雖有奴婢見家長之条、亦有奴婢犯家長之禁、然唯許公侯及三品以上官蓄奴婢。有籍没者、但給賜功臣之家為奴、而品官不与焉。士庶家但名義男、不名奴婢。蓋勲貴可臣庶人、庶人不相臣也。

と見えている。

(19) この書(東洋文庫所蔵本)は、名古屋市立蓬左文庫所蔵本では「鍥御製……」と題されているが、東洋文庫本でも巻二以降の表題は「鍥」字に変っている。

(20) 本書第一章、参照。

(21) 「士庶」とは、紳衿と庶民の意である。

(22) 欧陽凡修「明清両代農業雇工法律上人身隷属関係的解放」(『経済研究』一九六一―六)は「〝奴婢〟とは〝縉紳の家〟の〝義男〟と原来の〝功臣の家〟の〝奴婢〟を包括する」(二七一頁)と述べており、小山氏注(4)前掲論文にも、「公的形式的には功臣にのみ許されていた奴婢保有を郷紳にも認める」(三四一頁)ものとの発言がある。法的側面から言えばいずれも誤りであろう。なお前掲欧陽氏の論文は国内での入手がはなはだ困難であり、かつて厦門大学に留学中の三木聡氏の御厚意によってようやく参照しえたものである。記して三木氏に謝意を表しておきたい。なお本論文は『明清時代的農業資本主義萌芽問題』

（一九八三年、中国社会科学出版社）に、一部修改して、経君健の署名で収録されている。

(23)　もっとも、沈之奇にあってすら、沈之奇『大清律集解附例』（康熙五四年序刊）巻四、戸律、戸役「立嫡子違法」条において、奴婢保有に関し「但言庶民、則士夫之家、在所不禁矣」、「蓋功臣之家、有給賜者、士夫之家、則自存養耳」と述べて、縉紳層の奴婢保有は認められているという判断を示している。銭之青『大清律箋釈合鈔』（康熙四一年刊）同巻同条には、「庶民之家、不得存養奴婢、則縉紳之家、在所不禁矣。故明有例」とあり、続けて万暦新題例を引いている。すでに万暦新題例は、縉紳層の奴婢保有を公認した条例と考えられていたのである。

(24)　この判例は、洪弘緒・饒瀚同『成案質疑』巻二〇、闘殴「奴婢殴家長」条にも「士庶契買之奴僕、不照僱工人論」と題して収録されており、これによれば劉佳端は劉貴を白契で購買したのであった。

(25)　この一歩は、満州族の奴婢保有とそれに対する法規制、本章で述べてきた漢民族による事実上の「奴婢」保有とそれに関連する判例の積み重ね、そして雍正帝の賤民解放に伴う法的措置の三者が相互に影響しあって踏み出されたものと推測される。この点は別途に検討されねばならないが、経君建氏が注(1)前掲論文中で、清代に庶民の奴婢保有と良民の売買が許された点について、「これは生産関係が落後していた民族が漢族を征服した結果の一つである」とのみ説明しているのは、はなはだ一面的な評価ではなかろうか。

(26)　沈之奇『大清律輯註』巻四、戸律、戸役「立嫡子違法」にも、すでに康熙五四年の段階で、

庶民之家、存養良家男女為奴婢、圧良為賤、杖一百、即放従良。若非圧良為賤、不在禁限。

と見えている。

(27)　韋慶遠・呉奇衍・魯素「清代奴婢制度」（『清史論叢』二、一九八〇年）、参照。

(28)　小山氏注(4)前掲論文三五七頁。

(29)　小山氏が分析した閔補籬『成案新編二集』巻一一、刑律、闘殴下「世僕不必以身契憑」にあっても、一切の文契がすでに失われているという条件下での身分認定なのである。

(30)　欧陽氏注(22)前掲論文。

(31)　小山氏注(4)前掲論文。

(32)　本条例は、従来わが国では仁井田陞氏以来乾隆二六年に制定されたと考えられてきたのであるが、それが誤りであることは裘氏注(1)前掲論文に指摘がある。なお、本章が依拠している『大清会典事例』には、「謹案、此条乾隆三十二年定」と注

記がある。
(33)「店舗小郎」とは、『清代軍機処録附档案』軍字四三七②「乾隆五十一年四月十六日乾隆帝対喀寧阿奏折的批論」に、「店舗雇覓傭作」と言い換えられており、商店が(おそらくは臨時に)雇傭した労働者を指すようである。本史料は経君健「明清両代農業雇工法律上人身隷属関係的解放」(『明清時代的農業資本主義萌芽問題』一九八三年、中国社会科学出版社、所収)の「附録」に拠った。
(34)例えば、全士潮等『駁案新編』巻二一、刑律、闘殴下「雇倩之人殴死雇主、仍同凡論、雇工耕作並非服役人、応同凡論」(乾隆四九年、直隷司)には、雇主を殴殺した雇工の高喜文に対して、乾隆三二年条例を引用しつつ、
高喜文係幇同工作、並非服役之人、亦無主僕名分、……正与農民雇倩耕作之人、無少分別。自応仍同凡論。

と判決されている。ここでは、「農民雇倩耕作之人」は、親族に限定されているわけではない。しかも、「服役の人」にあらず「主僕の名分」もない者であるがゆえに凡人扱いされる者、と考えられているのである。
(35)注(33)前掲の経君健論文が紹介した「乾隆五十一年四月十九日軍機大臣・刑部奉旨議改雇工人条例復折(摘要)」にも、
如此詳細分晰、庶服役雇工与雇倩平民各有明条、而主僕名分及是否服役之処亦有界限。
と見える。
(36)欧陽氏注(22)前掲論文六八頁。
(37)小山氏注(5)前掲論文三七二頁。
(38)尹進「関于中国農業中資本主義萌芽問題」(『歴史研究』一九八〇―二)も同様の解釈を採用している。
(39)宋元代の雇傭人法、明代の雇工人律が、伝統的奴婢以外の私的隷属民を法的に身分規制すべく定められたものであったことについてはすでに述べた。『大清会典事例』巻八一〇、刑部、刑律、闘殴「奴婢殴家長」条の嘉慶六年(一八〇一)条例は、それ以前に「雇工人」や「契買の奴僕」等々に分化した条例を総括し、二条に合併したものであるが、われわれはそこに、当該段階における「伝統的奴婢以外の私的隷属民」の具体的な姿と、万暦一六年より始まる奴婢・雇工人身分の技術的改修の最終的な到達点とを見ることができるであろう。
(40)欧陽氏注(22)前掲論文四九頁。

〈補記〉

本章のもととなった私の旧稿は一九八二年に発表したものであるが、翌年の一九八三年に経君健「明清両代〝雇工人〟的法律地位問題」および「明清両代農業雇工法律上人身隷属関係的解放」（『明清時代的農業資本主義萌芽問題』中国社会科学出版社、所収）が旧稿を修改して発表され、そして一九九三年には同氏『清代社会的賤民等級』（浙江人民出版社）が発表された。いずれも経君健氏の長年にわたる研究を総括し、史料を博捜した大著であるが、氏の論旨に変化はない。したがって、本章で提出した議論もまた変更する必要を感じない。

付論　乾隆五三年条例の解釈をめぐって

宋元代の雇傭人には、既述のように、日傭から終身の服役に至るものまで、また自己の経営の再生産を維持・補完する性格のものから主家の経営内に包摂されて家内奴隷的性格を示すものまで多様な存在形態が見られたが、当該期における雇傭人身分は、この中でも主家と同居し衣食の給養を受ける者を中核的基礎として定立されたものであった。

かかる雇傭人の法的身分は、明清律の中にも雇工人律として継承されたのであるが、すでに仁井田陞[1]・重田徳[2]両氏によって指摘されているように、また前章で検討を加えたように、この雇傭人の法的身分規定は、明末万暦年間より清初にかけて一連の改修が加えられることになる。この改修過程にはいくつかの興味ある内容が含まれているが、総じて言えば、この改修過程は雇傭人の具体的存在形態ないし雇傭年限や犯罪の種類等に基づいて適用法を区別するという技術的性格が濃厚であって、必ずしも雇傭人の法的地立の変化に直結しえない面を持っている。例えば『大明律集解附例』巻二〇、刑律、闘殴「奴婢殴家長」の万暦一六年(一五八八)正月の新題例は[3]、

今後官民之家、凡倩工作之人、立有文券・議有年限者、以雇工人論、止是短雇月日、受値不多者、依凡論。其財買義男、如恩養年久・配有室家者、照例同子孫論、如恩養未久・不曾配合者、士庶之家依雇工人論、縉紳之家比照奴婢律論。

(今後官民の家では、およそ仕事に雇った者で、契約を立て、年限を議定している者は雇工人として論罪し、月決め

日決めの短期の雇い人で賃金も少ない者は、凡人として論罪する。購買した義男で、恩養が長期にわたり妻帯せしめられた者は、条例に照らして子孫と同じく論罪する。もし恩養を受けること短く、妻帯せしめられていない者は、士庶の家では雇工人として、縉紳の家では奴婢律に比照して論罪する。）

というものである。ここでは、(1)雇傭契約を立て、あるいは年限を議定している者＝長工は雇工人律、(2)短雇で雇価の少ない者は凡人律、(3)「財買の義男」すなわち事実上の人身売買によって義男とされた者のうち、(a)長期にわたって主家の給養を受け妻帯せしめられた者は子孫と同じく論じ、(b)給養を受けること短くまだ妻帯せしめられていない者は、士庶の家では雇工人律で、縉紳の家では奴婢律に比照して論じることとされている。これを宋元代の雇傭人身分と比較すれば、(1)と(2)に本質的な差異はない。ただ、事実上の人身売買によって服役した者は、宋元代には多く雇傭人法の対象となっていたのであるが、「財買義男」は(a)・(b)に見られるように「給養」・「配合」と「士庶之家」・「縉紳之家」という条件の組み合せによって適用法が異なっているという変化がある。しかし、この変化は何ら質的な変化ではない。なぜなら、明代には人身売買等によって服役した者を義男・義女として申告することが広汎に行われていたとされており[4]、法的形式からすれば「財買義男」は乞養ないし過房であって雇傭ではないからである。また、例えば、『慶元条法事類』巻八〇、雑門、旁照法、闘訟勅に、

諸義子孫敺祖父母父母者、加凡人参等、尊長及異居期親尊長、加凡人壱等。

（諸て義子孫が祖父母・父母を敺ったならば、凡人に三等を加え、尊長および異居の期親の尊長ならば、凡人に一等を加える。）

とあるように、宋代においても義子孫の親族に対する犯罪は雇傭人法とは区別されていたのであって、事実上の人身売買によって服役した者の中でも義子孫となった者は雇傭人身分の者ではなかったのである。先に売買によって服役した者は「多く」雇傭人身分であったと述べたのは、この点を考慮してのことである。したがって、

法的形式の面からすれば、⑶の規定は上引の『慶元条法事類』の規定に系譜的に連なるものと考えるべきであろう。

清代の条例の改修過程についても、万暦一六年の新題例と同様に雇傭人の法的地位の変化というよりはその存在形態や契約形式、また犯罪の種類等に応じて適用法を細分化して規定するといった技術的改革の側面を指摘しうるのであるが、[5]ここでは各々の条例を検討することは避けて、仁井田陞氏によって指摘された清律における雇傭人＝雇工と佃戸の地位上昇という点に問題を限定して若干の私見を述べておきたい。

仁井田氏が、清代法における佃戸および生産部門を担当する雇傭人の地位上昇――「主僕の名分」の否定――を示すとした論拠は、次掲の『大清律例按語』巻五九、刑律、闘殴「奴婢殴家長」条の乾隆五三年（一七八八）続纂条例である（便宜的に条文に数字を付す）。

> ⑴凡官民之家、除典当家人隷身長随、仍照定例治罪外、⑵如係車夫厨役水火夫轎夫及一切打雑受雇服役人等、平日起居不敢与共、飲食不敢与同、並不敢爾我相称、素有主僕名分者、無論其有無文契年限、均以雇工論。⑶若農民佃戸雇倩耕種工作之人、並店舗小郎之類、平日共坐共食、彼此平等相称、不為使喚服役、素無主僕名分者、亦無論其有無文契年限、倶依凡人科断。

仁井田氏は、この条例を解説して、

> 人質又は質物奉公人、或は長随の類については所定の法を適用するほか、車夫・厨役・水火夫・轎夫その他の雑役に従うもの――ともに生産部門の直接の担当者ではない――など、平素、主人と共に飲食せず同坐(同列)せず対等の称呼を用いず、もと主僕の名分のあるものについては、契約書や年限の有無にかかわらず等しく雇工をもって論ずる。これに対して、もし農民、佃戸(農奴)、雇倩耕種工作之人(雇農、傭工)、ならびに店舗小郎の類のように――生産部門の直接の担当者が多い――、平素、地主や雇主などとともに坐し、

ともに食い、対等の称呼を使用し、もと主僕の名分ないものについては、契約書や年限のあるなしにかかわらず、雇工人の法の適用はなく、一般人の法を用いる。（傍点仁井田氏）

と述べている。(6) これに対して、重田氏はこの条例に至る一連の雇工人律（刑律・闘殴）の改修過程を検討し、その結果、かつて「主僕の名分」のあった「雇倩耕種工作之人」がここで雇工人律から凡人律へ上昇したのではなく、「雇倩耕種工作之人」とは、この時期に支配的な雇工労働の形態となった日傭・短工を指すものであり、そうした日傭・短工の場合には、現実に「主僕の名分」といった身分差は慣行的に存在しないということを法的に確認・準拠させたものであると指摘したのであった。(7)

いま問題を雇工に限定して言えば、この条例をめぐる両氏の解釈は、同じく雇工でありながら(2)の部分の車夫・厨役以下の雇工が「主僕の名分」あるものとして雇工人律の適用を受けるのに対して、(3)の部分の「雇倩耕種工作之人」は「主僕の名分」なきものとして凡人律の適用を受けるのはなぜか、という疑問を共通の前提とするものであった。この疑問に対して、仁井田氏は、明中期以降雇農や傭工が社会的地位を上昇させたという点を踏まえて、前者は非生産部門の担当者であり後者は雇農や手工業の傭工といった生産部門の担当者であるとして、いわば職種による区分と考えたのに対し、重田氏は、雇工労働の存在形態としてこの時期に日傭・短工形態が支配的になったという想定に基づいて、前者は長工であり後者は日傭・短工であるとして、雇傭形態ないし雇傭期間による区分という解答を与えたのである。したがって、両氏はこの条例の条文自体の解釈についてはほぼ共通の理解を示しつつも、そこから一歩進んで、条例制定の背後にある社会的基盤の認識において相異なる結論を導き出したと言うことができよう。

ところで、私の抱く疑問は、そうした明清代における雇工の社会的地位や存在形態上の変化といった点にあるのではなく、この条例を解釈する際の両氏の前提——車夫・厨役以下の雇工と「雇倩耕種工作之人」との対比

――そのものが誤っていたのではないかという点にある。すなわち、両氏ともに(3)の部分を、農民、佃戸、雇倩耕種工作之人、ならびに店舗小郎之類と各々独立した存在が並記されていると理解し、それゆえ佃戸および「雇倩耕種工作之人」はここで「主僕の名分」がないとされているという解釈を導き出したのであったが、この部分は、「農民佃戸の雇倩せる耕種工作の人、ならびに店舗小郎の類」云々と読まれるべきではなかろうか。というのは、農民・佃戸が雇倩耕種工作之人とともに「主僕の名分」なきものの具体例として引き合いに出されたものとすれば、佃戸以下は現実に地主・雇主との間に「主僕の名分」や年限・文契の有無が問題となりうる関係を措定できるものの、農民――重田氏の指摘のように「自作農」と考えてよいであろう――の場合に、果していかなる理由で「主僕の名分」や文契・年限の有無が問題となるのか、はなはだ不可解なことにならざるをえないだろうからである。そのことはまた、この続纂条例が制定される際の按文に、

所有奏准、服役雇工与雇倩平民、分別平素有無主僕名分、案例定擬之処、応請纂輯、以資引用。

（服役の雇工と雇った平民とを、平素主僕の名分があるかないかで分別し、条例を勘案して定めたところは、上奏して批准を得たので、条例として編纂し以後の引用に役立ててほしい。）

とあって、この条例が、「服役の雇工と雇倩の平民」とを「平素主僕の名分有りや無しや」によって分別したものと言われているように、農民や佃戸ではなくあくまで雇傭関係にある者に対する規定であるという点からも裏付けられるであろう。したがって、(3)の部分は、「農民や佃戸が耕種や工作に雇った者、ならびに店舗小郎の類の者で、平素(雇主と)共坐共食し、互いに平等に呼びあい、使喚服役をなさず、もとより主僕の名分のない者の場合は、雇傭契約書や年限の有無にかかわらず凡人律を適用する」という意味に解釈されることになる。

さて、乾隆五三年の続纂条例が以上のように解釈されるべきものとすれば、仁井田氏が説いたようにこの条例に至って地主と佃戸の間に「主僕の名分」がないと法律上規定されたとは言えず、また雇農や傭工さらに短雇の

者は「主僕の名分」がないということを直接示すものでもなく、条文自体に拠る限りは、農民や佃戸が耕種・工作に雇った者の場合には、通常雇主との間に「主僕の名分」といった身分差は存在せず、それゆえ凡人律が適用されるということが示されているにすぎないのである。ただ、農民や佃戸に雇われた雇農や傭工が、自己の農業経営を維持しつついわば兼業的形態をとる場合には、おおむね短工形態になるであろうことは当然予想されるのであり、「農民佃戸雇倩耕種工作之人」が「主僕の名分」なき者の例として引かれているのはそうしたケースが想定されているのではないかとも思われる。重田氏が検討したように、短工が凡人扱いされるのは万暦一六年新題例以来の一貫した原則となっており、また第一章で検討したようにその点は宋元代においても同様であったからである。

なお、最後に注意しなければならないのは、この条例が農民や佃戸が耕種・工作に雇った者のすべてについて凡人律の適用を規定したものではなく、あくまで平日共坐共食し互いに平等に呼びあう等の「主僕の名分」がない者の場合という限定を付している点であって、重田氏が、「主僕の名分」は「地主-佃戸関係の中で、形成される可能性もあった」と言われたのと同じく、雇主雇傭人関係の中でも「主僕の名分」が形成される可能性はあったであろう。そうした点も含めて、いわゆる雇傭労働の研究にはなお多くの課題が残されているのである。

（1）仁井田陞「中国の農奴・雇傭人の法的身分の形成と変質―主僕の分について―」（一九五六年原載、同氏『中国法制史研究―奴隷農奴法・家族村落法―』一九六二年、東京大学出版会、所収）。
（2）重田徳「清律における雇工と佃戸―「主僕の分」をめぐる一考察―」（一九七一年原載、同氏『清代社会経済史研究』一九七五年、岩波書店、所収）。
（3）この新題例は『明神宗実録』巻一九四、万暦一六年正月庚戌条にも見え、内容はほぼ同一であるが、最後の「比照奴婢論」の部分が『明神宗実録』では「以奴婢論」と作る。ここでは「財買義男」は奴婢身分の者ではないのであるから、『大明律集解附例』をとるべきであろう。なぜなら、「財買義男」が奴婢身分であったとすれば、「士庶之家」か「縉紳之家」かを問わずまた妻帯せしめられているか否かにかかわらず、「以奴婢論」としなければならないからである。

（4）　小山正明「明末清初の大土地所有―とくに江南デルタ地帯を中心にして―」（一九五七・五八年原載、同右著書、所収）、同氏『明清社会経済史研究』一九九二年、東京大学出版会、所収）、同氏「明代の大土地所有と奴僕」（一九七四年原載、同右著書、所収）、参照。

（5）　この改修過程は雇工人律だけでなく奴婢律にも及んでおり、この点については小山正明氏の研究（注（4）前掲論文後者）がある。ただし、氏が犯罪等による奴婢身分と明代の大土地所有下の義男・「奴僕」の法的身分を同一視している点には疑問がある。氏は万暦一六年の新題例が制定される直接の契機となった都察院左都御史呉時来等の上奏（『明神宗実録』巻一九一、万暦一五年一〇月丁卯条）に、「律称、庶人之家不許存養奴婢。蓋謂功臣家方給賞奴婢、庶民当自服勤労、故不得存養、有犯者、皆称雇工人」とあることから、庶民が「実際には雇工人と称して奴婢を保有し」ていたと述べ（三四〇頁）、また先の新題例（＝『明神宗実録』万暦一六年正月庚戌条）を、「公的形式的には功臣にのみ許されていた奴婢保有を郷縉にも認める」ものと解している（三四一頁）が、実際に庶人・縉紳に保有されていたのは新題例の規定が示すように雇工と義男であって、新題例の規定からすれば義男は奴婢身分の者ではないと言わねばならない。

そもそも、明代に売身等による「奴僕」を義男として擬制的家族員とするのは、良民の売買と庶民の奴婢保有――奴婢のみならず、呉時来等が「庶民当自服勤労」と言うように他人労働の保有と解すべきであろう――が禁止されていた結果、義子孫という合法的法形式に仮託して人身売買が行われていたためであろう。氏はこの点を「奴僕が主家の戸籍に入れられ擬制的家族員として義男とされるのは、主家の婚姻支配と給養とが家長の子孫に対する関係に擬制化されて把えられたからであ」る（三四八頁）と説明されるが、これは論理の転倒であって、婚姻支配と給養の結果「奴僕」が義男とされたのではなく、義男として主家の戸籍に入れられた結果として婚姻支配や給養が行われたと考えるべきであろう。さらに売身・投靠によって服役した者が義男・義婦として擬制的家族員とされるのは、かかる原因によって良民は奴婢身分に転化しないということをも物語るものである。

ところで、犯罪等による奴婢と売身等による「奴僕」とが法的に異質の存在であり、かつ良民は売買によっては奴婢身分に転化しないとする認識は清初にも存在していた。沈之奇『大清律輯註』（また『大清律集解附例』康熙五四年刊）巻二〇、刑律、闘殴「良賤相殴」条に、

奴婢乃有罪縁坐之人、給付功臣之家者也。常人之家、不当有奴婢。按、祖父売子孫為奴婢者、問罪、給親完聚、是無罪良人、

雖祖父、亦不得売子孫為賤也。由此観之、常人服役者、但応有雇工、而不得有奴婢。故今之為売身文契者、皆不書為奴為婢、而曰義男義女、亦猶不得為奴婢之意也。然今問刑衙門、凡売身与士夫之家者、概以奴婢論、不復計此矣。

とあるのがそれを示す。しかし、売身によって服役した義男・義女が現実に奴婢と同等に扱われているという報告からすれば、かかる存在は清代には奴婢身分に再編成されたと見るべきであろう。小山氏の引かれた『大清律例按語』巻五九、刑律、闘殴「奴婢殴家長」条の乾隆五年の条例には、

凡漢人家生奴僕、印契所買奴僕、併雍正五年以前白契所買、及投靠養育年久、或婢女招配、生有子息者、倶係家奴。世世子孫、永遠服役、婚配倶由家主。

とあり、漢人の家生の奴僕や契買の奴僕等は「家奴」として永代的に服従すべきものと規定されている。そして、祝慶祺『刑案匯覧』巻三九、刑律、闘殴、奴婢殴家長「荘頭殴死壮丁、駁照凡闘科断」(乾隆一三年、直隷省)の一節に、

漢人之投靠、養育招配婢女者、大率孤苦無依之人。饑寒既迫、身命難全、因而甘心投靠。而為之主者、以自有之資財、恤他人之凍餒、又復完其配偶、作為室家。此蒙恩義、一絲一粟、尽属解推、縁情定分、主僕皎然矣。

とあり、投靠した者が主人との間に「主僕の名分」が生ずるのは「恩義」を被ったからであると言う。この「恩義」とは、小山氏が論証したように給養と家族の構成を意味するが、かかる「奴僕」は先に乾隆五年条例に「家奴」と表現されていたように、犯罪等によって良民身分を剝奪された奴婢とは異なって、清代に至って新たに創設された奴婢身分だったのである。そのことは本書第八章においてすでに論述した。

(6) 仁井田氏注(1)前掲論文一七九〜一八〇頁。

(7) 重田氏注(2)前掲論文。

張謇と中国近代企業　中井英基著　A5判・六五〇頁　定価一〇〇〇〇円

張謇と辛亥革命　藤岡喜久男著　A5判・六八八頁　定価九八〇〇円

日本北辺関係旧記目録　―北海道・樺太・千島・ロシア―　北海道大学附属図書館編　B5判・四七六頁　定価八五〇〇円

北東アジア古代文化の研究　菊池俊彦著　A5判・五六二頁　定価八七〇〇円

宋明の思想詩　松川健二著　四六判・二〇二頁　定価一七〇〇円

中国の古典を読む　北海道大学放送教育委員会編　A5判・二三〇頁　定価一八〇〇円

〈定価は税別〉

――――北海道大学図書刊行会刊――――

高橋芳郎（たかはし よしろう）

1949年　宮城県に生まれる
1972年　東北大学文学部卒業
1974年　東北大学大学院文学研究科修士課程東洋史学専攻修了
北海道大学文学部助手，名古屋大学教養部専任講師・助教授を経て
現　在　北海道大学大学院文学研究科教授・文学修士
主要論文
中国史における窃盗罪の性格—宋代以降の身分制史研究の一素材—（名古屋大学環太平洋問題研究会編『環太平洋問題研究』同研究会，1988年），宋代官田の「立価交佃」と「一田両主制」（『東北大学東洋史論集』4輯，1990年），親を亡くした女《むすめ》たち—南宋期のいわゆる女子財産権について—（『東北大学東洋史論集』6輯，1995年），明律「威逼人致死」条の淵源（『東洋学報』81巻3号，1999年）

宋-清身分法の研究

2001年2月25日　第1刷発行

著　者　高橋芳郎
発行者　菅野富夫

発行所　北海道大学図書刊行会
札幌市北区北9条西8丁目北海道大学構内（〒060-0809）
Tel. 011(747)2308・Fax. 011(736)8605・振替 02730-1-17011

㈱アイワード／石田製本

ISBN 4-8329-6171-3

書　名

本書についてのご感想・ご意見

今後の企画についてのご意見

ご購入の動機

1 書店でみて	2 新刊案内をみて	3 友人知人の紹介
4 書評を読んで	5 新聞広告をみて	6 ポスターをみて
7 DMをみて	8 その他（　　　　　　）	

値段・装幀について

A　値　段	(安　い	普　通	高　い)
B　装　幀	(良　い	普　通	良くない)

郵便はがき

料金受取人払

札幌中央局
承認

2047

差出有効期間
2001年10月31日
まで

0608787

641

札幌市北区北九条西八丁目
北海道大学構内

北海道大学図書刊行会 行

ご氏名（ふりがな）		年齢　歳	男・女
ご住所	〒		
ご職業	①会社員　②公務員　③教職員　④農林漁業 ⑤自営業　⑥自由業　⑦学生　⑧主婦　⑨無職 ⑩学校・団体・図書館施設　⑪その他（　　　）		
お買上書店名	市・町　　　書店		
ご購読新聞・雑誌名			

事項索引

あ 行

か 行

さ　行

た　行

な　行

は 行

ま 行

や 行

ら 行

研究者名索引

あ 行

か 行

さ 行

た 行

な 行

は 行

ま　行

や・ら・わ　行

『宋-清身分法的研究』中文要旨

高橋芳郎著

本書是從我 25 年來發表的論文中，關於宋-清代身分法的文章的一個集子。采用一種從身分法觀點來研究中國社會的方法，取得的成果并不大。這是我坦率的印象。身分或身分法不成爲解明中國社會的基軸，在這一點上或許才有研究身分法的意義。研究西歐、日本中世或近世社會的時候，可以看到身分或身分法占有很大的分量。然而中國社會并不是封閉的身分制社會。截取某箇時期來看，其上下、貴賤之身分差別常常出現，但身分間的移動也時常頻繁發生。甚至位於最高的皇帝身分也不例外。所謂王朝之更迭，無非是新的保有皇帝身分者的誕生。就制度而言人們被賦豫了一個硬性的框架，同時他們或許也自由的穿越著這個框架。試看來簡略地表示宋代以降身分制度之概念圖，大概是如下情形吧。

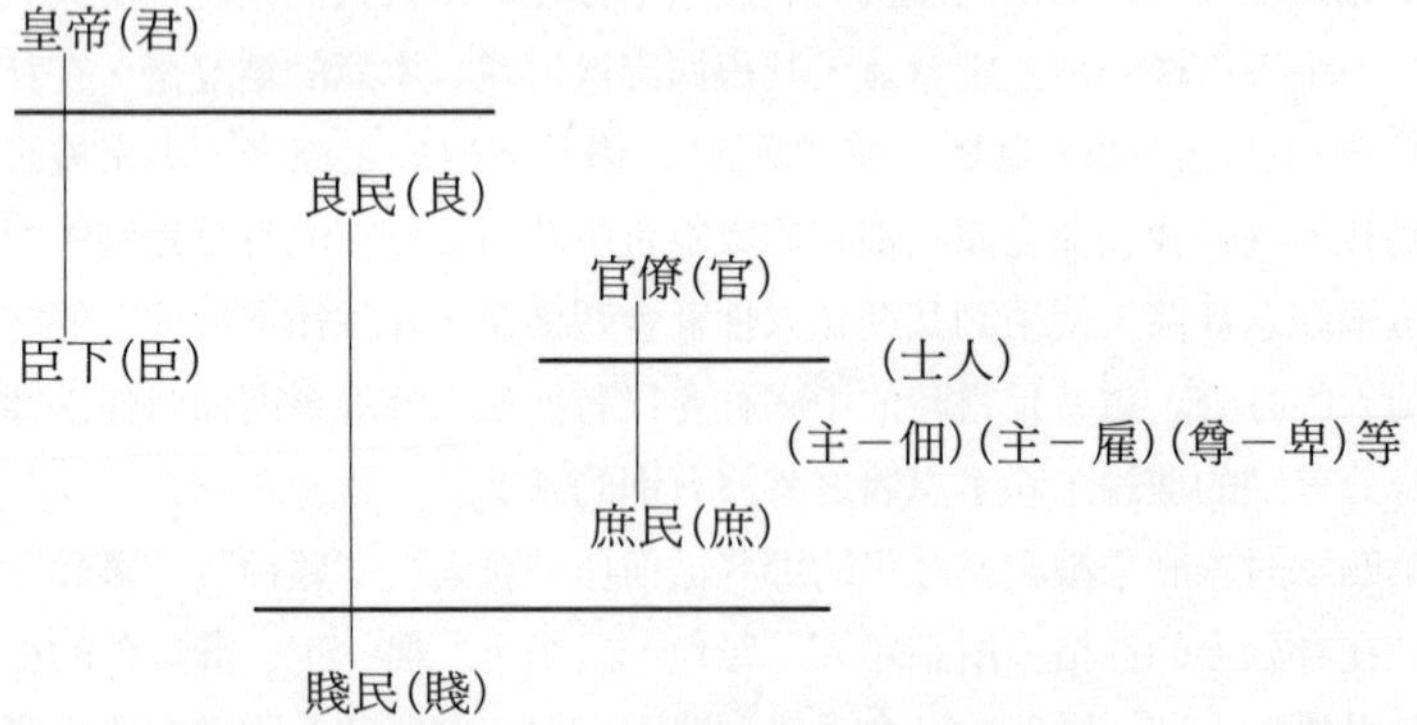

君臣、良賤、官庶之關係，是依據國家制度而決定的公的、制度性的身分。本書所討論的是，除去一部分良賤關係之外，都是國家把因良民中階層之分化而產生的私人性社會關係(＝身分差別)上昇到法制的領域的事例。

其實際如何，爲何如此，這一單純的疑問，乃是本書的主題。

第一章論述宋元時代的奴婢、雇傭人、佃僕、地客之法的身分，及其階級性格。以往的研究，就是根據史料上的“奴婢”、“佃僕”等語句含糊地繼續研究，在其各自的身分性格曖昧不明的狀態下，來論述其階級性格。本章對宋代良賤制豫以檢討，論述了漢代以來的良賤制至宋代而消滅，其結果是形成了新的雇傭人法，成爲該雇傭人法的對象的是長期隸屬於主家從事勞動的服役勞動者，史料上的“奴婢”、“佃僕”、“地客”等等在身分上都是適用於雇傭人法的存在。

第二章討論作爲宋元代小作農的“佃客”(或“佃戶”)的身分地位。宋元代的佃戶制，乃是第二次世界戰後社會經濟史研究的中心主題之一，而本章則檢討地主與佃客其刑法上之差別規定，由北宋而南宋，降而至元代，如何變化發展，發現出了與以往的理解所不同的變化形態。其次本章還檢討了佃僕、地客與佃客的社會、人格隸屬性，認爲雖同爲小作形態，佃僕有“主僕之分”，佃客有“主佃之分”，這種差異不僅僅是隸屬性強弱之別，其基點乃是前者適用於雇傭人法而後者適用於佃客法這一差異。

第三章承續第一、第二章之檢討，主要論述這樣一個問題，即在私人性的社會關係的空間裏，國家設置法律性的身分差別，其依據是甚麼。關於支配和隸屬或階級這樣的現代的概念還不存在的宋代人們來說，某人與他人并不平等這樣一種差別意識，其根據出自何處。本章的結論是，在私人性社會關係空間裏，這是一種“恩義”。恩義或恩義之深淺，本來被視爲作爲私人性社會關係之原始細胞的家屬親屬關係裏存在的身分差別的根據，這種觀念被擴大使用到某種私人性社會關係裏，在法律上形成了佃客、雇傭人的身分。這就是當時的中國社會只有把私人性社會關係看作法律上的身分差別的理論，除了恩義之外沒有別的基準。

第四章討論歷來被視爲賤民的那些被稱作“雜人”、“雜戶”、“雜類”的人們在身分上的性格。所謂雜人、雜戶，是指士、農、工、商以外的從事雜多職業的人們，雖然在社會上受到蔑視，但如前所述，因爲宋代良賤制已經消滅，所以他們并不是賤民。良賤制的消滅，使從事低賤職業者的存在浮出了社會表面，使當時的人們宛如對待賤民一樣記述了他們的存在。

第五章討論宋代士人及其身分性格。所謂士人本來意味著有儒學教養的

知識人，隨著科舉制度和學校制度的完備，宋代，尤其是從北宋末至南宋時代，有兩種知識人的區分。既是知識人又具有官僚身分的叫士大夫，尙未持有官僚身分的稱爲士人。這區分是以後一直延續到明淸時代。本章在做出以上確認後，對士人的社會地位、刑法、役法上的特權加以檢討，對士人的從哪個側面來看都位於士大夫之下、庶民之上這一點，豫以論述。

第六章從身分制的視點來討論被稱爲唐宋變革期，也就是當於中國社會一大轉折點的由唐而宋之社會變化。漢唐之良賤制具有何種意義，到了有宋一代又因何故而消滅，消滅之結果，宋代又發生了何種事態，關於以上諸點，本章將根據第一章至第四章的實証研究，來做出理論性的概括。

第七章論述明代的奴婢與雇工人的身分上的性格。宋代消滅的良賤制於元代復活并於明代繼續，但明代的良賤制卻與漢唐代的在性質上略有差異。而且關於奴婢的擁有也被加上了嚴格的制約。明朝因甚麼目的創設又如何試圖維護這種奴婢制，另外，繼承了宋元以來的雇傭人法的所謂雇工人律，是怎樣的法律，其運用的實際形態又如何，等等，對如上的問題的檢討，構成本章的內容。這個問題乃是殘留至今尙未開拓的課題。

第八章主要檢討明末淸初的一系列關於雇工人、奴婢條例之變化，并論述與跨越一千數百年的良賤制有所不同的奴婢規定於淸代的創設。此外，歷來把明末以降的奴婢、雇工人規定之修改過程看作身分制的某種解體過程，或具有身分上隸屬性的勞動者的解放過程。本章對這種評價豫以否定，此一修改過程無非是單純的枝術性的變化，而且此一修改過程并不帶有任何質的變化，因此我們認爲從身分法的歷史來看，稱之爲再編過程較爲妥當。

雖然說，身分或身分制度的研究，除了從制度、法的側面的理解，身分集團的實態解明之外，需將當時人們的身分觀、身分意識等放入視野，才夠得上是全面性的研究，但本書還是主要以前者爲中心，身分觀和身分意識等問題僅只是稍有論及。從這個意義上說，本書正如書名所示，乃是“身分法的研究”而不是“身分”的研究。今後將在諸位指正之下深化身分與身分法的研究，同時也以本書拋磚引玉，期盼關於身分的中國史研究能有更進一步的拓展。